新闻与信息传播论坛（第4卷）

新闻与信息传播论坛

（第4卷）

Journalism and Information Communication Forum

主 编 张 昆

http://www.hustp.com
中国 · 武汉

内容简介

本书是一部探讨当今新闻传播教育和新闻的“学”与“术”的文集，是继2011卷、2012卷、2013卷之后的第4卷。本书主要由四个部分构成。第一部分的主题为“中外新闻传播学院院长专论”，其内容源于一场中外新闻传播学院院长论坛上部分与会者关于当前新闻传播教育的现场发言。第二部分为“新闻传播教育研究”，内容源于中国新闻史学会新闻传播教育史研究委员会2014年年会上与会者的学术发表。第三部分的主题为“新闻学研究”，系几位学者对新闻传播规律和新闻生产的社会学研究。第四部分为“融媒时代的新闻业”，源于对四位传媒领袖或精英的访谈。新闻传播教育、新闻理论研究和新闻业的实践观察，三者是密不可分的。本书以此为探讨的对象，期待读者能在阅读中获得一些灵感和启迪。

图书在版编目(CIP)数据

新闻与信息传播论坛. 第4卷/张昆主编. —武汉：华中科技大学出版社，2018.7
(新闻与信息传播论坛)
ISBN 978-7-5680-4225-3

Ⅰ. ①新…　Ⅱ. ①张…　Ⅲ. ①新闻学-传播学-中国-文集　Ⅳ. ①G219.2-53

中国版本图书馆CIP数据核字(2018)第130931号

新闻与信息传播论坛(第4卷)　　张　昆　主编
Xinwen yu Xinxi Chuanbo Luntan (Di 4 Juan)

责任编辑：孟婉婉
封面设计：原色设计
责任校对：马燕红
责任监印：周治超
出版发行：华中科技大学出版社(中国·武汉)　　电话：(027)81321913
　　　　　武汉市东湖新技术开发区华工科技园　　邮编：430223
录　　排：武汉市洪山区佳年华文印部
印　　刷：武汉华工鑫宏印务有限公司
开　　本：710mm×1000mm　1/16
印　　张：12.5　　插页：2
字　　数：265千字
版　　次：2018年7月第1版第1次印刷
定　　价：58.00元

目　录

■ 中外新闻传播学院院长专论

■ 新闻传播教育研究
——中国新闻史学会新闻传播教育史研究委员会2014年年会文集

■ 新闻学研究

■ 融媒时代的新闻业
——传媒领袖专访

■ 书评

中外新闻传播学院院长专论

编者按：

2013年10月，华中科技大学新闻与信息传播学院举办建院30周年庆典活动，"2013中外新闻传播学院院长论坛暨第六届公关与广告国际学术论坛"是其重要组成部分。2013年10月4日下午，在台湾世新大学副校长邱淑华教授和华中科技大学新闻与信息传播学院副院长何志武教授的主持下，50余位中外新闻传播学院领导参加了主题为"全媒体时代的新闻传播教育与实践"的院长圆桌论坛，参与者主要有：黄煜、高钢、吴飞、熊澄宇、郝晓明、李双龙、程曼丽、强月新、雷跃捷、董天策、段京肃、支庭荣、白贵、邱新有、李幸、董广安、严三九、刘卫东、严功军、李惠民、张举玺、廖声武、杨立川、彭祝斌、向志强、阎立峰、璞端华、李庆林、郭赫男、曾振华、王立昌、王擎、严肃、陈先红、Kerstin Mey(英国威斯敏斯特大学)、Georgios Terzis(比利时布鲁塞尔自由大学)、Jan Servaes(香港城市大学)、Muhammad Nawaz(巴基斯坦萨格达大学)、Chotechuang Panasoponkul(泰国玛希隆大学)、Patchanee Malikhao(泰国玛希隆大学)等。中国人民大学新闻学院执行院长倪宁教授、台湾世新大学新闻传播学院院长陈清河教授和香港城市大学媒体与传播系副主任何舟教授担任评议人。会后，部分与会者将发言做了整理，从而形成此系列论文。现予以刊出，以飨读者。

新闻传播教育的理想范型

董天策[①]

摘要：新闻传播教育的理想模式既离不开现实社会，又处在不断发展变化的过程之中。从当今中国已经形成的多元化、多层次新闻传播教育格局来看，日本的新闻教育模式、美国的"威斯康星模式""密苏里模式"都是理想范型，都值得学习借鉴，但不能简单照搬。中国新闻传播教育的模式必须从中国的社会环境出发，从大学本身的特点出发，从新闻传播院系的历史与条件出发，紧密联系国家与社会对新闻传播专业人才的需要，积极探索既富有理

① 董天策：重庆大学新闻学院院长、教授、博士生导师。

想气质又切实可行的新闻传播教育路径，打造自己的特色，形成自身的优势，培养出各有精神风貌、各有拿手好戏的新闻传播专业人才。

关键词：新闻传播教育；理想范型；教育模式

在信息传播技术日新月异的今天，新闻传播行业正在经历前所未有的历史性变革。相应地，新闻传播教育应当如何适应时代与传媒的发展，早已成为一个热门话题。话题热门既表明参与讨论者人数众多，又折射出新闻传播教育存在不少的问题。就最近几年参加有关研讨会议的感受而言，自说自话者多，达成共识者少。期刊上发表的有关文章似乎也可印证这一看法。从某种意义上说，这些年来新闻传播教育的探讨，多少有点“你方唱罢我登场”的味道，让人颇有些无奈。

一、普遍性的问题与对策 ▸▸▸

倘若对有关论说做一番梳理，我们不难发现，除了对国内外新闻传播教育的历史梳理、比较分析、经验介绍，学界谈论得最多且最集中的还是问题与对策。新闻传播教育主要有以下几个问题：其一，新闻传播专业毕业生“上手快，后劲不足”，新闻传播教育的内涵与底蕴有待提升；其二，新闻业界需要懂新闻、会经营、善管理的复合型新闻人才，而新闻传播院系培养的主要是新闻采编人才；其三，新媒体发展迅猛并且正在改变新闻业态，分门别类地培养新闻、广电等专业人才的传统教育模式已不合时宜；其四，随着新闻传播教育迅猛发展以及高校对教师的高学历要求，高校教师绝大多数都没有新闻实践经验，这造成了理论与实践严重脱节的现象。

根据不同的诊断结果，人们尝试给出不同的解决办法：其一，根据将新闻传播专业教育与其他专业教育做比较而得出的看法，各高校应“厚基础、宽口径”，大类招生，一、二年级进行“通才”培养，三、四年级再分专业；其二，根据国内媒体企业化经营、市场化运作的特点对经营管理人才的需要而提出的问题，新闻本科教育开办传媒经营管理方向，研究生教育增设传媒经营管理方向或将传媒经营管理（或称媒介经济学）独立设置为二级学科；其三，着眼于新媒体技术发展与传媒格局变化而对新闻传播教育提出的要求，各高校应顺应媒介融合的趋势，倡导“融合新闻”教育；其四，根据从大学新闻专业毕业生应当是业界能手的前提出发而得出的认识，各高校应加强实践教学，促进高校与业界携手办学，业界人员与专业教师相互挂职或兼职，共建实习实践基地，加强传媒技能训练。

二、要培养什么样的专业人才 ▸▸▸

上述对于国内新闻传播教育的问题诊断与实施对策，可以说是有的放矢。然而，如果仅仅停留在问题与对策的层面，就很可能陷入“头痛医头、脚痛医脚”的困境。事实上，面对新闻传播教育蓬勃发展而又问题较多的现实，各高校需要更加深入而科学地思考。

首先应当弄清楚的是，新闻传播专业人才的培养目标，是否仅仅是培养适合业界需要的专业人才。经过三十多年的发展，新闻传播教育已形成本科、硕士、博士乃至博士后的人才培养体系。其中，研究生教育一方面是为业界培养实务高手，一方面是为学界培养研究人员。因此，近年来硕士研究生区分为两种不同的类型：学术硕士与专业硕士。如果说新闻传播专业硕士是为业界培养实务高手、强手，那么新闻传播学术硕士则是为博士教育培养后备队。这就是说，培养高素质的业界实务人才与高水平的学界研究人才，都是新闻传播教育的人才培养目标。一味强调新闻传播教育必须与业界对接或者与业界接轨，其实是一种片面的看法。真正应当加强的是新闻传播教育与业界的互动。互动就意味着新闻传播教育不能与业界亦步亦趋，更不能成为业界的职业培训场所。新闻传播教育能否开展更为前瞻性的研究与探索？能否尝试超越业界的现实局限？按照现代大学理念，这显然是理所当然的，至少，优秀的新闻传播教育应当如此。最近几年我在不同场合多次讲过，新闻传播教育不能只讲“对接”或“接轨”，还要讲“超越”，要努力超越业界，甚至尝试引领业界。

其次要弄清楚的是，为业界培养的新闻传播专业人才应当具备什么规格，能否把新闻传播专业人才的培养降格到职业技术教育的水平。受1999年开始的高校扩招浪潮的影响，许多高校争相开办新闻传播专业。据教育部2013年最新统计数据，国内高校新闻传播本科专业点（一所高校、一个专业为一个专业点）已达1080个，在校本科生23万，占总在校生人数的百分之一。从办学规模来看，成绩似乎喜人。然而，伴随高校扩招而来的，却是高校毕业生供大于求。新闻传播教育规模远远超过业界的吸纳能力。再加上媒体的人才需求日益多元化，选聘人才并不限于新闻传播专业，新闻传播专业学生承受着很大的就业压力。这就导致无论本科生还是研究生大多无心向学，迫不及待地到媒体去实习，力求混个脸熟，以此来争取就业机会。而不少新闻传播院系开出的“药方”，也是强化技能训练，与业界“对接”或者“接轨”。这样一来，不少新闻传播专业的本科教育实际上就变成了职业技术教育。一些探讨新闻传播教育的文章，竟把高职高专的“双师”型教师队伍建设拿来作为大学本科乃至研究生教育师资队伍建设的途径。即使一些高水平大学的新闻传播专业本科生，其专业水准也令人瞠目结舌。陈力丹教授在2013年新闻教育年会上指出，一些免试推荐到中国人民大学新闻学院攻读硕士学位的985、211大学优秀本科毕业生，在复试中竟连新记《大公报》都不知道，这不能不令人对当前的人才培养质量深感忧虑。

三、新闻传播教育的理想范型

应当明确，新闻传播教育不仅要为业界培养高素质的实务人才，而且要为学界培养高水平的研究人才，大学新闻传播教育决不能降低到职业技术教育的水平。那么，新闻传播教育的理想范型应当是怎么样的呢？探讨新闻传播教育的理想范型，是正视并解决各种问题的前提。然而，恰恰是在这个问题上，讨论还很不充分。

从现代大学教育发展史来看，面对现实社会，“大学……通常与其所处的社会保持某种模糊关系：它们既是参与性的，也是远离性的；既是服务性的，也是批判性的；既需要社会支持，也是社会所需要的”。[①] 新闻传播教育与传媒的关系其实具有不同的模式。例如，日本的新闻教育并非以培养媒体实务人才为己任。媒体的从业人员来自各个专业，通过媒体的招聘考试即可录用。考试有笔试和面试两种，问题五花八门。新闻学专业的毕业生并没有特别受到欢迎，倒是法律、经济等专业的毕业生更容易被录用。[②] 因为在日本的学术理念中，大学教育特别是以批判精神为灵魂的新闻事业教育，不应该和业界保持过于亲密的关系。而以盈利为目的的媒介也难以接受来自大学对媒体硬朗状态的追求和对媒体现状的批判，所以新闻学界必须独善其身。[③] 日本高等新闻教育从新闻理论研究的需要出发，培养新闻学的研究者，或者具有一定理论功底和批判精神的新闻爱好者，至于是否能够到媒体就业，并不是学界所关心的问题，也不是他们力所能及的。但是，学界对业界起到很好的监督作用。[④]

当然，我们更熟悉的新闻传播教育模式不是日本的，而是美国的。美国的新闻传播教育模式一般分为两种：一种是纯粹职业化的课程设置，以哥伦比亚大学新闻学院、密苏里大学新闻学院为代表；一种是仍以职业化为主，但强调通识教育与理论教育，以威斯康星大学麦迪逊分校新闻与传播学院为代表。[⑤] 也有学者认为，美国的新闻教育可分为三种：致力于新闻实务教学的“密苏里模式”、崇尚新闻专业主义精神的“哥伦比亚模式”和强调通识教育的“威斯康星模式”。[⑥] 考虑到哥伦比亚大学新闻学院不招收本科学生，开办的是研究生教育，且新闻专业主义精神并不限于论者所说的“哥伦比亚模式”，美国新闻教育可分为两种主要模式，即“密苏里模式”和“威斯康星模式”，这是比较符合事实的。

密苏里大学新闻学院首任院长沃尔特·威廉姆斯提出了“从做中学”的教学方法，即“最好的学习新闻和广告的方法就是实践”。[⑦] 因此，学院自创办开始，就把创办真正的媒体作为一项和教学一样重要甚至更为重要的举措。《密苏里人报》是第一个实践平台，随着时代的发展，学生的实践基地不断增加。如今已形成了商业电视台、广播电台和报纸在内的多种媒体相聚合的实践平台。通过与真实媒体的零距离接触尤其是实务

---

① 波达尔，阿特巴赫，甘波特. 21世纪的美国高等教育——社会、政治、经济的挑战[M]. 2版. 施晓光，蒋凯，译. 青岛：中国海洋大学出版社，2007：3.

② 刘明华. 日本的新闻教育——访春原昭彦教授[J]. 国际新闻界，1983(1).

③ 马嘉. 论日本新闻教育的人才培养观[J]. 当代传播(汉文版)，2008(3).

④ 王元霄. 从中美日新闻教育看学界和业界的关系[J]. 中国传媒科技，2013(2).

⑤ 黄鹂. 美国新闻教育研究[M]. 武汉：华中科技大学出版社，2008：91.

⑥ 陈立新. 威斯康星模式与中国初期新闻教育——兼论新闻价值理论之渊源[J]. 国际新闻界，2013(6).

⑦ 黄鹂. 美国新闻教育研究[M]. 武汉：华中科技大学出版社，2008：32.

操作，密苏里大学新闻学院的学生毕业后即可在实践中独当一面。在创立者看来，密苏里方法就是要确保操作与理论之间的合作关系，使知识不再是抽象的终极所在，而是能解决实际问题的工具。① 正因为这样，我国新闻教育的创办与发展，几乎都以密苏里大学新闻学院为范本。

然而，随着新媒体的蓬勃发展与媒介融合时代的到来，不少有识之士认识到，加强通识教育是融合新闻人才培养的必由之路。于是，"威斯康星模式"近年来备受关注。被誉为"美国新闻教育之父"的布莱尔确信，职业培训肯定不足以构成一门科学，新闻学要想在研究型大学立足，必须将自身定位于社会科学。② 因此，布莱尔20世纪初在威斯康星大学对新闻学教育做了如此设计：在一个四年期的大学课程中，新闻学方面的课程只占四分之一，其余四分之三都是社会科学和人文学科的课程。布莱尔的这种课程结构观，最终成为美国大部分新闻学院所接受的基本的鉴定标准。③ 如今，美国几乎所有正规的新闻院系都规定，新闻专业学生的大部分课程必须覆盖人文、社科、自然科学和艺术等广阔领域，新闻专业课程只占三分之一的份额。以南加州大学新闻学本科为例，若想获得新闻学学士学位，学生必须修完128个学分，其中新闻学课程最多只占44个学分，剩余的80多个学分中，65个学分必须是通过选学人文、社科、自然科学和艺术课程而得来的。④

四、应当效法哪种理想范型

如果把美国和日本的新闻传播教育模式联系起来，我们即可发现三种不同的典型模式：强调职业化教育，尽可能在真实的媒体环境中培养新闻传播业界人才；强调通识性教育，借助强化人文社科的学术训练来培养具有发展潜力的新闻传播业界人才；强调学术性教育，干脆与媒体拉开一定距离，培养富有批判精神的新闻传播学界人才。那么，究竟哪种新闻传播教育模式才是最好的？我国新闻传播教育又应当效法哪种模式？

其实，这种提问方式值得商榷。如此提问，本身就反映出一种孤立而静态的思维方式。要知道，新闻传播教育的理想模式既不能离开社会现实，又处在不断发展变化的过程之中。从当今中国已形成的多元化、多层次新闻传播教育格局来看，我认为上述三种模式都是理想范型，都值得学习借鉴。例如，985研究型综合大学具备良好的办学条件和生源质量，这些学校的新闻传播教育都是有条件效法"威斯康星模式"的。部分大学的新闻传播教育不妨尝试像日本的新闻传播教育那样以培养新闻传播研究

---

① 沈荟.折衷人文主义新闻教育：对密苏里方法历史缘起的探寻及思考[J].新闻与传播研究，2009(2).

② 伍静.中美传播学早期的建制史与反思[M].济南：山东人民出版社，2011：28.

③ 罗杰斯.传播学史——一种传记式的方法[M].殷晓蓉，译.上海：上海译文出版社，2002：20-24.

④ 邓炘炘.面对时代挑战的大学新闻教育——专访美国南加利福尼亚大学新闻系主任帕克斯教授[J].新闻大学，2008(1).

人才为己任。而像 211 工程大学或实力较强的地方性高校,能够尽可能学习“密苏里模式”,自然也是不错的选择。从人才培养层次来说,研究生教育,尤其是学术硕士及博士的培养,显然更应像日本的新闻传播教育那样强化学术的独立性与批判精神,而本科教育与专业硕士教育则应当更多地学习借鉴“密苏里模式”与“威斯康星模式”。

当然,效法也好,学习借鉴也好,由于中国的现实国情与历史传统具有独特性,我们不能简单照搬美国与日本的新闻传播教育模式,而必须从中国的社会环境出发,从大学本身的特点出发,从新闻传播院系的历史与条件出发,紧密联系国家与社会对新闻传播专业人才的需要,积极探索既富有理想气质又切实可行的新闻传播教育路径,打造自身的特色,形成自身的优势,培养出各有精神风貌、各有强项的新闻传播专业人才。

[基金项目]本文是重庆市高校教改项目“网络与新媒体时代新闻传播人才培养模式创新与教学改革”(编号:133123)、重庆市研究生教改重点项目“新闻传播学术型与专业型硕士分类培养的体系建构与模式创新”(编号:yjg132011)的阶段性成果。

变？不变？新媒体时代新闻传播教育

——香港浸会大学传理学院的变革与创新

黄　煜[①]

摘要：在新媒体时代，媒介融合以及媒体技术革命为新闻传播教育者带来了前所未有的挑战。新闻传播教育的转型与变革、融合与创新，以及其应对挑战的新方法和新途径值得我们关注，新闻学在新媒体时代的传播教育任重道远。香港浸会大学传理学院在新媒体情境下对于新闻传播教育的创新模式归纳了三点经验：一是顺应时代形势，以“融合”应对融合，包括技术与理念的融合、理论与实践的融合以及本土与世界的融合；二是以“细分”贴合细分，发展新专业及特色专业，即增设新的数字媒体专业或网络传播专业，并打造自己的优势特色专业；三是以“不变”应对万变，承续优秀教育传统，即新闻传播教育当中应该坚守的“一个根本”与“三个不变”。

关键词：新闻传播教育；新媒体；媒介融合

新媒体时代，既是以“你”为主导的信息爆炸时代，也是“没有最快，只有更快”的网络科技时代。2004 年 Facebook 诞生，至 2012 年，全球活跃用户高达 10 亿人；2006 年 Twitter 面世；2006 年《时代》周刊把“You”（你）列为年度人物；2008 年《自然》杂志以封面宣告“大数据”时代已经降临；2009 年“中国版 Twitter”——微博正式推出，至今日均发布数量达 1.3 亿条。对很多新闻传播教育者来说，我们当下的时代“是最好的时代，也是最坏的时代”。确实，十多年来，媒体技术革命给传媒业发展带来了极大的不确定性，也给新闻传播教育者带来前所未有的挑战。不过，有矛盾是好事。有矛盾，就有发展；有挑战，就有创新。不管挑战如何，新闻传播教育者都想把工作做好，笔者想借这篇文章，跟大家一起探讨在新媒体时代之下，以传统为基础，新闻传播教育的转型与变革、融合与创新，以及新闻传播教育应对挑战的新方法和新

---

① 黄煜：香港浸会大学协理副校长、传理学院院长、教授。

途径。

首先，我想具体结合我们传理学院的探索经验进行分享。由于香港政治地理位置比较特殊，坐拥高新科技，媒体竞争激烈，新媒介与传统媒介融合的现象也比较早出现。所以传理学院的新闻传播教育模式，从 20 世纪 90 年代末开始就有意识地做出相应调整，也发展了一些有自身特色的创新模式。在新媒体情境下新闻传播教育的创新模式方面，笔者从以“融合”应对融合、以“细分”贴合细分、以“不变”应对万变三个方向提出一些个人看法，与诸位探讨。

传理学院创立于 1991 年，前身是 1968 年成立的传理学系。学院目前提供 5 个主修专业，包括组织传播、电影电视、数码图像传播、新闻主修（中文、国际、广播组）与公关及广告，教学强调理论与实践并重。至今学院已培育超过 6500 名学生，大部分毕业生从事传媒行业或者相关的工作。其中，新闻系开设的课程专业已经成为浸会大学的王牌专业。根据浸会大学的统计资料，新闻专业连续十年都是浸会大学 50 多个专业里招生排名前三名；在浸大攻读新闻学学士的学生中，90％以上的第一志愿便是新闻系。2011 年，传理学院被拥有超过 300 万读者的知名新闻网站 Asian Correspondent 评选为亚洲学生首选的“全球十大新闻学院”。当然，比起国内众多资深新闻院校，我们的成就还不够，这仅仅算是对我们教学努力的一种鼓励。

面对媒介领域的巨大变革，我们感触颇深。为什么？从 2000 年开始，香港的新闻媒体逐渐由信息生产的机构转向信息提供平台发展。整个媒介生产过程不再是单行道，而是出现媒介融合的大趋势，其中包括媒介科技融合、媒介所有权合并、媒介战术性联合、媒介组织结构性融合、新闻采访技能融合和新闻叙事形式融合。传媒业界媒介融合的势态，对我们培育的传媒新生代提出掌握更多技能、实现新闻理论与新媒体技术融合的要求。为迎接这样的变革，学院首先做出的调整就是：顺应形势，以“融合”应对融合。

根据英国新闻教育学会会长罗德·艾伦的见解，新闻教育内容应遵循“8020 原则”[①]，即每当有新技术出现，大约有 80％的知识保持不变，20％的知识内容需要更新。这里所指的知识更新，主要是针对每天都在变化的新媒体技术。在新媒体时代，新闻材料的搜索、新闻制作的方式、新闻报道的表现手法等出现更多的可能性，而且会迅速转变；新闻报道变得全方位、动态性、多视角，与单一线性的传统新闻有鲜明的差别；新媒体模糊了“传播人”和“阅听人”身份界限，整个新闻制作过程呈开放状态，记者须利用文字、照片、图像、视频、音频、动画等形式发布新闻，再通过新媒体辐射传播到全世界。新闻工作者不只是专才，还是具有专业知识及道德操守的新媒体新闻通才。

因此，新媒体的专业教育改革成为传理学院新闻传播教育的重中之重。为了适应媒介汇流的要求，我们十年来逐步调整培养计划，按照国际上最前沿的融合教育模

① 刘利群，张莉莉．国际传媒与教育[C]．北京：中国传媒大学出版社，2008：37．

式,实施新课程计划,在本科生和硕士生教育阶段特别增设了不少关于新媒体的内容,这样不仅强调了各种新闻传播媒介的融合教育,而且强调了新媒体尤其是网络新闻的教育。

新媒体技术重在实践,为此学院特意打造了"数码广播控制室""新媒体技术实验室"及制作室。新闻系1970年创办的由学生自主操办、老师从旁辅助的独立报纸——《新报人》(The Young Reporter),作为香港自有新闻教育以来历史最悠久而且从未中断过的大学生实验报纸,在2010年创刊40周年之际开设了网络版,并与广播电视网同步推出。另外,学院还与香港数码港管辖下的数码媒体中心签订合作协议,让学生有机会使用中心先进完善的数码设备和多媒体软件及硬件设施,充分利用数码技术,在实践之中体现技术融合。这样的平台要求专业硕士必须掌握熟练的拍摄、剪辑短片和视频直播的多媒体技能。

然而,技能的掌握是基础,理念的形成则是关键。一方面,传理学院教学工作的核心之一是培养的学生不是新媒体时代的"新闻技工",而是能够"在多媒体平台上讲故事"的新闻事件提供者与引导者;另一方面,从业界来看,国内外的传媒业界都要求雇员做"多面手"。同时,传播行业的流动性也比较大,这对传播人员的适应能力和综合技能提出了更高的要求。事实上,网络新媒体与传统媒体相比,更喜欢雇用那些具有"适应性专门知识"的人,这些"适应性专门知识"包括新闻学与大众传播之外的知识,创造性、独立与批判性的思想,领导能力与解决问题的能力[①]等,这要求我们的传媒教育不能止步于解决技术层面的问题,还要实现传播教学中的学科融合,拓宽学生的学习领域,培养特殊而广博的知识。

在学科设置的发展中,传理学院新闻学一直与其他学科交融,较早的是与人文科学、社会学、政治学、心理学等学科融合,近年则逐渐与信息科学、经济学、管理学、卫生学等学科融合。同时积极响应大学提倡的"全人教育"目标,强调文理互通、教研并重。通过通识教育,为学生提供全面均衡的教育,训练学生的综合思考能力,培养他们的适应能力,使其成为能够跨越不同性质的媒介和行业,立足香港,放眼世界的媒体精英。从2000年开始,传理学院已经在课程教学中突出融合媒体教育,将通识教育定为本科重点,同时鼓励提倡"双主修"培养模式,鼓励学生同时主修知识结构所要求的本系与外系课程。

在媒介化社会中,大学教育与传媒产业的融合成为一种必需。新媒体时代对于资讯与知识、大学与社会关系的重新定义,使新闻和媒体研究成为当今社会的一个节点,或者说是契合点。懂新闻、懂技术、懂管理、懂策划且具有整合传播策划能力的新闻人才已经不是大学单方面力量能够培养出来的,他们只能与媒介合作,共同培养。

传理学院的传播教育,很早期就通过"请进来"和"走出去"策略,致力于与传媒业

---

① Carpenter S. An Application of the Theory of Expertise: Teaching Broad and Skill Knowledge Areas to Prepare Journalists for Change[J]. Journalism & Mass Communication Educator, 2009,64(3).

界融合。“请进来”是指除全职教授外，聘请大量外地杰出学者及本地资深传媒人来学院讲学，或直接参与课堂教学，并与业界联机，设立亚洲新闻教育界首个“新闻系师徒计划”。目前，兼任教师占学院教师人数的 45%～50%，基本上形成了“全职教师管理论，业界精英管业务”的教学架构。现在的新闻系讲台上，有英文报章《南华早报》、财经杂志的主编，有《纽约时报》分社长、美联社的资深记者，有普立兹新闻奖得主，也有仍然活跃在世界各大新闻现场的战地记者。这些老师向学生传授了最直接、实用，也最宝贵的新闻技巧。

另外，传理学院从 2007 年 10 月开始举办“普立兹新闻奖得主工作坊”，邀请普立兹新闻奖得主走进传理课堂，与学生面对面分享新闻采写经验。新闻奖得主工作坊至今已成功举办了五届，前后共邀请 30 多名普立兹新闻奖得主来传理学院座谈。普立兹奖秘书长 Sig Gissler 认为这个工作坊是把普立兹新闻奖的新闻理念跟新闻教育理念结合得很好的一种形式。每届工作坊都是学校的一件盛事，不仅我们系的学生获益良多，也对其他院系的学生产生很大的影响，它实际上已经成为新闻学系重要的实训课程之一。

从 2007 年开始，传理学院定期举办国际传媒沙龙，邀请诸多社会知名人士到校园，包括各国外交官、资深传媒人等，以讲座和对谈等形式和学生探讨工作经验、本地及国际热点等话题，为学生提供一个广泛接触社会各界人士的机会，增加他们对职业领域的了解并拓展社会网络。2015 年 10 月，我们与亚洲出版业协会合办“卓越新闻奖得主论坛”，请来 5 位以亚太区为基地的卓越新闻奖得主，分享做调查新闻、深度报道的经验，新闻系学生实时透过 Twitter 报道论坛情况、嘉宾的讲话内容。接着是与英国 BBC 新闻学院及 BBC 中文合办“独立新闻：语言与不偏不倚”研讨会，多位来自 BBC 及本地的资深传媒人，以报道为例子阐释准确运用语言对新闻的重要性，BBC 中文网实时网上串流直播过程。这两个活动正好说明，学院把新媒体技术的操作应用并融入学生的学习之中，让他们活学活用。

学院“走出去”的原因在于，新闻通识教育的部分内容在很大程度上是学生在课外累积经验的结果。新闻传播教育重视实践，实践教学在课程设置当中占有非常重要的位置。传理学院的政策是鼓励学生积极参加社会实践活动和专业实习，并为他们提供媒体实习的平台。不仅如此，每年我们都会带领新闻系学生参加海内外的新闻实习与新闻培训，包括在纽约、华盛顿、伦敦、布拉格的实习和培训。2006 年和 2008 年我们带领学生采访台湾领导人选举，2012 年甚至派出 60 名学生直击台湾“大选”，学生参与了 2010 年上海世博会以及 2011 年全国“两会”的实习报道。此外，我们院系是全球首个参访朝鲜的新闻院系。这些对于学生来说，都是熟悉国情、社情，培养国际视野的宝贵机会。

在融合层面的最后一点，我想强调的是本土与世界的融合。一方面，科技的全球化带来新闻传播技术的变革，政治经济的全球化则对传播模式及内容产生影响。这有点类似于新一轮的“西学东渐”，我们的传统传播教育模式必然受到冲击。另一方面，全球传播新格局以多元文化、多元平台为背景，如何在全球化浪潮中做到“中流击水，浪遏飞舟”，改革我们的教育模式，发扬我们的文化，推动本土与世界的融合，在全球化趋势下的新闻传播教育中发挥作用，是值得我们新闻教育者思考和实践的地方。

传理学院始终坚持教学适应全球化时代的教育需求，除了举办普立兹新闻奖得主工作坊、国际传媒沙龙，邀请国内外著名学者访问讲学，带领学生前往海外学习实践外，新闻系坚持国际交流合作项目尽可能惠及更多的学生。每年新闻系都有超过30名学生前往欧美、新加坡等名校参加数月至一年的交流合作项目。从欧美、亚洲等其他地方交换来港的学生也将新闻系的课堂变得更加多元化、国际化。另外，在教师队伍中，欧美外籍老师比重日益扩大，目前占整个学院师资构成的20%左右。以培养理论性与批判性思考能力为主的研究型硕士与博士，生源也逐渐国际化。在研究型在读学生当中，有一部分来自欧美及东南亚国家。

除此之外，2005年传理学院把普通教室变为全球化课堂，是全港首家运用“全球媒体网”的院校，能够让来自多个国家的教授和学生通过计算机系统一起学习与交流，希望通过不同文化之间的互相学习、交流和融合，最终实现传播教育的创新与发展。

在融合之外，我会简单谈谈融合层面下的教学细分，即以“细分”贴合细分，发展新专业及特色专业。在新媒体环境下，媒体不只呈现出融合的趋势。现代社会是一个既高度融合又高度分解的社会，融合的另一面是媒体逐渐走上分众化、精细化的发展道路，这要求新闻传播教育既要坚持并进一步巩固通识教育，奠定学生深厚的文化根基，为今后的长远发展打基础，也要进一步加强专业化和知识化，推进专业人才的打造培育。这里所讲的“细化”，指的是新媒体情境下增加新专业、特色专业的必要性。一方面，在已经设立的专业基础上增设新的数字媒体专业或网络传播专业；另一方面，根据自身院校的优势，调整传统专业，打造自己的优势、特色专业。这些年来，传理学院结合自身优势，打造了中文新闻、国际新闻及财经新闻专业，目前看来，成效不错。

或许有人会问，新闻传播教育需要四面出击，全面开花，搞“媒体教育大跃进”吗？我认为没有必要。每个新闻院系都有自身的资源、规模、特长、地缘等要素。因此，每个新闻院系应该给自己一个比较恰当的定位，根据院校的传统、使命、愿景、奉献等，制定一些精细化的安排，根据自己的风格和社会要求等，按实际情况设置自己的特色学科，发挥自己所长，打造自己的优势专业。例如，美国的哥伦比亚新闻学院基本上是以新闻实务教学为主，虽然也有研究，但研究并不是主要的；虽然有大众传播教育，但焦点还是在新闻。宾夕法尼亚大学安尼伯格传播学院则偏重研究，主要是理论教学和研究，基本上没有实务教学，但他们的新闻传播教育办得也很出色。我认为，这种媒体教学细分化的格局模式值得我们继续探讨，在这个基础上，如果能够实现高校传媒教育项目之间的优势互补与合作，强强联合，这种模式就不失为一种培养未来中国优秀媒体专业人才的合纵连横的好方式。

我认为最重要的是如何在新媒体情境下有所坚守，以“不变”应对万变。就像《易经》中所说的那样，这世间唯一不变的事实，就是变。如何处理好新媒体中的“变与不变、可变与不可变”的关系，是我们每一个传播教育者都要考虑的问题。不管是网络媒体的出现，还是媒介融合时代的到来，在变化之中肯定有不变的。例如，大众传媒要通过符号来叙事、新闻价值核心、媒介伦理道德及操守等。因此，新闻传播教育要适应实践的变化，但不应受其牵引，更不能刻意迎合实践的需要。那样新闻传播教育将失去其正当性及社会意义。因此，我在这里提出新闻传播教育应该坚守的“一个根本”与“三个不变”。

概括来说，就是新闻传播教育的可持续性发展要寻找一种“代际平等”，续接传统，立足现在，着眼未来，从根本上培养出具备学习力、行动力、创造力、建构力、整合力和团队力的给力人才。换句话说，尽管新媒体时代要求新闻传播教育做出变化和调整，但是我认为，优秀教育传统的承续，譬如新闻人的责任及道德意识、基本素养、叙事能力、报道功夫、批判思维等应该保持不变。强调中华文化、人文精神的培育应该保持不变。就我们这个行业来讲，没有绝对的新闻客观性，但对唯真为善、公平正义的新闻追求始终不变。我们对关于学科核心知识、核心课程的讨论以及对人文、通识教育的共识，就是对坚守“不变”的证明。

总而言之，面对技术革命带来的媒介变革和中国社会转型期带来的社会变化，我们需要在“知与行”的不断摸索中探求发展。目前，新闻学比其他学科都更适合作为一种基础教育，因为新媒体时代意味着一个全民参与的时代，一个“人人都可以当记者”的时代。然而，即使通过互联网参与公共事务，也需要具备使用技术和交流的技巧。新闻学在新媒体时代的传播教育更显得任重道远。然而，技术的变革导致新闻学科外延日益扩大，新闻教育专业学科的特性呈现出某种程度的模糊性。如何积极联合起海峡两岸的新闻教育界同仁，与时俱进，尽快设立一套共通的学习成果架构及国际认可标准，使我们培养的复合型或全能型新闻人才能够在新媒体时代脱颖而出，是值得大家集体思考和行动的一个具体目标。

走非常规之路，走能发挥自己特长之路

——华南理工大学新闻与传播本科专业建设思路

李　幸[1]

摘要： 在所有以工科为主的大学以及全国重点大学中，华南理工大学开办专门的文科以及新闻与传播学科应属较晚的一批。在此之前，全国已有大量高校开办新闻学或广播电视新闻学专业。一般认为，先办新闻学再办传播学，方为常规。所以，华南理工大学一开始就选择申办传播学专业，属于非常规。随后我校又申报广告学本科专业和编辑出版学本科专业，并于 2004 年开始招生。在广告学专业开办之初，我校就把培养方向定为“品牌传播”，使社会本就认同的专业有了更具体、实在的培养目标。同时为了应对新的社会需求，我校在编辑出版专业，选择了“网络传播与电子出版”方向，并对教学计划做了修订。我校坚持走非常规之路，走能发挥自己特长之路，是我校目前为止专业教育发展较为顺利的重要原因之一。

关键词： 传播学；本科教育；建设思路

在以工科为主的大学建设新闻与传播学科，发展有特色的专业教育，是华南理工大学建立新闻与传播学院的目标之一。

国内率先建立新闻学专业的工科院校是当时的华中工学院，时为 20 世纪 80 年代初。其时以至此后许久，一般人听闻此讯，首先的疑问便是：工学院也办新闻专业？那时华中工学院还办了中国语言文学、社会学等专业。不久该校易名为“华中理工大学”，而后又为“华中科技大学”，当亦与其首创文科，朝综合性大学方向发展，恐长此以往名不正言不顺。到 20 世纪 90 年代，清华大学也成立了新闻与传播学院（此前，清华大学有中文系，开办编辑学专业）。至此，以工科为主的大学开展新闻与传播专

---

① 李幸：华南理工大学新闻与传播学院首任院长、教授。

业教育，遂无一般性疑问。这自然是由于像清华这样的大学做事，有其自在的道理，便勿需多问。

在综合性大学或社会上一般认为以文科著名的北京大学、南开大学、中山大学等不开办新闻与传播教育，在 20 世纪亦属正常。不过，等到北大建立起新闻与传播学院，常规即破(此前北大虽曾有过新闻专业但很快转至人大)。

工科大学办文科，著名综合性大学亦办新闻专业，其原因并不在本文讨论之列。上述种种只为便于下文展开交代背景。

在所有以工科为主的大学以及全国重点大学中，我校开办专门的文科以及新闻与传播学科应属较晚的一批。如何尽快发展是校院两级必须时刻思考的问题。

走非常规办学之路，为我校首选。我校 2002 年申报传播学本科专业，2003 年开始招生。该专业属教育部《普通高等院校本科专业目录》在 2001 年调整时的目录之外的新专业，当时全国只有 4 所大学开办，广东仅华南师范大学有此专业(因该校此前未办有相关专业，行政隶属教育技术学院)。在此之前，全国已有大量大学开办新闻学或广播电视新闻学专业。一般认为，先办新闻学再办传播学，方为常规。所以一开始就选择申办传播学专业，属于非常规。

传播学于 20 世纪 40—50 年代在美国初创，该学科教育是从研究生开始的。相对于新闻学偏重于应用实操，传播学学理性较强，该学科产生于一些相对成熟的社会学科如政治学、社会学、心理学等，学科之间不仅关系紧密，运用的研究方法也几乎一致，所以培养研究生不成问题，社会也有相应职业需求。这在中国也一样，从 1998 年起，几家老牌的新闻院系开始了传播学的研究生教育。因此可以说无论中外，在传播学建立初期，先开展的都是研究生教育。而传播学归属新闻(与传播)学院(系)，亦为世界一般情况，所以常规建设发展之路也是先有新闻学再有传播学。

社会对本科教育的一般认知是更重应用。在我校申报传播学本科专业的 2002 年前后，对于新闻与传播学专业教育，我国社会普遍认同教育部《普通高等院校本科专业目录》(1998 年)在“新闻与传播”下设的四个专业的分类，即新闻学、广播电视新闻学、广告学、编辑出版学，他们认为这些专业是对应国内业界实际需求的。而属目录外新专业的传播学，一般反应是感到陌生或针对性不足，社会对传播学本科生的专门需求似未呈现。

在新闻与传播教育学界，其时一般的看法也是开办新闻学、广告学等能够直接面对社会实体(新闻单位、广告公司)的专业较为切实可行，以致在新闻学专业属于控制布点的情况下，许多学校办起了就业适应面相对较窄的广播电视新闻学专业。

然而，对于本科生培养，世界主流和相对成功的大学教育理念是“宽”，我校提出的“厚基础，宽口径”即为一种表述。而传播学专业的教学设计需兼顾新闻学、广告学、编辑出版学和广播电视新闻学等所有基本课程，显然属于“宽”的专业。

截至 2005 年，全国在教育部备案的传播学本科专业只有 24 个，而新闻学有 209

个，广播电视新闻学有146个。[①] 从数量上来说，传播学尚属稀缺专业，尽管直接对应的社会需求尚不明显，但从我校2007年首届毕业生的求职情况看，确实是比较“宽”的，学生不仅可应聘新闻传媒相关部门，亦可应聘大型企事业单位的营销、公关、策划、宣传等部门。

2003年，我校又申报广告学本科专业和编辑出版学本科专业，2004年开始招生。

广告学是近年来一个相对热门的本科专业，开办于20世纪80年代初，开始仅有厦门大学一家，随着改革开放的深入，行业民营化程度提高，到20世纪90年代中期以后逐渐被社会认同。截至2005年，全国在教育部备案的开办该专业的高校已有232所。[②] 尽管如此，广东有该专业的高校也不多。在申报广告学专业时，我校考虑较为周全，因为广东该专业不多，所以更要发挥自己所长。我校在广东乃至华南地区，有“企业家摇篮”之称，工科多年培养出的许多学生已成为企业的领导人，如中国民族彩电业四大巨头，曾经有三位是本校毕业生。而我国大中型企业都已面临树立民族品牌问题。在申报该专业之前，我校工商管理学院和原人文社会科学学院都在与企业合作进行课题研究方面积累了较多经验，且对企业的需求比较了解。根据这些情况，在广告学专业开办之初，我校就把培养方向定为“品牌传播”，使社会本就认同的专业有了更具体实在的培养目标。所以，该专业在近几年的建设中发展较快，通过进一步与企业的合作，包括开展南方品牌传播论坛、品牌形象调查发布等活动，在广东乃至全国产生了一定的影响。

编辑出版学本科专业的建设则遇到一些问题。该专业前身为“编辑学”，早在20世纪80年代即已设立，曾归类于中国语言文学，1998年教育部《普通高等院校本科专业目录》将其更名为“编辑出版学”，并移至新闻传播学类。一般认为该专业所直接对应的出版社对本科人才需求甚低，因此各校开办此专业都较谨慎。截至2005年，全国在教育部备案的开办该专业的高校只有50个。[③]

出于对当时全国高校新闻学、广播电视新闻学本科专业不仅开办时间早，而且数量多的现实考虑以及申报时的师资情况(我校原人文社会科学学院有较强的文史哲师资队伍)，我校选择了申报编辑出版学本科专业。2004年招生后，该专业即面临生源、教学及日后学生就业等问题。这就需要尽快调整专业方向，以扭转被动局面。其时调整的路子有两条：一是往传统文化方向去，培养具有相对深厚国学基础的编辑出版专业人才；二是往出版营销方向去，培养书刊发行人才。前一个方向，师资没有问题，但是仍然不能解决对应社会需求问题——出版社一般不会要本科毕业生做编辑；后一个方向，应该是出版社在经营上所需要的高层次人才，但学生不能接受未来做发行员这一状况，而且由于这种设计过于应用，也不是大学教育之道。

---

① 何梓华.控制办学规模 提高教学质量——兼论中国新闻传播学教育面临的问题[J].新闻战线，2005(7).

② 何梓华.控制办学规模 提高教学质量——兼论中国新闻传播学教育面临的问题[J].新闻战线，2005(7).

③ 何梓华.控制办学规模 提高教学质量——兼论中国新闻传播学教育面临的问题[J].新闻战线，2005(7).

最后，学院教学指导委员会与专业所在系经过多次讨论研究，选择了“网络传播与电子出版”方向，同时对教学计划做了修订，保留原有文化基础课程，在高年级开设相关技术性课程。这么设计，一方面可以发挥以工科为主的本校所长，另一方面也保证了编辑出版学所需要的较深厚的文化素养的基本要求。更重要的是，在新兴媒体蓬勃发展的当下，如此设计能够应对新的社会需求。

综上所述，我校在开展新闻与传播教育初期，对专业设置和培养方向都进行了较多的思考和实验，而走非常规之路，走能够发挥自己特长之路，是目前为止专业教育发展较为顺利的重要原因之一。

新闻传播专业通识教育的内涵与实现途径

廖声武[①]

摘要： 中外新闻传播人才培养都强调通识教育。近年来，随着中国社会转型，新闻传播环境也发生巨大的变化，新的传播环境更需要在人才培养中重视通识教育。新闻传播专业通识教育应包括人文素质的教育、批判性思维的培养和专业技能的训练。要明了新闻传播通识教育实现的途径，通过各种形式强化通识教育内容的涵化过程，将新闻传播专业通识教育落到实处。

关键词： 新闻传播；人才培养；通识教育；实现途径

近年来，中国特色社会主义市场经济体制的发展，促使社会发生急剧而深刻的变化，出现了社会转型。社会转型导致各种矛盾交织，错综复杂，人们的思想日趋活跃，价值标准日趋多元化，这些使得人们观察和理解社会的难度加大。传播新技术（网络视频、博客、微博、微信、手机上网等）的使用，使得新闻传播模式发生改变，新闻业界呈现纸媒体、电子媒体和互联网等多种媒体传播方式的大融合，这种融合又进一步改变了传播业的现有格局。

面对这样活跃而深刻的变化，新闻传播教育必须在人才培养方面与时俱进，开展通识教育，培养新闻人才拥有深厚的人文底蕴、良好的职业道德修养和精湛的专业技能，具有大局观和责任心，以确保他们走上工作岗位后能够担当起自己的工作职责。

一、通识教育的概念 ▶▶▶

通识教育作为现代大学制度的一个重要组成部分，早在19世纪初即由美国鲍登

---

① 廖声武：湖北大学新闻传播学院教授、院长、博士生导师。

学院(Bowdoin College)的帕卡德(A. S. Parkard)教授提出，并尝试运用于教学实践。1909年，哈佛大学校长劳威尔(A. L. Lowell)对原有“自由选修”教学制度进行改革，开展了新一轮通识教育运动。将通识教育与专业教育相比，通识教育主张“以人为本”的教育理念，强调非专业性和非职业性教育，注重培养情操优美、识见通达、知识博雅的高素质公民。

通识教育的根本目的不仅是要着眼于教给学生现存的知识，改善学生在大学阶段的学习，还要关注学生将来的发展与社会的进步，教会他们如何去获得知识和创造新的知识。

以哈佛大学为例，进入21世纪以来，哈佛大学通识教育主要强调培养学生的反思和批判精神、科学意识、知识的整体性、国际化视野以及学生对未来生活的准备等。基于这一理念，哈佛大学开设了许多通识教育课程，如审美学的理解、文化与信仰、以实验为依据的推理、道德推理、生存方式的科学、客观世界的科学、世界中的各种社会、美国与世界等。[①]这是在日常教学中实践通识教育的典型案例。

二、中外新闻传播人才培养都强调通识教育

在很长一段时间里，有些人认为，新闻只需要在报社以师傅带徒弟的方式学习就够了，没有必要在大学开设专业来学习。1908年，美国密苏里大学首开新闻学院，使得新闻教育在大学展开，这时人们更多的是把新闻教育定位为职业教育，其目的是培养专业技术人才。1912年，由普利策捐款创建的哥伦比亚大学新闻学院，使得新闻学成为一门类似于医学、法学的职业性学科。[②]

随着新闻教育的繁荣，新闻教育应该如何培养人才，培养什么样的人才，越来越受到人们的关注。有人认为，新闻教育只讲授一些技巧性的知识，没有学问，不值得浪费学生的时间；有人认为，新闻学与社会福利和政府的民主的联系比任何一种职业都要密切，因此，新闻学必须教授广泛的知识，并培养学生运用这些知识去解决实际问题的能力。有“美国新闻教育之父”之称，被人们叫作“老爸”的布莱尔(W. G. Bleyer)就持这种观点。1921年，他在一次演讲中说：“一个医生一生中出现再大的过错也不可能杀死多于一百条的生命，一个律师可能会使客户的财产遭受损失，甚至使客户失去一生的自由，但是一个不成功的记者如果一日复一日地提供不准确的信息或有色新闻，便会引导公众的舆论走向错误的方向，进而对社会民主造成危害。”因此，学生在学校中需要接受的最重要的教育，应该是广博的知识和怎样运用这些知识来付诸实践的能力。这些知识包括现有人类社会所有领域的知识，这种能力是指一种

---

① 科学网.美国本科通识教育：让学生生活更有意义[EB/OL].[2014-07-18]. http://news.sciencenet.cn/sbhtmlnews/2010/1/228681.html? id=228681.

② 黄鹏.美国新闻教育研究[M].武汉：华中科技大学出版社，2008.

强烈的社会责任感和成为一名好的记者的良好素质。[①]由于布莱尔的大力提倡，他所在的威斯康星大学的新闻专业的通识教育在美国也是独树一帜，成为该校新闻学教育的一个传统。

在我国，1918年北京大学新闻学研究会成立，首开大学新闻学教育。早期中国新闻教育比较重业务、重实践、重实用知识、重独立活动能力的培养。[②]也有许多人既是记者，又是老师，如邵飘萍是《京报》社长，又在北京大学、平民大学、民国大学、政法大学任教，戈公振先后在《时报》《图画时报》《申报》任职，同时又在上海国民大学、南方大学、大夏大学和复旦大学任教，还有陈布雷、潘公弼分别是《商报》和《时事新报》的总编辑，同时又在上海国民大学任教。有人统计，1949年以前，在已知的59个教育机构中，除燕京大学和复旦大学新闻系等少数几家新闻教育单位之外，其余大多数是由报人与学校或报人、媒体独立创办的。中国新闻教育机构的主持者和教育者多数是新闻实务中人。[③]

这种情形，使得新闻教育与新闻业务部门紧密结合，形成中国新闻教育的重要特点。

也正因为如此，中国新闻教育至今仍然被看作是一种职业教育。有人认为，中国新闻教育一直采取传统模式：以培养应用型人才为目的，以新闻职业技能训练为教学重点。这种模式的明显弊端在于学术含量不足，这导致“无学可教”，培养的学生后劲不足。[④]

对于这种观点，仁者见仁，智者见智。事实上，除了中国新闻教育是一种职业教育之外，教育者还要清醒地了解新闻的性质和任务，新闻从业人员应该具备什么样的素质，新闻教育应该为未来的从业人员准备什么样的知识储备，使他们终身受益。因此在课程设置上，根据新闻工作的需要，努力扩大学生的知识结构，培养学生的思维能力，让学生从教学中获益。

三、新闻传播专业通识教育的内涵

现代大学注重通才教育。通才教育的精神是，培养学生博学多才，保持自主的心态和自由思考的习惯。通才教育不仅关心普遍的知识，关心如何做事，而且关心如何做人，以克服专门教育或学徒式教育造成的精神世界的贫乏和人格的分裂，从而作为社会变革的“轴心机构”，和精神文化中心的功能保持一致。[⑤]

在人才培养上，大学均以培养通识博学，具有教养和全面发展的通才为目标，以

① 黄鹏.美国新闻教育研究[M].武汉：华中科技大学出版社，2008：30.

② 李建新.中国新闻教育史论[M].北京：新华出版社，2003：56.

③ 李建新.中国新闻教育史论[M].北京：新华出版社，2003：167.

④ 吴廷俊.传播学的导入与中国新闻教育模式改革[J].新闻大学，2002(1).

⑤ 赵汀阳，刘军宁，盛洪，等.学问中国[M].南昌：江西教育出版社，1998：248-249.

有别于专门教育造就的狭窄单薄的技术人才。对新闻传播而言，没有哪一样职业像新闻那样与社会的平稳发展和民主政治的成功有着更密切的相关性，没有哪一样职业像新闻行业那样更需要其职员具备广博的知识或更巨大的才能去面对每天发生的新闻事实。①

因此，新闻传播教育与现代大学通才教育的精神相适应，与新的传播环境相适应，应当着重于以下几个方面。

（一）人文素质的教育

人文素质是关于“人类认识自己”的学问。发展人文素质教育就是引导人们思考人生的目的、意义、价值，发展人性，完善人格。

人文素质包括人文知识、人文思想、人文方法和人文精神，其中最重要的是人文精神。人文精神是人文思想、人文方法产生的世界观和价值观基础，是人类一种普遍的自我关怀，表现为对人的尊严的维护、对价值的追求、对命运的关切。它的核心是以人为本，即把人放在最重要的位置上，一切为了人，敬畏人的生命，尊重人的价值，维护人的权益。

新闻通识教育应把人文素质教育贯穿于各门课程教学之中，通过人文科学课程和相关的教育保证人文素质教育实施。美国亚利桑那州立大学沃尔特·克朗凯特、新闻学院院长乔·福特说：“强调人文科学教育是美国新闻与传播教育认证委员会的重要信念。我们相信应强调人文科学教育，因此要限制学生所能选的新闻课程的数量。我们希望学生不要忽视本大学的其他学科以及他们追求新闻教育的过程中本大学所能提供的其他条件。”②

（二）批判性思维的培养

批判性思维，是指有目的的、自我校准的判断。即运用概念、判断、推理、分析、综合等手段，抱着对寻找真理的真诚和客观的态度，对历史或现实作深刻的审视与剖析，以期发现并解决问题，其着眼点是获得更加光明的未来。

由世界高等教育会议（巴黎，1998年10月5—9日）发表的《面向二十一世纪高等教育宣言：观念与行动》，其第一条的标题是“教育与培训的使命：培养批评性和独立的态度”。其在第五条“教育方式的革新：批判性思维和创造性”中指出，高等教育机构必须教育学生，使其成为具有丰富知识和强烈上进心的公民。③

新闻传播教育要教给学生的是政治民主的思想和追求真理的态度，因而其批判

① Willard G Bleyer. What Schools of Journalism Are Trying To Do[J]. Journalism Quarterly, 1931, (8): 35-44.

② 钟新，周树华. 传媒镜鉴：国外权威解读新闻传播教育[C]. 北京：中国传媒大学出版社，2006：5.

③ 武宏志. 何谓“批判性思维”？[J]. 青海师专学报（教育科学版），2004(4).

性思维主要应该包括两个方面:其一是对现实的批判。处于社会转型期的中国,经济高速发展,社会急骤变化,各种矛盾聚集,信息传播混杂,社会乱象纷呈,这种状况尤其需要批判的力量。其二是对权威的质疑。权威是一个时期对真理的认识的结果,我们必须尊重权威,但不能盲从于权威,对权威的质疑是对真理的进一步探索。

(三) 专业技能的训练

传播技术的进步带来媒介融合,在这种前所未有的变化中,新闻传播规则、传播流程、传播渠道、传播方式都发生了改变,新闻报道的样态也不断创新,传统的职业传媒工作者面临着严峻的考验。新闻从业者的全能化成为基本要求。也就是说,媒介融合要求从业人员能够采访、写作、摄影、摄像,能够掌握并熟练运用各种通用的传播技术手段,驾驭文字、图片、音频、视频等内容和形式的表现技巧。这是新传播环境下新闻从业人员应当具备的基本技能,也是在新环境下新闻通识教育内容的扩展。

四、新闻传播专业通识教育实现的途径

加强理论知识学习,具有开阔的视野。要加强政治理论学习,掌握马克思主义新闻观,树立科学的世界观和方法论,具备较高的政治理论和政策水平。关注全球化的趋势、世界政治经济发展状况,知晓各国历史,明了各国外交关系。同时,加强中国国情的学习,了解中国的政治体制及其改革趋势,了解中国的经济发展状况,了解中国的科技、文化、宗教的发展状况,等。这是有实例可循的:为了拓宽学生的知识面,开阔学生的视野,美国新闻教育家布莱尔曾提出,学校所安排的新闻专业课程的最佳比例是四分之一的新闻专业课程,剩下的四分之三的课程涵盖政治学、经济学、社会学、心理学、历史学、科学和文学。①

强化人文学科的学习。新闻学是一门独特的社会实践学科,因此,它必须注重人文学科的学习。新闻学的学术来源应该根植于人文科学和人文类的社会科学中。新闻应该与政治联系,这样才能理解民主生活和民主机构;新闻应该和文学联系,这样才能提高语言和表达能力,并深刻理解叙述的方式;新闻应该和哲学联系,由此确立自己的道德基准;新闻应该和艺术联系,这样才能捕捉到完整的视觉世界;新闻应该和历史联系,在此基础上建立自己的意识和直觉。②

增加课堂讨论的比重。课堂讨论是一种常用的教学方法。增加课堂讨论比重可以克服“满堂灌”的弊端,让学生参与到教学之中,增强其对知识的获取能力。事实上,学生要参与课堂讨论,课前就必须认真准备相关内容,阅读大量相关资料,只有这

---

① 黄鹂.美国新闻教育研究[M].武汉:华中科技大学出版社,2008:30-31.

② James W Carey.新闻学的教育究竟错在哪里[EB/OL].李昕,译.[2013-05-12].http://www.xici.net/d19542849.htm.

样在讨论时师生之间和学生之间才能进行激烈的思想碰撞。这些对学生养成调查研究方法、完善思维、拓展视野都会起到积极作用。

注重专业实践。实践是对已学知识的应用和检验，“纸上得来终觉浅，绝知此事要躬行”。通过专业实践，让学生亲身体验到新闻传播所面临的社会环境，了解新闻业务的操作，感知媒体的运作，可以让学生更深刻地了解新闻传播教育的目的，更自觉地向新闻传播通识教育的目标迈进。毫无疑问，受教育者的自觉参与会使新闻通识教育的成效更为显著。

新闻传播教育研究

——中国新闻史学会新闻传播教育史研究委员会2014年年会文集

固本与创新——人大新闻教学改革探索

蔡 雯 赵云泽[①]

摘要：本文介绍了中国人民大学新闻学院近年来新闻教学改革的举措和原则。这些改革的举措主要体现在“一体化多功能”媒介融合人才培养、复合型人才培养和新闻史论课程的“强化根基”上，并且涉及课程的内容和形式等方面。这些改革主要遵循“强化理想”“强化兴趣”“强化技能”的原则，并进一步指向更为根本的问题——新闻学教育自身的核心竞争力。笔者认为，培养学生的新闻理想是新闻教育的一个核心内容。

关键词：新闻教学改革；媒介融合；人才培养；新闻理想

中国人民大学新闻学院在近五六年的时间里进行了一系列的新闻教学改革，主要包含以下三个方面：首先是“一体化多功能”的媒介融合人才的培养；其次是复合型人才的培养；最后是“强化根基”的教学改革，即加强在史论课方面的培养，我们认为这也是培养新闻人才核心竞争力的一个举措。以下我们分别进行介绍。

1. 媒介融合人才的培养

众所周知，培养融合型的人才已经是业界迫切需要的，也是教育改革的一项关键内容。在这个方面我们做了一个总体的设计，这个设计打破了传统各个专业之间的界限，即努力培养一种超级记者。这样的记者要具备采写编评、制作音视频的能力，同时还要具备媒介融合的理念。在这个过程中，我们进行了各种探索和磨合，既要重视学生的兴趣，还要切实可行。我们的具体设计包括以下几个方面。

除了原来的课程板块和课程内容以外，新闻学院又专门设置了跨媒体实验课程，

---

① 蔡雯：中国人民大学新闻学院党委书记兼副院长，教授，博士生导师；
赵云泽：中国人民大学新闻学院副院长，副教授，博士生导师。

共有四个学分。具体来看，大学一年级主要是培养学生的兴趣，在工作坊中采用“老生带新生”的方式，从而节省一定的教学资源，没有学分；大学二年级上学期，学生通过音视频制作、图像编辑软件等基础课程学习基本技能，共有 1 个学分；大学二年级下学期和大学三年级上学期主要是学生按兴趣选择不同的媒介融合工作坊，开始项目的学习，共有 2 个学分。每个工作坊不能超过 20 个人，特殊的不能超过 30 个人。有的工作坊特别热门，例如，关于广告创意的工作坊，主要进行广告的设计、制作，并进行参赛评奖。每年中国人民大学在广告方面获奖的学生非常多，他们的实力在北京地区都首屈一指。

工作坊里的学习不同于传统课程的学习，老师和学生不是教与学的关系，而是老师带着同学做。例如，他们可以做一个媒体，如一起办一个电子杂志；他们也可以做深度报道，如办一个做深度调查、社会报告的工作坊。老师们按照自己的兴趣开设工作坊，学生们也根据自己的兴趣选工作坊，如果没有学生选，那么老师们的工作坊也就开不了。大学三年级下学期，一些实力较强的学生可以组团队参加“接力杯”跨媒体竞赛，这样的模式极大地激发了学生们的热情。学生们参加比赛的作品一定要是跨媒体的、融合各种媒介元素的，并且一定要将跨媒体的理念融合其中，总共有 1 个学分。这是整个课程设置大致的一个状况。

这些年在本科教学探索的过程中，我们总结出三个原则，即“强化理想”“强化兴趣”“强化技能”。第一个原则是“强化理想”。这些年我们在教学探索的过程中也在思考一个问题，什么是我们新闻学教育本身的核心竞争力，或者说，我们新闻学要培养的核心的东西有哪些。一些学者认为新闻学专业根基不厚，我们深有同感。因此，我们认为培养学生们的新闻理想应该成为新闻教育中的一个核心内容。

在这个过程中，有一些经验对我们来说是非常有启发的，如在强化新闻理想方面的经验。在中国人民大学校园里有一份报纸叫《新闻周报》，校友都对它非常熟悉，它被称为“校园里的《南方周末》”，这是在 20 世纪 90 年代《南方周末》最火时的一个称呼，中央电视台和北京电视台都对它进行过报道。1986 年，《新闻周报》由我们前任院长也是当时的学生会主席倪宁老师创办，并且一直沿袭到现在，学院也特别重视它。我们作为指导教师也深有体会。这份报纸特别注重锻炼学生的深度报道能力，也尝试各种突破和专业的报道。再加上老师和校友们对其高度重视，参与办报的学生们都肩负着重大的责任感、荣辱感和使命感。该报纸的口号是“实现最纯真的新闻理想”。这份报纸现在是周报，时间非常紧张，工作量也非常大。在这样一种情况下，学生们愿意投入，他们不惜辛苦、不畏挫折、满腔投入，如排版报纸到凌晨。从选题、采访、出稿到学院里面的把关等，按期出版是非常不容易的。但这些学生们都无怨无悔地去做这些工作，一代接一代，形成这样一种特殊群体。在这个过程中，学生们认为，办报纸可以得到强烈的新闻人的熏陶，获得前所未有的对新闻人的认同感。

我们曾做过一项关于《“校园媒体实践教学”与“社会媒体实习”的互补效果分析》的调查研究，对比它们的异同，并总结规律。该研究以接触过校园媒体并且在社会媒体实习过的学生为调查对象，共调查了40多位符合条件的学生。大多数学生认为校园媒体需要投入更多的精力、情感，更能强化新闻理想，并且校园媒体给予了更强的同伴激励、更好的合作效果以及更强的成就感。但在提高业务水平上，大多数学生认为社会实习更有利。因此，校园媒体实践教学和社会实习相互补充，对于完善实践教学非常有利，尤其是对于目前新闻学的教学模式。在跨媒体实验开始后，该报纸是一个工作坊，学生们可以拿1个学分。但是令我们惊讶的是，很多选择加入的学生并不是为了拿1个学分。很多同学愿意在《新闻周报》中只工作不拿学分，加入其他的工作坊拿学分，所以他们纯粹是出于兴趣来办报纸。

第二个原则就是"强化兴趣"，即媒体工作坊的选择要依据兴趣自愿做出选择。第三个原则是"强化技能"，这里有一点值得强调，对教师要有一定的保障，批改作业要有适当的小补贴。

2. 复合型人才的培养

中国人民大学新闻学院教学改革的第二个方面就是注重复合型人才的培养。复合型人才的培养不是停留于选修、辅修课的层面，而是要扎扎实实地从大学一年级就开始选拔人才，在本科四年同时进行两个专业的学习，所以开设了"新闻—法律实验班"和"新闻—国际政治实验班"。在本科四年中，这两个实验班的学生要同时学两个专业。

3. "强化根基"的教学改革

在本科生中进行史论研究型课堂的探索，使对知识的传输演讲转变为对知识的研讨。我们认为史论课应该是讨论式、启发式的课堂教学模式，所以我们在这一点上学习了美国的教学方式，即布置文献，然后上课进行讨论。这些讨论就是整节课的内容，而且要自成体系。如"中国新闻史"的课程就要覆盖整个中国新闻史的脉络。教师在课堂中要扮演引领者、分享者、监促者的角色，教师仍然是课堂中的灵魂，起着最核心的作用。教师要精选文献，认真思考问题的设置，提出自己的观点等。这个课程已经践行两年多了，现在我们学院尝试在全校范围内推广本科生的讨论式课堂。在这门课程中，学生的阅读范围即考试范围。这样有很多好处，其中之一就是突破了教材，因为教材的观点是比较局限且相对滞后的，而精选的文献中包括了最新的研究成果，而且提供给学生的都是电子文本。这样的教学方式获得了学生们比较好的评价。这样学习会很吃力，因此就要鼓励学生"向上看齐"，而不是"向下看齐"。两年下来学生的两次教学评分都在90分以上，其评价还是比较积极的。

新闻传播学专业实习管理的制度化和规范化

——以武汉大学新闻传播学专业实习管理为例

刘建明[①]

摘要：新闻传播学科是一门实践性很强的学科，专业实习在新闻传播学专业的教育中占有重要位置，起到知行结合、承上启下的作用。有组织、制度化、规范化地推进新闻传播学专业实习的院校并不多，武汉大学新闻与传播学院是其中之一。在实习管理制度的确立上，首先组成实习指导小组，其次制定专业实习规章制度，最后向每位同学发放实习志愿表，反馈给实习小组；在实习管理的服务流程上，通过选定实习学生负责人，在实习城市租房以及购买人身意外保险上予以帮助，继而辅助开展实习中期检查、实习鉴定和优秀实习生评选工作；在实习管理的拓展和升华上，学院通过全国媒体发展高层论坛，期间签订实习基地协议并举行实习基地授牌仪式，同时将实习管理经验总结上升到理论层次，形成学院实习管理的先进经验。

关键词：新闻传播学；实习管理；制度化；规范化

新闻传播学科是一门实践性很强的学科，该学科不仅要求学生掌握新闻传播的史论知识，还需要学生具备很强的采、写、编、评等实际操作能力，只有这样学生才能在毕业后承担起从事媒体工作的重任。因此，在教学实践中，各新闻传播院校都不同程度地设置了实践教学环节，为学生提供实践操作的机会。这些环节通常包括课堂实验教学、暑期媒体实习、专业大实习等，其中最重要、让学生最受益的环节是专业大实习。学生到媒体一线进行数月的学习历练，将书本知识运用于实践，检验学习所得，发现理论不足，同时也为学生今后择业、从业打下基础，做好准备。因此，专业实习在新闻传播学教育中占有重要位置，起到知行结合、承上启下的作用。

然而，就目前新闻传播教育而言，只有极少数院校重视专业实习并为学生提供专

① 刘建明：武汉大学新闻与传播学院教授。

业实习机会。大多数院校采取“放鸽子”式政策，让学生自己联系实习单位、自主实习，学生实习结束后交一份实习总结和实习成果汇报表即可，有些学校甚至干脆不设置专业实习环节。这些院校这么做有多方面的原因：有的院校以“市场经济”为由，给学生联系实习和进行实习的充分的自主权；有的院校只重视理论学习，认为学生学好理论足矣，可以等学生毕业进入媒体工作后再训练实践操作能力，因此这些院校不重视实践教学，不重视专业实习；有的院校难觅热心负责专业实习的指导教师，指导专业实习不能与报酬和职称晋升挂钩，老师们不愿意承担实习的指导工作；有些院校老师认为指导专业实习是吃力不讨好的事情，因为缺乏实习媒体资源，他们不愿在联系实习单位时“拉下面子”“低声下气”求人，只想在学校上好课，做好科研，他们认为这样就算做好本职工作了，不愿在指导学生专业实习上再花精力。

有组织、制度化、规范化地推进新闻传播学专业实习的院校不多，武汉大学新闻与传播学院就是其中之一。至少从 1998 年开始，该学院一直重视专业大实习，形成了新闻传播学教育的传统特色。学院由分管本科教学的副院长负责，从不同专业中分别抽调一名骨干教师来组成实习指导小组，并设立实习指导小组组长来全权具体落实学院本科生专业大实习的全部组织工作。先后负责的副院长有张昆教授、强月新教授，先后担任实习小组组长的有苏成雪教授、周茂君教授，实习小组成员有叶晓华副教授、洪杰文副教授、刘建明教授等。

武汉大学新闻与传播学院在学生专业大实习上设置了 8 个专业必修学分，安排学生在大三下学期即每年上半年进行实习，为期 4 个月。选择这个时间段进行专业实习，主要考虑了以下因素：① 这个时间段为媒体实习的淡季，错开了暑期实习的高峰期；② 如果安排在大四实习，学生面临毕业、准备考研、写毕业论文、找工作等，难以静下心来全身心地投入专业实习；③ 学生大部分专业课程已经完成，还有少量几门课程待修，选择这个时间段实习，学生可以检验以往专业课所学知识，在大四上学期补充、完善今后从事媒体工作所需知识和技能。因此，选择大三下学期进行专业实习，是实习小组经过反复摸索、思考得出的理想的实习时间段，结果也表明选择在这个时间段实习是正确的、明智的。

实习小组组长负责制定的专业实习规章制度，在实习小组讨论通过，并形成正式文件，它成为指导实习的纲领性文件。学院每年 11 月召开实习动员大会，即将实习的大三同学参加该动员大会。负责本科教学的副院长讲解专业实习在教学中的重要性等问题。实习小组组长结合以往实习的经验或教训来讲解实习的规章制度及应该注意的问题。最后，实习小组向每位同学发放实习志愿表，包括第一志愿和第二志愿，分列出实习城市、实习媒体和具体实习单位，数日后反馈给实习小组。根据学生们的志愿，实习指导小组组长安排小组成员在 12 月中下旬分赴北京、广州、深圳、上海等地，分别到各实习单位洽谈实习生名额和具体实习时间，为期一周。他们到各个媒体与负责实习的工作人员面谈，并落实具体实习时间和实习生名额。这些城市分布着与武汉大学新闻与传播学院签有实习基地协议的数十家媒体单位，包括人民日报、人民日报海外版、中央电视台、中央人民广播电台、新京报、京华时报、腾讯网、搜狐网、新浪网、网易、人民网、新华网、四通国际广告公司、奥美集团、南方报系、广州日报社、羊城晚报社、广东电视台、南方电视台、广东省广告集团股份有限公司、蓝色火焰广告公司、深圳电视台、湖南电视台、上海第一财经等媒体。这些媒体与武汉市本地的省级媒体构成了武汉大学新闻与传播学院专业实习的稳定平台。

从近几年的情况来看,大多数学生的第一志愿都能得到满足。譬如,很多学生愿意到中央电视台实习,填报志愿的学生很多,前两年中央电视台给武汉大学新闻与传播学院的实习名额为40名/年,满足了第一志愿填报中央电视台的多数学生的意愿。第一志愿填报中央人民广播电台的学生的意愿每年都能得到满足。第一志愿没有得到满足的学生,第二志愿基本都能得到满足。武汉大学新闻与传播学院每年实习生大约200名,其中3/4的学生选择在北京实习,并最终成为现实。实习指导小组老师们联系到的实习名额超过实际实习的人数,每年都有一些已经联系好的实习名额空缺。

往往到学期结束(次年1月),同学们课程考试完毕,学院便召开实习去向大会,宣布每个同学最终的实习去向。实习指导小组组长讲解在实习中应注意的问题和注意事项。在赴每一实习单位的同学中,由实习指导小组老师根据实习生多少选定一至两名实习同学负责人,负责与该媒体分管实习的人力资源管理部门、相关频道或栏目组联络沟通,同时负责向实习指导小组汇报实习情况。同学们在得到确切的实习去向后,着手通过各种途径在实习城市租房。春节过后,同学们可以根据实习单位的时间要求,从家乡直接到实习媒体单位报道,开始专业实习。为解决实习媒体和同学们的后顾之忧,学院专门为每位同学在实习期间购买一份人身意外保险。

每年四月或五月是实习中期检查时间,实习指导小组的老师们分头到北京、广州、深圳等城市的媒体实习单位看望实习生,了解实习情况。实习指导小组的老师每到一家媒体单位,就分别约见实习生和媒体相关负责人员。在与实习同学见面时,老师们了解他们的生活情况、实习感受、对媒体的认识和希望。这些学生基本上都来自外地,对实习城市的陌生环境和媒体环境刚刚适应或者还在适应过程中,难免会感到有些茫然、困惑。实习指导老师深切地感受到,许多学生见到看望自己的老师,就像见到多年未见的亲人,十分激动。实习指导老师通过与实习单位相关负责人见面交谈来了解同学们的实习情况。媒体相关负责人往往会告诉实习指导小组老师哪些学生表现优秀,哪些学生还需要改进。然后,这些老师再有针对性地把情况反馈给学生们,对表现好的学生进行表扬,对表现不好的学生委婉劝导。同时,媒体的反馈也作为学生们完成实习时成绩评定的重要标准。比如,人民日报海外版记者部主任严冰老师每次见到实习指导小组老师,总是滔滔不绝地评价实习学生,更多的是表扬他们,尤其是对表现非常好的学生,总是赞不绝口。在实习指导小组的老师们回到武汉后,他还给这些老师打电话,表扬实习表现优秀的学生,希望在评定优秀实习生时予以考虑。他还表示,希望在来年安排实习生时,多安排这类的同学到人民日报海外版进行实习。中央人民广播电台人事部的贾淑娟处长每次在实习老师到访之前，就着手到各个部门了解武汉大学新闻与传播学院实习生的实习情况，见面后逐一介绍每位同学，对表现优秀的同学不吝赞扬。中央电视台、网站、广告公司、报社等基本都是这样反馈同学们的实习表现的。

6月底一般是实习的结束时间。学院实习制度规定，如果媒体需要，学生们也愿意，这些学生可以留下来继续实习，直到8月底9月初学校开学为止。开学后第一周，先以班级为单位进行实习总结，班上所有学生和实习指导小组中负责该班级实习的老师参加。学生们汇报各自的实习过程、心得、成绩和不足，交流实习经验和教训。老师借此机会，更深入地了解每位学生的实习情况，为实习成绩评定获得有益的参考。

每位同学手上都有一份实习鉴定表，其中包括实习成果栏、实习单位指导老师意见栏、实习单位人事部门意见栏等内容。不同媒体介质的实习对实习成果的载体要求不同。在报社实习的同学，要求保留发表文章的报纸样本。在电台、电视台实习的同学，要求在实习成果栏填写实习成果清单，包括参与的节目名称、时长、播出频率频道和时段、在实习生中排名等内容。由媒体实习指导老师签名来认可实习成果清单。这样做，是考虑到这些实习成果的复制既花时间也花金钱，为了不劳民伤财，免掉了实习参与的节目复制成本。在广告公司实习的同学，一般要求提供广告设计的文案脚本。

实习成绩由实习指导小组的老师来评定。实习单位指导老师的评语和实习单位人事部门的评语占总分值的50%，实习成果占30%，个人总结占20%。综合各个权重，最终得出实习成绩。每个班级30%的学生获得实习优秀成绩，在全院实习总结大会上予以表彰，其实习成果汇编成册，供即将实习的低年级学生参考借鉴。对那些只靠学院安排实习单位，却没有遵守实习安排或者违反实习规定的学生，给予班级最低分，情况严重的在全院实习总结大会上予以通报批评。

学院通常在11月召开全院实习总结大会，学院正、副书记，院长，学校本科生院分管实践教学的副院长，分管本科实习的副院长，实习指导小组老师，实习归来的学生和即将在下年度实习的学生等参加。在会上，实习指导小组组长介绍实习整体情况，包括实习总体成果等内容。每个班级推荐一名优秀实习生代表发言，介绍自己的实习体会，向下一级学生传授实习经验或教训。学校本科生院领导、学院领导讲话总结。会上表彰优秀实习生，并向他们颁发证书。在这些实习生中，有一批表现特别突出的学生。例如，新闻专业学生刘志毅在当年富士康员工跳楼事件报道中不顾个人安危，进行了为期一个月的卧底报道，告诉世人真相，也为事件的最终解决提供了积极帮助。播音与主持艺术专业2011级学生陈曦在2014年中央电视台揭秘的河南、湖北等跨省高考舞弊案中不顾个人安危，卧底了解真实情况。这条新闻引起了社会广泛关注，得到了教育部、公安部的高度重视，舞弊参与者最终得到应有的惩罚。陈曦也得到实习指导老师、中央电视台财经新闻制片人周旋的充分肯定和表扬。

在全院实习总结大会结束后，实习指导小组的洪杰文老师负责将被评定为优秀实习生的学生的代表性作品汇编成册。每年一期，至今已经编印六期，每期数十万字。编印这些实习作品的主要目的是为下一届即将实习的学生提供学习参考，让他们提前熟悉实习流程，并为他们今后实习提供方向性借鉴和实习内容范本。同时，还将这些成果汇编寄往有作品获奖的实习单位。由于优秀生的评定吸纳了实习单位相关负责人在实习中期检查时给出的意见，这样做会让他们感到自己的意见受到重视，也为武汉大学新闻与传播学院今后联系实习单位创造有利条件。

这一系列的实习管理办法得到了实习单位的认同和肯定。实习指导小组老师每次到媒体单位联系实习，实习单位负责人都会给予积极肯定和赞赏，认为武汉大学新闻与传播学院的专业实习组织工作做得最出色，与其他高校相比，其实习学生也表现得很优秀，并表示这些实习单位更愿意接受有组织的实习，因为这样更便于实习单位的管理，也有助于实习单位指导老师的工作安排和对实习生的技能传授。

为了加强高校新闻教学与媒体单位的更深层次合作，为了了解媒体业界的发展状况以及全媒体时代对未来新闻传播人才培养的意见和建议，武汉大学新闻与传播学院每四年举办一次全国媒体发展高层论坛，迄今已成功举办两届。各实习单位负责人或具体负责实习的领导届时会莅临会场，学校分管领导、学院领导以及学院师生与会。会议重要议题是媒体相关负责人讲解媒体发展趋势、对人才的需求状况，同时也对人才培养提出意见和建议。这些讲话内容对新闻传播专业今后的人才培养、课程设置等具有指导性和前瞻性价值。学校相关负责人感谢媒体实习单位对武汉大学新闻与传播学院学生专业实习的大力支持，以及对学生在就业上给予的帮助。会上武汉大学新闻与传播学院与媒体单位签订实习基地协议，并举行实习基地授牌仪式。会议很好地起到了连接新闻传播人才培养的理论教学和实践操作的桥梁作用，为新闻事业的发展、新闻人才的培养提供支持。据调查，举办新闻传播业界和学界这类论坛在全国新闻院校中尚属首次。

实习指导小组老师们还将实习管理经验总结上升到理论层次。他们先后发表两组关于实习和实验教学的教学论文，共十篇，分别发表在《武汉大学学报(人文社科版)》(2009 年第 6 期)和《中国媒体发展研究报告》(2012 年卷)上。具体包括：《新闻传播学科实践教学与人才培养三题》(强月新)、《新闻传播学科本科专业实习的制度设置》(周茂君)、《新闻学专业本科生实习的现状与对策》(叶晓华)、《广播电视媒体实习成绩评定标准刍议》(刘建明)、《网络传播专业实践教学创新性研究》(洪杰文)、《模式与理念：实验教学与新闻传播人才培养思路》(强月新)、《体系与创新：实验教学与新闻传播人才培养路径》(周茂君)、《关于新闻学专业本科人才培养模式的思考》(叶晓华)、《实验教学与广播电视新闻学专业课程设置》(刘建明)、《网络传播专业本科实验教学体系的构建》(洪杰文)。

武汉大学新闻与传播学院对专业实习管理的辛勤付出也得到了丰硕回报。以专业实习为主要内容的实践教学成果荣获 2011 年武汉大学优秀教学成果奖特等奖，排名第一；荣获2012年湖北省高等学校优秀教学奖一等奖（最高奖），排名第一；荣获2014年教育部高等学校优秀教学成果奖二等奖，在全国新闻传播院校中名列前茅。《中国教育报》关注武汉大学新闻与传播学院的专业实习，并做了大篇幅报道来介绍实习管理经验。

归纳起来，武汉大学新闻与传播学院专业实习成绩的获得离不开下列因素：① 制度化、规范化管理。专业实习规章制度的制定、实习指导小组的成立、媒体高层论坛的召开、实习基地的建立、实习单位的联系和落实、实习中期检查、实习总结、实习期间意外保险的购买、实习成果汇编等，都是制度化和规范化的具体体现。② 学院重视。武汉大学新闻与传播学院具有重视学生专业实习的传统，二十年来一贯坚持，历任学院领导一贯重视。实习动员大会、实习总结大会，学院领导都出席参加并发表讲话，阐述实习的重要性，肯定实习取得的成绩。③ 实习生的努力。由于学生们自身的努力，加上合理的奖励和惩罚制度安排充分激发了学生们实习的积极性和创造性，他们的优秀表现反过来又会影响实习单位及指导老师对武汉大学新闻与传播学院学生的实习能力和表现的正面评价，这样就形成了良性循环，不仅有利于学生们的实习，也有利于学院实习指导小组的实习管理工作。④ 实习小组成员的努力。周茂君老师作为实习小组组长，身体力行，以身作则。他在每年的实习方面投入很多精力，与小组成员每年至少出差两次，每次都是周日晚上出发，乘夕发朝至列车，周一一大早到达实习城市，当天上午便马不停蹄地奔波于各大媒体单位之间，连续四五天都是如此，周五或周六返回。⑤ 实习媒体单位相关负责部门领导以及实习媒体指导老师，也对武汉大学新闻与传播学院的实习指导小组的工作给予了极大的配合和支持。没有他们的配合和支持，学生实习成果和实习管理成绩的取得都是无法想象的。

融合媒体时代新闻传播教育面临的挑战与思考

——以汕头大学长江新闻与传播学院为例

白 净[①]

摘要：互联网和通信技术的发展彻底改变了媒体生态。对媒体从业者来说，这是一个焦虑的时代，充满变数和挑战。对于为媒体行业培养人才的新闻传播教育界来说，各种挑战同样兵临城下。媒体生态变化给传统新闻传播教育的专业设置带来挑战；就业市场人才需求向专业课程设置提出挑战；就业和升学压力给教学安排带来挑战；网络提供唾手可得的无限鲜活素材给教师教学方式带来挑战；教师考评机制的论文化、项目化给实践性较强的新闻传播教育带来挑战。面对各种挑战，新闻传播教育界该如何应对？文章以汕头大学长江新闻与传播学院为例，探讨新闻传播教育应如何面对挑战。

关键词：新闻教育；专业设置；教育改革；网络教育

中国社会正处在一个变革的时代，很多人生活在焦虑当中，新闻传播教育界也不例外。这个领域的每个人都能感受到变革带来的挑战和压力、焦虑与困惑、无力与无奈。但同时，这个领域也充满了刺激、变革与创新。

据“2013—2017年新闻传播学类专业教学指导委员会（下称教指委）第二次全体会议”透露，目前全国1080所大学设新闻传播类专业，在校本科生23万。[②] 新闻传播类专业主要细分为七个本科专业，其分布如下：365所大学设广告学专业，307所大学设有新闻学专业，225所大学设广播电视专业，80所大学设有编辑出版专业，55所大学设传播学专业，43所大学设有网络与新媒体专业，5所大学设有数字出版专业。

---

① 白净：南京大学新闻传播学院教授。

② 刘洋．全国新闻传播业布点1080个 在校本科生23万．[EB/OL]．[2013-10-18] http://media.sohu.com/20131018/n388467179.shtml.

根据中国教育部2012年普通高等学院本科专业目录：在基本专业类别中，新闻传播学类有五个专业，即新闻学、广播电视学、广告学、传播学、编辑出版学。在特设专业类别中，新闻传播学类主要有两个专业，即网络与新媒体、数字出版。

教指委只统计了以上七个专业，但是还有许多与新闻传播相接近的专业（本文称作泛新闻传播类专业）。在基本专业类别中，艺术学类有广播电视编导、录音艺术、播音与主持艺术、动画等专业；设计学类有视觉传达设计、数字媒体艺术等专业；工商管理类有文化产业管理专业。在特设专业类别中，艺术学类有影视摄影与制作专业（包括摄影、数字电影技术、照明艺术等），电子信息类有广播电视工程专业，法学类有知识产权专业，文学类有应用语言学专业。

如果加上以上各种泛新闻传播类专业，中国的新闻传播教育规模远远比教指委公布的规模更大。从这些年媒体发展的趋势看，新闻传播类专业越来越多地与艺术类、设计类、文学类、法学类、电子信息工程类专业交集，并相互渗透。在媒体融合的时代，这种交集的程度越来越深，范围越来越广，现实对新闻传播教育提出了极大的挑战。

一、我们面临哪些挑战？

1. 对新闻传播教育的认识

美国的新闻传播教育分为两类：一类是倡导学生博览群书，了解人文、社会科学、自然科学等多领域知识，培养思维能力，注重学生人文素养和人格的培养。美国新闻与大众传播教育认证委员会（ACEJMC）对所认证的新闻传播教育项目有严格的学分要求，其中对非新闻传播类课程的学分要求做硬性规定，即要求认证专业必须有72个学时的非新闻传播课程学习，其目的是保证学生接受全面教育，而非仅仅局限在新闻传播领域。另一类是重视培养学生实践能力，以美国密苏里新闻学院为代表，学生实践能力的培养令学生更容易适应业界需要。

在前互联网时代，新闻传播教育要兼顾通识教育与专业教育相对不难。因为媒体的形式相对单一，采访、写作、编辑、评论是主要的训练学生专业能力的课程，最多加上摄影或摄像。但今天不一样，媒体形式多样化以及就业市场对复合型人才的需求，对新闻传播教育提出挑战。新闻传播教育涵盖的面越来越广泛，内容、技术、设计、营销都不能少，而每一个领域都不是简单地讲授一两门课就能解决问题。老师数量有限，学生的学习时间有限，再加上学生要学的东西越来越多，每一样内容的专业性都越来越强，这是新闻传播教育面临的挑战之一。

2. 就业市场人才需求对专业课程设置提出挑战

传统媒体行业在变革，新闻早已不只局限于纸媒，广播电视延伸到互联网，出版则与平板电脑等移动终端牵手，广告的渠道越来越多，新媒体不断成长，变幻出更多的形式，如社交媒体、自媒体。新闻学、广播电视学、编辑出版学、广告学的界线越来越模糊，在媒体融合越来越紧密的情况下，各个专业的专业目标和培养标准如何适应新的形势，专业之间的课程设置如何区分，这也是新闻传播教育要面对的问题。

媒体的变革导致就业市场人才需求发生变化，行业依靠内容吸引广告投放的盈利模式难以为继。根据浙报传媒2014年招聘信息①，9个岗位类别，分别是产品经理、软件开发/测试/运维工程师、网页设计师、数据分析师、游戏产品监测员、区域新媒体总监等。在传统媒体寻求转型的阶段，行业中最需要的首先是技术人员，其次是营销人员，最后才是内容生产人员。

2014年《纽约时报》在创新报告中提出问题，例如，将内容与经营分开的商业模式在新媒体时代遇到瓶颈。今天媒体需要什么样的人？除了能写稿，还要会拍摄剪辑视频、懂得网络媒体运营、掌握内容推广与营销。当然，如果能设计推广游戏、会做APP、有创新思维和创新能力，那就更加理想。然而，根据市场需要，专业课程设置跟上了吗？教材跟上了吗？设备跟上了吗？教师的水平跟上了吗？

3. 就业和升学压力对教学安排造成挑战

中国的大学本科教育是四年制，但实际上大部分高校已经沦为三年制。大学第四年，学生通常忙着考研、考公务员、考外语、奔波就业招聘会或找实习单位。三年当中，扣除学校要求的公共必修课、通识课、实习和论文，学生大约只有两年的时间修读专业课。如果每学期安排5门专业课，四个学期大约是20门专业课，学生通过这些课程除了要学习一定的社会科学和人文科学知识外，还要学习新闻传播史论、媒体法规伦理。在内容生产方面，采、写、编、评课程必不可少，摄影、视频拍摄与剪辑课程不能缺失，网络技术和视觉设计课程也少不了，内容营销和推广课程也要涉及，这样的教学如何安排？这是新闻传播教育面临的一道难题。

4. 教师面临的挑战

在传媒业发生剧变的时代，教师的教学内容、教学方法以及教学手段面临挑战。网络提供无限新鲜的内容，学生人手一部智能手机。教师教什么？怎么教？这是每一位老师都要面对的问题。

不少高校教师的考核奖励机制是重科研、重项目、重论文、轻教学的，这种考核机制直接导致教师重科研、重项目、重论文、轻教学。教师的实践性教学费力不讨好。一些学校通过在传媒业界聘请兼职教师的方式解决理论与实践脱节的问题，但兼职教师教学的系统化、稳定化、精细化、持久化能否满足专业人才培养的需求，尚有待观察。

二、我们怎样应对？

汕头大学因建校历史较短，学术积淀与一些名校相比没有优势。但学校学生人

① http://www.600633.cn/zbcm/system/2013/09/05/019579489.shtml.

数少，其办学机制灵活，自 2003 年创办长江新闻与传播学院（下称汕大新闻学院）以来，学院在实践教学方面做了一些有益的探索，“重实践”成为汕大新闻学院鲜明的特色。

汕头大学为广东省省属重点高校，是教育部、广东省、李嘉诚基金会三方共建高校。汕大新闻学院每年招收 160 名左右学生，现设新闻、广电、编辑出版、广告四个专业。另外，在新闻学专业下设立国际新闻方向。

1. 专业课程设置方面

汕大新闻学院实行新闻传播大类招生，二年级开始选专业，学院给学生充分的自主选择权。学院不设系，进行扁平化管理，即在院长领导下，设立教学委员会，根据课程模块分为九个教研组，教研组组长都是教学委员会成员。课程增减由教研组讨论提出建议，由教学委员会讨论并做出决定。学生培养计划和课程计划每年都可以修改。

一年级和二年级上学期主要安排基础课，例如《新闻学概论》《传播学概论》《中外新闻史》《新闻采写基础》《摄影基础》《媒体技术基础》，以及《新闻人文基础》《古代汉语》《现代汉语》《现代文学》等。

二年级下学期进入专业学习。在媒体融合的背景下，新闻与传播学相关专业界限模糊，汕大新闻学院尽量控制专业方向必修课的学习，各专业设 6—7 门核心课程（专业方向课），2014 年以前为 14 个学分，2015 年起增加到 17 个学分。加大专业选修课的数量，给学生更多的选择空间，使学生能够接触不同的专业知识。

三年级主要是专业核心课程学习。这些课程实务性较强，除了少量理论课，大部分课程都要求学生完成作品，这样有助于加大对学生实务能力的培养。

四年级需要学生完成毕业论文或毕业作品，参加毕业实习。

根据目前的学分制安排，汕大新闻学院专业学分设置如表 1 所示。

表 1　专业学分设置

<table>
<tr><td colspan="6">完成本科专业学习所需总学分 141 学分</td></tr>
<tr><td colspan="2">其他学院提供</td><td colspan="4">新闻学院提供课程 87 学分</td></tr>
<tr><td>公共必修
42 学分</td><td>通识
12 学分</td><td>专业基础
30 学分</td><td>专业方向
17 学分</td><td>专业选修
26 学分</td><td>实践及论文
14 学分</td></tr>
</table>

汕头大学新闻学院提供课程如下，学生要在该框架中选够 87 学分，所有学分的分配如表 2 所示。

总结汕大新闻学院的特色，主要体现在二、三年级的课程设置上，每个专业的核心课程每年都有调整的机会。核心课程数量适中，但务必反映这个专业的专业特色，给学生留出足够的选修课空间，让学生根据自己的个性发展。

表 2　学分的分配

	新闻学	广播电视学	编辑出版学	广告学
专业基础课 30 学分	文学课四选三（现代汉语、古代汉语、中国现代文学、外国文学）、新闻学概论、传播学概论、新闻事业史、新闻人文基础、新闻采写基础、摄影基础、媒体技术基础、媒介英语翻译、媒介法规与伦理			
专业方向课 17 学分	新闻摄影 专题采写 报刊编辑 国际问题与报道 财经问题与分析 新闻评论写作 社会调查报道	广播电视概论 视频拍摄基础 电视新闻采编 数字视频编辑 节目策划与编导 专题片制作 动态图像制作	编辑出版基础 报刊排版技术 选题策划与创意 网络视觉设计 内容营销 版权法与版权贸易 网络编辑与数字出版	广告学概论 广告设计基础 广告策划 广告创意 品牌研究 广告媒体传播策略 整合传播
专业选修课 26 学分	理论方法类：比较新闻学、媒介心理学、市场调查、研究方法、危机传播、问卷调查与SPSS统计分析应用、中外名记者研究、流行文化等 采写实践类：科技传播与报道、网络媒体与新闻业变革、校园新闻采编等 融合媒体类：网络传播、数字广播、动态图像设计、媒体管理 CMS 艺术设计类：艺术欣赏、设计原理、网络视觉设计、信息图表设计 广告营销类：公共关系与实践、电视广告、广告摄影、广告客户管理、营销与广告、内容营销 编辑排版类：报刊排版技术、书籍装帧设计 广播电视类：电视调查性报道研究、中外纪录片鉴赏、电视专题片分析与鉴赏、电视谈话节目、电视综艺节目、主持与出镜记者、播音与影视配音、电视演播厅摄像技巧 经济管理类：媒体经营管理、媒体经济学 摄影摄像类：广告摄影、专题摄影、公益摄影、旅游摄影、艺术摄影、人文摄影等 外语类：国际新闻基础、初级英文新闻采写、中级英文新闻采写、STORYTELLING & THE ART OF THE PHOTOGRAPHER、高级媒介英语翻译			
实习	中期实习＋毕业实习			
毕业论文	可选择毕业论文或毕业设计（作品）			

汕头大学要求每个专业都要体现本专业的特色，例如新闻学专业，其核心课程是各类写作课，7门核心课基本都是实务导向的课程，课程要求学生具备扎实的采写能力。新闻学专业国际新闻方向的核心课程是6门全英课程，其主要培养学生英语采写能力。广播电视专业强调培养学生的摄像、剪片、编导、策划能力，7门核心课程中只有1门涉及理论，其余全部是实务课。编辑出版专业淡化出版的学习，强化新媒体以及学生编辑、策划、设计、内容营销内容的学习。广告专业重点是培养学生的整合营销能力。

2. 课程以学习结果为导向,注重学生能力培养

在汕头大学的统一部署下,从2013年起,每一门课程都要重新修订大纲,制定学习结果导向(Outcome-based Education,简称OBE)大纲。明确学生修读完每门课程后的学习结果,其结果必须具体化,不仅包括知识部分,还要包括能力和素质部分,并在考核方式上加以体现。

例如,《校园新闻采编》课程以实践教学为主,课程学习结果设定为:① 完成采访、编辑、发布有关汕大新闻学院的讲座、活动、人物专访等新闻报道,并将其发布在学院网站或者微信公众号上。② 编辑出版两期院报《长江后浪》。围绕上述两个学习结果,教学安排包括策划选题、联系采访、采访、写作、拍摄等。老师结合学生稿件,给学生讲解新闻写作、文稿修改、图片编辑、报纸排版、标题制作、平面媒体与网络媒体的不同特点以及网站搭建等知识。在教学的同时,注意培养学生的专业态度和服务精神,帮助学生锻炼表达能力、沟通能力、交际能力和团队合作能力等。学生的考核依赖于他们每个人的个人作品和课堂教学及小组讨论的参与度。

又如《媒介法规与伦理》,课程学习结果设定为:① 了解中国传媒法制建设的整体状况,包括宪法和法律的各种规定、国家对新闻事业的管理制度、新闻传播活动中的各种权利等。学生能够针对现实生活中发生的有关问题提出个人的看法。② 了解和掌握新闻传播工作中所涉及的具体法律问题,让学生在新闻传播活动中合法地利用法律知识和法律手段保障自己和所在机构的利益,避免侵犯他人的合法权益,以及掌握当侵犯他人权益的行为发生后的处理方法。③ 了解法律的实施和法庭的运作。通过法庭报道的实践学习,学生能够从法庭上发现新闻线索,在报道法制新闻时,能够运用"无罪推定"原则,客观、中立、平衡地进行报道,从而加深对立法、司法、执法关系的认识。④ 让学生了解媒介伦理的不同层次,启发学生关注较为普遍的媒体伦理问题,探讨遇到矛盾时的处理方法。学生能够针对具体问题,从多个角度来思考。教学活动围绕上述四个学习结果展开,在教学中加强案例教学和讨论环节,以启发学生结合现实思考问题,学以致用;尝试与本地法院联络,安排学生前往法院旁听庭审,让学生身临其境,了解司法机构的运作和严谨的司法程序,加深学生对法律的认识与理解,从而让学生树立对法律的尊重意识。学院对学生的考核,包括平时作业和期末考试,都围绕这四个学习结果展开。

2014年春季学期,汕头大学新闻学院完成85门课程的OBE课程大纲,每门课程大纲都有16周的详细课程安排。对照大纲,可以发现课程内容是否与时俱进,是否存在交叉重复,在安排调整全院教学方案时就有据可依。2014年秋季学期,学院对其中的6门课程进行调整,修改课程名称与内容,得到了授课老师的积极配合。另外,学院审核通过9门新开课大纲。

3. 多方入手加强学生专业实践能力

从大学一年级开始,《新闻采写基础》《摄影基础》《媒体技术基础》等课程就训练学生的作品意识；大学二、三年级的专业课大多以实践为主，形成专题采写、编辑出版、广告营销、视频制作等各类作品，例如《栏目策划与编导》课程，期末全班同学要完成一台综艺节目，学生分组创作幽默小品并上台表演，最后完成整台节目的视频制作。学生在大二、大三暑假要进行不少于六周的中期实习，大四不少于八周的毕业实习，这些实习均以实践为主。

从2012年开始，学院对毕业论文进行改革，学生可以选择毕业论文，也可以选择毕业作品。近两年，选择毕业作品的学生越来越多，2014年有一半大四学生选择毕业作品，毕业作品的形式多种多样，包括深度报道、纪实类视频、虚构类视频、摄影作品、移动客户端APP、编辑出版作品、广告策划等。

通过多门实践课程和多次媒体实践锻炼的培训，学生的动手能力普遍较强。由于实践类课程强调学生自主学习、主动学习，因此，学生进入工作岗位后适应能力较强。

4. 专业课程设置每年调整，重视师资业界背景

学院每年都对专业课程进行调整，最近三年调整幅度较大。由于学院是大类招生，学生在大二才选专业，近三年来，选择新闻学专业的学生数量一直在下降，由90多人下降到50多人，而选择广电、广告、出版专业这三个专业的学生数量趋升。在这种情况下，学院原有偏向新闻学专业的课程模块不得不进行较大幅度的调整。充实广电、广告、出版专业的课程模块，以适应媒体发展趋势；开设新的课程，例如动画制作、信息图表设计、设计原理、网络编辑与数字出版、文化创意与策划、内容营销、传媒经济学等课程。

汕头大学新闻学院教师队伍特色突出，约46%的教师为外籍，80%以上教师有5年以上业界工作经验。来自业界的教师重视实践，与业界有着密切联系，教师普遍自觉关注媒体发展趋势，对教学投入较大热情。来自业界的教师在拓展学生实习就业方面有着先天优势，因此，学生的实习实践项目丰富多彩，这对学生开阔视野、增长见识、锻炼实践能力大有裨益。

5. 灵活安排教学，改进教学方法

汕头大学与北上广等一线城市的高校相比，存在地理位置上的先天不足。但从另一个角度来讲，不足也可以转化为特色。由于没有繁华世界的诱惑，学生普遍踏实好学。而潮汕地区处发展与落后之间，遍地触手可及的采访拍摄素材，这对新闻传播专业的师生来讲，就像永远挖不尽的宝藏。这些年学生围绕本地题材，完成了不少优秀作品。

大部分汕头大学学生毕业后会到珠三角就业，因此学生找工作的压力很大。为缓解学生就业压力，学院尽可能优化课程安排，令课程设置合理化，让学生尽可能在大四空出半年时间找工作。学院抓紧一至三年级在校生的学习安排，培养学生主动学习和自主学习的能力，让学生树立终身学习的态度，让他们以积极的心态应对未来不断变化的媒体生态。

汕头大学从2014年秋季学期起推行听课制度，要求教师之间互相听课，促使教师们互相学习，改进教学方法，提高教学质量。

6. 教师考核机制

汕大新闻学院将教师分为三种类型：科研型、教学科研型、教学型。对不同类型的老师，实行不同的考核标准。老师可以自主选择其中一种类型，也可以根据当年的工作安排调整原来的类型，选择最适合自己的类型。例如：根据2014年的考核安排，教学型教师每学年教学课时不少于300课时，教学工作量占考核权重70%，科研占10%，服务占20%。科研型教师每学年教学课时不少于160课时，教学工作量占考核权重30%，科研占50%，服务占20%。教学科研型教师每学年教学课时不少于280课时，教学工作量占考核权重50%，科研占30%，服务占20%。其中专业主任（系主任）要兼顾专业建设，服务较多，可适当减少科研或教学的权重。对于何谓科研，学院确定的条件也非常宽泛，不仅包括项目、著作、论文，而且包括各类作品、技术研发等，由学院学术委员会根据具体情况做出评估。

确定合理的考核机制，有利于调动教师以最适合自己的方式投身教学、科研和服务工作，发挥每一位教师的特长。

网络时代的到来，对新闻传播教育既是挑战，又是机遇。正视媒体生态变化带来的挑战，以积极的心态应对，努力寻找解决办法，这是新闻传播教育者共同努力的方向。

我国新闻传播高等职业教育的现状、问题与对策研究

高章幸　高章福　肖　峰[①]

摘要：21世纪以来，中国高等教育已经完成了从精英教育到大众教育的转型，高校办学规模和在校生数量迅猛增长。在这个过程中，高等职业教育的快速发展起到了基础性与决定性作用。我国新闻传播高等职业教育同样也迎来了前所未有的发展，而"量"的猛增并未使"质"同步提升，反而出现了新闻传播高等职业教育定位不清、师资不足、毫无特色等诸多弊端。笔者试图对我国新闻传播高等职业教育的现状进行分析，找出问题根源所在，从而探究行之有效的应对之策。

关键词：新闻传播；高等职业教育；改革对策

一、我国新闻传播高等职业教育的发展现状 ▸▸▸

从1980年初建立职业大学至今，我国高职教育已经走过了30多年的发展历程。1996年，全国人大通过并颁布了《中华人民共和国职业教育法》，从法律上确定了高职教育在我国教育体系中的地位，由此拉开了高职教育发展的序幕。1999年召开全国教育工作会议，中央提出"大力发展高等职业教育"的工作要求，我国高职教育进入了蓬勃发展的历史新阶段。1996年，我国高等教育的毛入学率仅为6%，2002年达到高等教育精英化阶段和大众化阶段的临界点——15%，到2005年上升至21%，10年间年均递增1.5个百分点。在这个过程中，高等职业教育的快速发展起到了基础

---

① 高章幸：武汉商贸职业学院通识教育学院国学教研室主任、讲师；
高章福：武昌理工学院非专业素质教育学院教师；
肖峰：中国地质大学（武汉）艺术与传媒学院新闻传播系教授、硕士生导师。

性与决定性作用。教育部2013年公布的数据显示,我国高等职业院校已达1266所,在校生人数已达1000万,高职教育已经占据了我国高等教育的半壁江山。全国各地高职院校纷纷开设新闻传播专业,一批以新闻传播教育为特色的高职院校,如重庆传媒职业学院、山东传媒职业学院、湖南大众传媒职业技术学院等的兴起,使我国新闻传播高等职业教育迎来了前所未有的发展。

二、我国新闻传播高等职业教育的现实问题

(1) 专业办学软硬件不足

1998年开始的高校大幅度扩招,使得准备工作跟不上办学需要,办学投入严重不足。几乎所有招收高职生的院校都在师资、实验实训条件、实习基地、教学培养方案、课程设置、教材建设等诸多方面存在着不同程度的问题。高职教育培养的是应用型人才,因此,它对教学设备的仿真性和先进性要求很高。资金来源不足,尤其是政府投入不够,制约了高职教育目标的实现。这个现实存在的"通病",同样束缚了高职院校新闻传播专业的发展。

(2) 新闻传播高职教育人才培养定位不清

《面向21世纪教育振兴行动计划》提出:"高等职业教育必须面向地区经济建设和社会发展,适应就业市场的实际需要,培养生产、服务、管理第一线需要的实用人才,真正办出特色。"目前,一些高职院校在新闻传播专业培养计划中仍沿用学科本位课程体系和课程形式。在教学中,院校仍将传授理论知识作为课程的核心,能力本位的课程模式基本还停留在概念层面,"中专延长"和"本科压缩"的影子挥之不去,教学实践过程中没有体现出高等职业教育的特点;在课程设置上,强调课程本身的严密、完整、系统和权威性,忽视学习者未来岗位的需要,忽视对学生应用能力、创新能力的培养;对高职教育所界定的"技术应用"及理论上的"必需、够用"原则做简单、片面的理解;任课教师对当今国内外传媒行业运作的实际了解不够,缺乏实践经验。

(3) "双师型"教师缺乏,阻碍教育教学水平提高

"双师型"教师是高职教育教师队伍建设的特色和重点,大力加强"双师型"教师队伍建设,已经成为社会和教育界共同的呼声。但我国高职院校普遍缺少"双师型"教师,高职特色难以体现,新闻传播专业也不例外。究其原因,主要是我国高校一贯墨守的"一刀切"的教师职务晋升标准,即注重学历和学术水平,轻视实践能力。显而易见,这不利于高职院校"双师型"教师队伍的培养建设。

(4) 与传媒行业互利共生的运行机制尚未真正形成

当前,职业教育的经济功能和社会功能比较弱,产业、行业、企业与职业教育之间缺乏良性互动、互利共生的运行机制,存在严重的脱节现象。从职业教育角度看,现阶段部分高职院校培养的新闻传播专业人才与传媒行业的用人要求不一致;高职院

校的功能定位不够科学，以就业为导向、以能力为本位的目标取向不明显。从行业、企业角度看，传媒行业参与和举办高职教育的积极性不高，加之就业准入制度执行不力，在一定程度上阻碍了新闻传播高职教育的健康发展。

三、我国新闻传播高等职业教育改革发展的对策探析

（1）完善新闻传播高职教育的软硬件设施

结合新闻传播专业和高职教育的特点，为了在教学实践中充分体现“理论够用为度，实践教学为主”，必须完善新闻传播高职教育的软硬件设施。软件方面，高职教育要摒弃本科理论简化式教学的低级模式，结合高职教学实际，组织编写适合高职学生学情的专门教材；硬件方面，要投入一定资金，结合专业课程体系设置情况，加大建设专业实习实训中心建设，尽量减少纯理论课的设置，使每一门开设的专业课都能结合实习、实训，锻炼学生的实际操作能力，从而体现高职实践教学和本科理论教学的区别。

（2）明确新闻传播高职教育人才培养定位

高等职业教育培养的是高素质的技能应用型人才，新闻传播高职教育人才培养定位始终要明确这一根本点。在实际教学过程中，教师不是要过于苛求学生记住什么或记住多少新闻传播专业的理论，而是要将理论讲授和实际操作相结合，理论指导实践，注重培养学生的动手实操能力，在传授学生业务技能上下功夫，达到使每个新闻传播专业的高职学生都能具备传媒行业从业人员的基本素养和基础技能的人才培养目标。

（3）“引进来、走出去”双管齐下，建立健全“双师型”教师队伍

新闻传播高职教育发展的关键在于专业师资队伍的建设。而目前我国很多高职院校新闻传播专业的教师大多来源于高校毕业的研究生。教师虽然是科班出身，具有一定的理论知识储备，但是从学校到学校、从学生到老师的转变，导致年轻教师实践经验普遍欠缺，这也成为新闻传播高职教育师资建设中普遍存在的现实问题。教师自身对于传媒行业都仅仅停留于理论认识而缺乏实践经验，因此这些教师不可能在教学过程中传授给学生相关的专业技能，这一弊端是显而易见的。

高等职业教育的发展必须依靠“双师型”教师队伍的建设，新闻传播专业同样如此。解决目前的师资问题应从以下两个方面同时入手：一方面，各个开设新闻传播专业的高职院校要出台相关的制度，要求在职的新闻传播专业教师必须定期到相关传媒企事业单位挂职锻炼，在工作实践中学习传媒行业的专业技能和运作模式，并且这些都要作为人事考核和职称晋升的重要依据。对在挂职单位表现优异的教师予以表彰，形成激励机制；另一方面，利用各种途径引进传媒行业有资质的从业人员来担任学校新闻传播专业的课程教师，促进教学实践改革，并且组织本校专业教师与外聘教师通过多种形式相互交流学习。

(4) 建立健全“工学结合”教学模式、“订单培养”校企合作模式

新闻传播高职教育教学改革应该做到以传媒行业需求为导向，减少或者去掉过于理论化的课程，其核心专业课程设置应以技能培养为重点。专业课程体系应该随着传媒行业的发展保持动态的调整，课程设置应具有一定的前瞻性和预见性。为了更为准确地把握行业所需，院校可以邀请用人单位参与课程体系建设，尽量满足当今传媒行业用人要求。只有做到准确把握行业需要什么样的技能型新闻人才，所培养出来的学生才能更受用人单位的欢迎。每一门专业课程都要注重理论与实践相结合，实践课时应占到总课时一半以上，逐步建立健全“工学结合”的教学模式，使学生在校期间就实现从新闻传播专业学生到传媒行业工作者的角色转变，一毕业就能够胜任工作岗位。

2014 年 5 月，国务院发布了《关于加快发展现代职业教育的决定》(下文简称为《决定》)。《决定》第二个要点“加快构建现代职业教育体系”明确指出要“创新发展高等职业教育”，具体要求“专科高等职业院校要密切产学研合作，培养服务区域发展的技术技能人才”。因此，高职院校新闻传播专业应大力开展校企合作，建立全过程“订单培养”合作模式，以传媒企事业单位的需求为教学培养目标，让用人单位全方位参与到专业办学当中。例如，校企联合开发新闻传播专业高职教材，传媒行业“双师型”教师授课，校内实训基地和校外实习单位有机联合开展实践教学等，开创具有高职教育特色的“产学研一体化”科学发展途径。新闻传播高职教育应结合学校实际情况，采取多种有效方式来打造“以学生成才为中心、以用人单位满意为标准”的新闻传播新型高职教育。这样既为传媒企事业单位输送合格的具有高素质的新闻传播专业技能应用型人才，也解决了新闻传播高职学生就业难的现实压力，真正实现校企合作。

[基金项目]本文系湖北省 2014—2015 年职业教育科学研究课题《高职院校通识教育数字化学习平台建设研究》(编号:G2014B018)的阶段性成果。

参考文献

[1] 王珉. 实施科教兴省战略，建立现代职业教育制度[J]. 职业技术教育. 1995(5).

[2] 寒尽. 国家教委正在着手制定《发展高等职业教育的原则意见》[J]. 职业技术教育. 1995(10).

[3] 薛喜民. 积极发展高等职业教育为城市经济建设服务[J]. 教育发展研究. 1997(12).

[4] 李亚非. 应当大力发展高等职业教育[J]. 中国行政管理. 1998(9).

[5] 焦金雷，和震. 高等职业教育与普通高等教育的比较研究[J]. 焦作大学学报. 1998(4).

[6] 欣悉. 可持续发展与高等职业教育改革取向[J]. 职教通讯. 1998(4).

[7] 赵凡湘,邓祥明. 现代教育技术与高等职业教育[J]. 黑龙江高教研究. 2000(5).

[8] 陈涵,王浩. 中国新闻学教育面临的困境与对策探析[J]. 科技信息(学术研究). 2008(27).

[9] 李劲松. 浅论新闻学教育的创新[J]. 湖北第二师范学院学报. 2009(3).

[10] 刘胜,曹曦晴. 拨开迷雾,走出新闻学教育的误区[J]. 新课程研究(下旬刊). 2009(11).

[11] 高冬可. 创新新闻教学模式,培养高水平应用型人才——"阶段性现场教学法"在新闻学实践教学中的应用[J]. 黑龙江教育(高教研究与评估). 2011(9).

[12] 国务院. 关于加快发展现代职业教育的决定[EB/OL]. [2014-05-02]. http://www.moe.edu.cn/publicfiles/business/htmlfiles/moe/moe_1778/201406/170691.html.

[13] 教育部. 面向21世纪教育振兴行动计划[N]. 中国青年报,1999-02-25.

[14] 李迈强,方凤玲. 我国高等职业教育发展现状与改革走向[J]. 职业技术教育,2005(34).

依据重学轻术理念改革新闻教育

——以日本高等新闻教育改革为镜鉴

马　嘉[①]

摘要：文章结合日本高等新闻教育的两次变革，提出新闻传播学的职业化转型与其他专业、院校的转型不尽相同，不可一味地照搬套用，不可强求整齐划一。作为一门实践性强的社会科学，它已经部分体现了教育部此次改革的具体要求，我们可以仿效日本高等新闻教育"重学轻术"的理念，在人才培养目标、专业发展方向以及评价体系等方面侧重培养信息时代的合格公民，加强新闻专业主义教育，提高媒介批判意识。

关键词：新闻教育改革；重学轻术；职业化

2014年5月，国务院发布了《关于加快发展现代职业教育的决定》（下文简称为《决定》）。这一重大战略部署旨在进一步提高劳动者素质，推动中国经济社会更好更快地发展。其中，《决定》提出的教育结构调整目标为：总体保持中等职业学校和普通高中招生规模大体相当，高等职业教育规模占高等教育的一半以上。在此背景下，中国的新闻传播教育也必然会迎来较大幅度的结构规模转型。结合对日本高校新闻教育研究的体会，笔者认为，我国新闻教育的这次改革应该以重学轻术的理念为导向。

一、中日新闻教育职业化观念比较 ▸▸▸

从发生学角度来看，中国新闻教育的里程碑标志是北京大学新闻学研究会的成立。中国新闻学诞生之际，正值新文化运动来临之时，也是中国新闻事业萎靡之时。所以本着"中体西用"思想，新闻教育只是从救急、实用的角度出发，将实用性的职业技能培训奉为新闻教育的"至宝"或"救命稻草"，接受了实用性较强的密苏里大学新

① 马嘉：浙江万里学院文化与传播教授。

闻教育的职业化模式。在当时，这种教育模式的确快捷有效地解决了中国新闻队伍素质低、人员不足等问题。蔡元培先生在研究会创立大会的演说中提出，首先要学习欧美先进经验，而后结合中国实际再做特别研究。当时中国报界可谓一片狼藉。在蔡元培先生看来，取法美国确实可以解燃眉之急。

徐宝璜被称为中国“新闻学界最初的开山祖”，由于深受美国新闻思想影响，其著作《新闻学大意》也以新闻的采访、编辑、造题、通信、报馆和通讯社组织等为主要内容。另外，作为其导师之一的邵飘萍先生曾在日本朝日新闻社工作，回国后仿效《朝日新闻》创办了《京报》，并以丰富的新闻业界经验推动了新闻学的研究。核心人物对新闻学的理解决定着新闻学研究会的研究内容和发展方向。中国新闻学之滥觞就是以美国实用主义教育理念为铺垫的，即重业务、重实践、重实用知识、重独立活动能力的培养。此后我们也并没有迅速调整，这就导致了我们在新闻教育发展过程中缺乏对新闻工作者“职业理想”“专业精神”的认同感教育，忽视了媒介批判、言论自由等新闻学理的研究。这种功利主义的教育诉求是与中国传统学术文化完全背离的。

从发生点来看，中国新闻教育比日本新闻教育诞生的标志物——东京大学新闻研究室早了11年，这11年是日本学者摒弃新闻职业教育不断摸索的11年，也是我们全面引进新闻职业教育思想的11年。日本东京大学的新闻学研究室绵延80年，终于在大学法人化改革的经济大棒下融入信息学环，成为基础教育的一部分，而我国新闻学诞生标志仅存活了不到两年。

从新闻教育的发展来看，职业教育一直是我国新闻教育的一个组成部分。1949年以前，顾执中先生创办的民治新闻专科学校和成舍我先生创办的北平新闻专科学校独树一帜，开创了我国新闻职业教育之先河。我们的新闻学专业大多设置在文学院(系)之下，重视准新闻人的写作技能训练，以培养上手快、动手能力强为目标，极力满足媒介的人才需求，以到媒介就业率作为衡量教育教学水平高低的唯一标准。直至今天，在特殊的媒介时代，特殊的就业环境之中，我们仍在强调“职业化”，似乎有矫枉过正的嫌疑。笔者认为，新闻学是一门独特的社会科学，结合新闻教育的现实状况来看，如果过于夸大职业化的人才培养标准，恐有将新闻专业办成“蓝翔”之虞。

日本的新闻教育在发展过程中经历了两次大的职业化改革。一次是第二次世界大战之后的1946年，在美国的实用主义、职业化教育理念指导下，大学开办了新闻记者培训班，为媒体培养新闻人才，比如早稻田大学，但是很快就无疾而终。因为在日本的传统文化中一直蕴含着“重学轻术”的学术精神，反对技能培训进入象牙塔。随着美国实用主义文化逐渐式微，日本大学从德国大学继承的理性主义价值观重新执掌帅印。第二次改革就是2004年以来的波及日本全国的大学法人化改革，此次改革旨在把日本国立大学推向社会、推向市场，所以出现了许多转型而来的或是新建的媒体学专业(系)。在改革派看来，媒体学研究是实现大学为社会现实服务的最佳抉择，他们认为接近媒体才能更好地批判媒体；另一种声音则比较担心大学与媒介接触太多、走得太近就会失去批判意识，失去新闻学专业最根本的批判精神；在日本新闻学者看来，大学新闻学专业的精髓就是媒介批判精神、新闻专业主义，其专业课程中，新闻学原理、新闻史学和媒介批判是最核心的三门课程，经久不衰。

日本是通过高度严密的企业内部培训制度来应对发达的传媒业的需求的。那么，新闻传播学的意义何在？我们发现它在日本已经发展成为基础学科、公选课和通识课的内容。虽然不能说它已经具备了类似哲学的重要性，但是结合我国新闻教育的情况来看，我们也的确不够重视哲学等学理性强的社会科学，当然更不会重视新闻史学、新闻基本理论以及媒介批判意识的教学。相反，强调产学研结合，甚至是官产学相结合，大学的学术自由权利被剥夺。因此，笔者认为，职业化教育转型不应盲从、跟风，要适应社会进步，服务社会的路径不是唯一的。

中国的新闻教育其实一直走在职业化的前沿，注重新闻业务能力的养成，近几年又攀附于"官产学"相结合的发展模式，由上而下地将政治、经济与新闻教育捆绑在一起。据此，笔者认为新闻传播学的职业化转型与其他专业、院校的转型不尽相同，不可一味照搬套用其他专业、院校的转型经验，不可强求整齐划一。我们可以仿效日本高等新闻教育"重学轻术"理念指导改革。

二、日本重学轻术理念及其转型

教育理念是指人们对于教育现象的理性认识、理想追求及所持的教育思想观念和教育哲学观点，是具有相对稳定性和延续性的教育认识、理想和观念体系。教育理念是文化积淀和文化交流中形成的教育价值取向与教育价值追求。作为建立在教育规律基础上的科学的教育理念，它反映了教育的本质和时代特征，蕴涵着教育发展的指导思想。要想克服转型中存在的制度性障碍、利益樊篱和认知性缺失，首先要转变教育理念。

（一）人才培养观的转型

对"学"与"术"关系的不同认识投射在人才培养观念中，体现为两种不同的人才培养取向：① 培养新闻理论的研究型人才；② 培养新闻业界需要的实用技术型人才。"重学"，指主要通过专业教育和精英教育，强调高等教育的理论研究职能，培养研究型人才；"重术"，指主要通过技能教育和大众化教育，强调高等教育为社会服务的职能，培养实用技术工人。日本传统的人才标准是复合型的"和魂洋才"，高等教育注重人才内在"和魂"的养成，排斥器物层面人才的培养模式。大学法人化改革要动摇的就是日本新闻教育人才培养指向的这种非职业性特点。

20 世纪初，日本的帝国大学代表着高等教育的最高水平，它培养的人才一般不屑于到新闻业界工作。当时，从帝国大学、庆应大学、早稻田大学毕业的学生没有进报社的，普遍认为正经的职业是在政府或者银行。[①] 虽然 1929 年新闻研究室成立之

① ［日］河崎吉纪．新闻记者的制度化［J］．评论社会科学，2001.7(66).

后，新闻学有了一定的学术地位，但它培养的学生也并不以到新闻业界工作为旨趣，而更多地从事新闻学的理论研究，使之成为许多优秀新闻学者的摇篮。

上智大学是日本最早的以培养新闻记者为目的的正规高等新闻教育机构。它培养具有社会批判能力和社会监督使命的新闻人才，而不是上手快、懂业务的技术性人才。伴随大众传播媒体的迅速膨胀，媒体给人们的生活带来的影响越来越多、越来越深刻，新闻工作者的责任也越来越重大。上智大学春原昭彦教授曾说："过去的新闻人，坚持言论自由、揭露社会的不公正，担当着引导人们的崇高的责任。今天他们的责任更加重大，如报道中侵犯人权问题、暴露他人隐私等都是重大的社会问题。因此，要成为新闻记者必须加强个人修养，这也是新闻记者教育最基本的态度。"①

战后，日本的新制大学基本是采用美国的模式，把过去德国模式的精英型大学改变为"谁都可以学，什么都可以学"的大众型大学。依据庞大的私立学校教育制度，日本在战后很快实现了这种转换。今天本科层次的新闻教育已经成为一种普及型教育，旨在培养合格的社会公民，而不是培养实用技术型人才，而从事新闻学理论研究的精英人才的培养已经提升到研究生层次。

（二）新闻专业发展观转型

发展观的转型主要是从追求大而全、小而全的结构转型为追求学校的特色和打造学校的核心能力，从依靠政府办学转型到依靠社会和行业产业办学。日本大学的主要特点就是以社会力量办学为主，分为国立、公立和私立，各具特色。大学法人化改革主要针对99所国立大学，借助经济杠杆将重学轻术的大学推向社会，走出象牙塔，服务社会，更关注大学发挥职业化的职能。

作为日本国立大学的东京大学新闻研究室从1929年开始创立，经历新闻研究所、社会信息研究所、到2004年融入信息学环的发展历程，我们可以看到，两种相互抵触的新闻教育理念——实用主义理念和重学轻术理念一直围绕在新闻研究室的周围。而源自德国的"重学轻术"理念却与整个社会的传统文化融和，一直扮演着主流理念的角色，直至今天人们仍然无法接受大学教育的职业化思想。失去新闻学研究特色的社会信息研究所也只有选择与其他学科融合发展的道路——融入研究生院信息学环·学际信息学府（类似于我们的基础部）。

上智大学新闻学系则是上智大学具有悠久历史的专业组织，是日本高等新闻教育的标志性机构。与东京大学新闻研究室以新闻学研究为主要目的不同的是，上智大学新闻学专业的创立以培养新闻记者为第一目的，但是也从未开设业务类课程。随着信息科学的普及，上智大学新闻学系提高了对新闻修养教育的重视程度。有修养的国民是国家和民族兴旺发达的前提，如果每个人都能够成为记者，那么新闻媒体的品质自然就会得到提升，媒介在伦理等方面就会得到改善，社会也就会随之进步。修养与科学是不可分割

---

① ［日］春原昭彦．日本のジャーナリズム教育［J］．コミュニケーション研究，1989(19)．

的，失去修养便没有真正的科学，舍去科学修养便无从进行。上智大学新闻学系目前的指导方针是重学轻术教育理念的一种延伸，是一种长远的发展观。

（三）多元的新闻教育质量观

高等教育质量是高等学校永恒的主题，不同时期应针对不同问题强调高等教育质量，确立相应的质量观。日本高等新闻教育树立了特色化、多样化的质量评价标准。我国有学者发现日本大学里没有新闻学相关的学院建制，就断言日本的新闻人才培养机制不够发达。日本是一个信息大国，如果没有发达的人才培养制度，它是靠什么支撑着信息产业运转的呢？

一种教育制度的优劣仅仅取决于使用者的适用性。换句话说，教育制度只有最适合的模式，没有可以照搬套用的最好模式。我们对新闻教育制度的界定以及评价的标准不应该是单一的，也根本不存在具有普适性的、可供照搬套用的制度形式，要注重各自的特色。一般认为，在世界范围内主要有四种新闻教育模式：美国式的新闻教育、日本式新闻教育、英德式新闻教育以及苏联式的新闻教育。其中英德式新闻教育与日本式新闻教育的大学新闻记者在教育力量薄弱、重视职后技能培训等方面的特点是一致的。全球化时代也是多样化时代，每个国家都有权根据本国的实际情况选择最适于本国特色的新闻教育体系，而不必照搬所谓高等教育发达国家或者西方语境下的制度标准。因此，在我们认为日本新闻教育制度不够完善、落后的时候，往往忽视了它的双轨互补、双轨并行制度的独特性，我们的评价标准就是偏颇的。

日本的新闻学界和业界都普遍认为新闻学研究和新闻记者培养应该隶属于两个不同的领域，新闻记者的养成只能通过媒体企业内部的培训制度完成。日本所有的大企业包括报馆都认为大学应该是学识教育，而不是技能教育，它们都按照本企业的文化特色以及自己的需求对大学毕业生重新进行培训，对学生的专业出身要求甚少。也就是说，任何专业的学生都可以进入报馆工作，有没有新闻系的学习经历对报馆来说并不重要。[①]日本社会建立起了一套直接服务于媒体企业的职业技能内部培训制度，通过一种调和的方式达到了“学”与“术”之间的平衡，这种调和后的平衡长久以来维系并推动着日本高度发达的新闻事业和信息产业，形成了双轨并行的教育模式以及学界与业界互动的整体评价体系。

也就是说，对于日本大学新闻教育的质量，业界是没有发言权的，也不会发言。今天，日本社会各界对学校教育培养的人才并不满意，希望学校教育不要再培养标准化人才，而应加强基础研究，培养富有个性和创造性的人才，并且要求大学研究生院培养高级职业人。由于不可以动摇的企业内部培养中心主义、日本型的终身雇佣制、企业内部对记者的圈定等，学生在大学里很难养成新闻实务技能，相应地，大学改革要更加重视以媒体与社会关系的理解为主要内容的媒介素养教育以及开设媒体学系。

媒体学发展速度惊人，今天它已经成为继新闻学、传播学、大众传播学之后的一门显

---

① ［新］卓南生．日本新闻学与新闻事业［J］．国际新闻界，2003(6)．

学。1987 年日本的所有大学里开设的以“媒体”命名的课程只有四十几个，而到 2003 年就已经有五百多个，增加了 100 多倍。[①] 原因之一就是大学法人化改革向传统的学术价值理性提出挑战，大学发展必须面对现实的经济问题，高等新闻教育也需要在价值理性和工具理性之间、学与术之间寻得发展空间，而媒体学的兴起恰恰给高等新闻教育提供了契机。媒体学的质量标准仍由学生和学术界把控，学院派的学者们提出了学界与业界走得过近会失去批判意识的担忧，改革派也认为走进媒体、认识媒体的目的是更好地批判它，而并不是为媒体服务。因此，批判精神成为大学追求的学术理想与评价准则。

三、我国新闻教育应对职业化改革策略

就目前我国高校新闻专业课程设置、师资配比情况来看，作为一门实践性强的社会科学，它已经部分体现了教育部此次改革的具体要求，所以我们可以仿效日本高等新闻教育“重学轻术”理念来指导改革，主要从如下几个方面着手。

（一）人才培养观念应该重视为信息社会培养合格公民

从目前的大学生就业情况来看，大量的毕业生成为公民新闻记者或是从事其他工作的可能性增大。即使是在新闻传播业十分发达的日本，新闻专业毕业生能够对口就业的可能性都非常小。以日本大学新闻学系 2011 年毕业生就业去向为例，到信息通信媒体工作的只占毕业生总数的 29%，从事零售业、金融业和制造业工作的占大多数，大部分学生不能做到专业对口。而我国大学生毕业就业专业对口率更低，以华中科技大学新闻学院为例，2010 年学生就业对口率只有 11.76%，并呈现下降趋势。[②]

此次职业化改革的前提之一是我国高等教育进入了大众化教育阶段，它不再是面向少数的精英教育，教育内容也应该以广博、宽厚的通识性知识为主，减弱专业性。大学生所学课程应为他们提高生活能力，特别是适应通信技术飞速发展的信息社会的能力做准备，培养媒介融合时代的合格公民应该成为大学新闻教育的基本目标。

（二）从专业发展来看，应更重视新闻专业主义教育

我国新闻教育人才培养的指向一直以来都是媒体，既不是学生更不是社会。今天也仍用就业率来衡量办学质量。笔者认为这是此次职业化转型必须慎重对待的问题，如果继续鼓吹新闻教育培养人才的职业化标准，难免丢失新闻专业主义精神。其实此次职业化转型也是新闻传播学专业重塑专业特色的机会。

媒体给人们生活带来的影响越来越多、越来越深刻，新闻工作者的责任也越来越

---

① [日]2004 年度全国大学マスコミ関係講座一览(上、下)[J]. 総合ジャーナリズム研究，2004(夏)：78-97，(秋)：82-96.

② 吴廷俊. 强核心竞争力，减少“可取代性”——二论中国大陆新闻教育改革出路[J]. 新闻春秋，2013(1).

重大，新闻记者的修养教育、责任感培养也随之变得越来越重要。而且媒介融合时代的今天，公民新闻传播中的传播者多是普通群众，需要新闻专业主义教育的引领。新闻专业主义以新闻传媒的使命和社会责任高于一切、新闻记者正义理性的报道、坚持他律与自律为主旨。伴随大众传播媒体的迅速膨胀，这种理念显得越来越重要。

（三）评价新闻专业质量标准不宜与其他社会科学等同

首先，新闻传播学可以说是社会科学中最重视业务实践、职业取向的学科，已经取得了丰富的实践教学经验。其评价指标体系中应该从实践重要指数、实践效果、职业需求以及专业特点等方面着手制定。

其次，从办学体制来看，许多新闻学院实行官学联合办学，为媒体输送新闻人才，那就需要建构一套三方达成共识的评价体系。只有找到契合点，明晰培养目标，才能在职业化转型中实现官产学的合法合理的结合。

最后，对新闻专业课程与大学其他专业相融合并成为通识课程应该给予足够认识，当今时代应该重新评价新闻专业课程的素养价值。

新闻学及其相关学科在日本已经成为基础教育课程的一部分。不论是否打算从事新闻工作的学生还是整个社会，对高等新闻教育的期待都已经转为一种对媒介基本素养教育的期待。新闻学知识作为媒介素养的核心内容，成为生活必备的基础知识，构成了学习其他专业知识、完成终生学习以及形成学习化社会必需的基础框架。在媒体快速发展的时代，与其他学科相比，新闻学所追求的社会责任、精神素养等本质特征更加明晰起来，人们已经充分认识到新闻学科深远的现实意义。虽然不能说新闻学已经具备了类似哲学那样重要的基础地位，但是在媒介融合时代，新闻教育应该受到社会的普遍关注。

范敬宜新闻教育思想略论

肖　峰[①]

摘要：范敬宜既是中国当代著名报人，又是新闻教育家。从2002年春末至2010年初冬，他担任清华大学新闻与传播学院院长八年之久。在他的主持下，清华大学新闻与传播学院确定了“素质为本，实践为用，面向主流，培养高手”的办学方针、教育理念和培养目标。他创办了“清华大学马克思主义新闻学和新闻教育改革研究中心”并担任中心主任；他在全国新闻院系率先开设了面向全体新生的必修课——《马克思主义新闻观》，使学院的马克思主义新闻教育与研究走在了全国高校前列。2010年，范敬宜荣获“中国新闻教育奖”。2013年，首届“范敬宜新闻教育奖”颁奖仪式在清华大学举行。在中国新闻史上，同时具有新闻实践思想成果和新闻教育思想成果的人，范敬宜就是一个代表、一座丰碑。

关键词：范敬宜；新闻教育；思想研究

范敬宜(1931—2010)，江苏苏州人。他在学生时期受到过当时文史哲方面杰出学者的熏陶，师从吴门画派名家樊伯炎，深得吴门真传。1949年毕业于无锡国学专修学校，1951年毕业于上海圣约翰大学中文系。1978年加入中国共产党，曾任《东北日报》和《辽宁日报》编辑、农村部副主任、主任、编委等职务；1983年任《辽宁日报》副总编辑；1984年调文化部任外文局局长；1986年任《经济日报》总编辑；1993年任《人民日报》总编辑；1998年任全国人大常委、教科文卫委员会副主任委员；2002—2010年，任清华大学新闻与传播学院院长，还兼任中国新闻摄影学会会长，中国范仲淹思想研究会会长。著有：《总编辑手记》《范敬宜诗书画》《敬宜笔记(一、二编)》《范敬宜

① 肖峰：中国地质大学(武汉)艺术与传媒学院新闻传播系教授。

文集——新闻作品选》《范敬宜文集——新闻教育文选》等。[①] 2010 年，范敬宜荣获“中国新闻教育奖”。2013 年，首届“范敬宜新闻教育奖”颁奖仪式在清华大学举行。“范敬宜新闻教育奖”由“范敬宜新闻教育基金”设立，每年评选一次，分设“新闻学子奖”“新闻教育良师奖”和“新闻教育良友奖”三个奖项。基金由人民日报社、经济日报社、国家外文局、山东大众报业集团、辽宁日报传媒集团、海南日报报业集团和清华大学新闻与传播学院共同发起成立。

我国新闻教育有“报人办新闻教育”的光荣传统。在近百年的中国新闻教育史上，不乏以一流新闻人身份献身新闻教育的大家，包括“五四”时期的中共秘密党员、一代名记者邵飘萍；中国人民大学新闻学院的创立者，曾任《人民日报》副总编辑和《经济日报》总编辑的安岗；台湾世新大学的奠基人、一代报人成舍我；华中科技大学的奠基人、华中科技大学新闻与信息传播学院的创始人，曾任《群众日报》社长兼总编辑、《天津日报》总编辑兼天津广播电台台长、《新湖南报》社长兼总编辑的朱九思等。范敬宜以其卓越的贡献荣获“中国新闻教育奖”，当之无愧名列其中，在新闻教育的星空中熠熠生辉。范敬宜的新闻教育思想可分为两个大的方面：一是他为清华大学新闻与传播学院所确定的“素质为本，实践为用，面向主流，培养高手”的办学方针和教育理念；二是确立马克思主义新闻观教育思想。这两个大的方面的教学实践都取得了显著的成效。2006 年中宣部（中共中央宣传部）、教育部以 1 号文件转发《教育部关于印发“清华大学新闻与传播学院教学与实践相结合调研报告”的通知》，2007 年教育部高教司又向全国新闻传播院校转发《清华大学新闻与传播学院马克思主义新闻观教育经验报告》。2008 年教育部部长周济专程来学院调研，与师生座谈，指出建院以来成就突出，特别是将马克思主义新闻观教育作为办学方向，为全国高校树立了榜样，起到了引领和示范作用。2011 年 11 月，由清华大学新闻与传播学院组织编辑的《范敬宜文集——新闻教育文选》由清华大学出版社正式出版发行。该文集辑录了范敬宜担任院长以来直到他去世这段时间有关新闻教育的讲话、短文和个人专访，共 41 篇，为新闻业界、学界研究以及学习范敬宜新闻教育思想提供了鲜活而生动的个案范本。

一、大力倡导“面向主流”的办学方针和教育理念

关于“素质为本，实践为用，面向主流，培养高手”的办学方针和教育理念，范敬宜曾进行过多次阐述，并将其拓展开、具体化，贯彻到了很多方面。2002 年 4 月 21 日，范敬宜在清华大学新闻与传播学院成立大会上致辞，提出新闻学院的办学指导原则是“立足主流，融贯中西”，教育思想是“面向现代化，面向世界，面向未来”，贯彻“理论联系实际”的方针，发扬“行胜于言”的校风，为国家和新闻事业造就一批以硕士研究

---

① 程曼丽，乔云霞．新闻传播学辞典[M]．北京：新华出版社，2012：113-114．

生为主的高级人才。对于“面向主流”，他有一个不断升华的认识。2001 年 12 月 14 日，当清华大学党委书记陈希、人文学院院长胡显章和传播系党总支书记王健华去征求他对筹备成立新闻与传播学院的意见时，他提到自己从人民日报社总编辑岗位上退休后有一个夙愿，就是办新闻教育。他还提到，近几年全国许多大学办起了新闻与传播院系，据说已有 200 多家(现在已增加到 800 多家)。作为我国最高学府，清华大学不办则已，要办就该办成第一流的，否则不如不办。当陈希问他第一流的标准时，他指出，它的办学目标应该是培养为主流媒体服务的高素质、复合型、国际化的新闻与传播人才。概括起来说，是“面向主流，培养高手”。① 面向主流，就是培养出来的人才能够为主流媒体，特别是一些主要的党报服务。培养高手，就是要“博古通今、学贯中西”，这是一个大的理念。② 于是，“面向主流，培养高手”成了清华大学新闻与传播学院办学理念和培养人才的目标。

经过几年的教学实践和社会实践，范敬宜将办学方针和教育理念表述为上述十六字，并对“面向主流，培养高手”做出阐释，所谓“主流”，应当包括三个方面：第一，教学要着力培养学生主流意识，把马克思主义新闻观贯穿在新闻与传播教学的全过程，使学生懂得如何掌握和运用马克思主义的立场、观点、方法去指导新闻与传播的实践，树立责任意识、大局意识、导向意识。第二，学生就业方向上，要把重点放在为主流媒介培养和输送合格的、优秀的新闻与传播人才。第三，发展规划(指学院未来“五年学科发展规划设想”)要能顺利制定、执行和实现，关键是要有一个团结、和谐、奋进的环境。③ 在他看来，“面向主流”包括由近及远、由表及里的四个层次：① 面向主流媒体的工作岗位；② 面向主流领域的社会需求；③ 面向主流的价值观念；④ 面向主流的发展方向。要使培养的学生“既具有强烈的社会责任感和使命感，又有广博的文化基础和娴熟的专业技能；既有开放的世界眼光和通达的人类情怀，又具有坚定的政治立场和清晰的批判意识；既具有高尚的情操和健康的心理素质，又具有百折不挠的拼搏意志和承担重任的精力和体力”。④ 他以五十多年的新闻实践，讲述“我们是要培养高手，主要是为主流媒体做服务的。这个‘高手’主要应该是坚持正确舆论导向的高手，维护社会稳定发展方面的高手，掌握新闻报道艺术的高手，博古通今、学贯中西的高手”。⑤“没有这种面向主流的社会责任感，新闻人就会缺乏新闻人的灵魂。面向主流，学生不仅要能够上大舞台干大事业，也要善于在小舞台干大事业”。⑥ 实际上，这是他对包括清华大学新闻与传播学院学生在内的所有新闻人的新闻价值观、社会责任、历史担当的一种要求。

---

① 范敬宜. 范敬宜文集——新闻教育文选[M]. 北京：清华大学出版社，2011：111.

② 范敬宜. 范敬宜文集——新闻教育文选[M]. 北京：清华大学出版社，2011：194.

③ 范敬宜. 范敬宜文集——新闻教育文选[M]. 北京：清华大学出版社，2011：142.

④ 范敬宜. 范敬宜文集——新闻教育文选[M]. 北京：清华大学出版社，2011：125-126.

⑤ 范敬宜. 范敬宜文集——新闻教育文选[M]. 北京：清华大学出版社，2011：70.

⑥ 范敬宜. 范敬宜文集——新闻教育文选[M]. 北京：清华大学出版社，2011：2.

实事求是构成了范敬宜院长所坚持的马克思主义新闻观的核心。他多次在课堂上或讲话中以自己改革开放初期的几篇报道为例，特别是他当年在《辽宁日报》发表的成名作《分清主流与支流，莫把"开头"当"过头"》等新闻报道，说明"离基层越近，离真理越近"的道理。他常常用各种生动的新闻实例，讲解1986年他在《经济日报》任总编辑时提出的新闻工作要"贴近实际、贴近生活、贴近群众"的原则，讲解1993年9月至1998年3月他在《人民日报》任总编辑时"坚持正确的舆论导向"的感悟和体会。范敬宜时常对学生说："责任感是什么？了解国情是基本的。最大的国情是什么？就是农村。""不要把眼睛放在0.5平方公里内，而看不到960万平方公里的土地。作为新闻工作者，最重要的就是责任感。""读万卷书，行万里路，学生有责任了解国情。"①在他的指导和影响下，学生们主动到主流媒体实习，参加编辑部门的编前会、策划会，通过旁听学习如何将马克思主义新闻观贯穿到业务实践中，如何处理重大新闻选题等。学生们大多还自觉利用社会实践、专业实践以及寒暑假返家的机会，前往老少边穷地区进行社会实践活动。通过社会实践，学生不但了解了中国国情，还能够有针对性地对一些国计民生问题开展调研，每年都有一批学生的重点调研报告得到中央有关部门的重视。2005年，范敬宜将大二学生李强同学的寒假调查报告《乡村八记》送交温家宝总理，温总理在回信里写下一段动情的话："从事新闻事业，我以为最重要的是要有责任心，而责任心在于对国家和人民深切的了解和深深的热爱。"这也正是范敬宜新闻人生的精彩写照。如今，这段话已镌刻于清华大学新闻学院的门廊，同范敬宜"如有来生，还做记者"的名言一道成为莘莘学子的座右铭。

二、用马克思主义新闻观统领新闻传播教育

对于新闻学子的培养，范敬宜认为，"重要的是从一开始就要把路走正"②。他指出，大学出来的新闻专业的学生不好用，无论是政治素质还是业务素质都不合格，常常要"回炉"。他认为："新闻工作的源头在新闻院校，如果新闻院校这方面的思想基础没打好，等学生到新闻单位往往就会转不过弯来，甚至做不好工作。如果我们在学校里把这个问题解决好，让学生对马克思主义新闻观比较了解、能够认同，那么大家今后的发展就会一顺百顺了。其他很多专业课程都没有什么问题，唯独这个问题一定要弄清楚。""不管怎么样，你要当一个合格的、优秀的新闻工作者，就必须懂政治，必须了解马克思主义，必须掌握马克思主义新闻观的一些基本原理。"③

为了探索和开辟"中国化的、马克思主义的"新闻传播学学科体系，从2005年起，范敬宜院长在清华大学亲自主持开设了"马克思主义新闻观"课程，并作为一年级本

① 范敬宜.范敬宜文集——新闻教育文选[M].北京：清华大学出版社，2011：207.

② 范敬宜.范敬宜文集——新闻教育文选[M].北京：清华大学出版社，2011：5.

③ 范敬宜.范敬宜文集——新闻教育文选[M].北京：清华大学出版社，2011：20-21.

科生和研究生的必修课。2006 年，清华大学创办了“清华大学马克思主义新闻学和新闻教育改革研究中心”，范敬宜先生兼任主任，使学院马克思主义新闻教育走在了全国高校前列。他反复强调，马克思主义不是教条而是一种实事求是的思想方法，马克思主义是新闻工作者安身立命之本。他指出，所谓马克思主义新闻观，就是用马克思主义的立场、观点、方法来指导我们的新闻实践，来科学地、正确地反映客观世界。他认为，新闻工作者最重要的本领是“判断”。判断需要眼力，我们的眼力不够，就要借助望远镜和显微镜，既要看得远，又要看得细。而这个望远镜和显微镜，就是马克思主义的新闻观，就是马克思主义的立场、观点和方法。① 当谈到马克思主义新闻观的博大精深的内容时，范敬宜认为有以下几点：首先，要坚持正确舆论导向，这是新闻工作者最重要的责任。其次，要实事求是，坚持新闻的真实性原则和辩证唯物论的反映论。换句话说，实事求是地反映客观事物，是马克思主义新闻观的基本原则。最后，写文章、写报道，得懂得一点艺术，讲究一点方法。做新闻工作最大特点，就是必须和时代同步，否则你就会落后。②

既然马克思主义新闻观是一门鲜活而生动的科学，为什么一些学生提到马克思主义就皱眉头，不感兴趣，满心不解，一脸不屑呢？经过调查，原因出在师资力量、教学内容、教学理念和模式上。从师资力量上来说，许多新闻院系讲授新闻理论的教师是从中文、历史或其他专业改行的，缺乏新闻工作的实践经历。无论是讲新闻理论还是讲新闻业务，无论是讲新时期舆论引导的成功还是“八九政治风波”舆论导向失误的教训，都难以讲授出马克思主义新闻观的切肤之感。从教学内容上讲，理论脱离现实，甚至刻意回避新闻热点问题和敏感话题，不能对学生释疑解惑。从教学理念和模式上来讲，从理论到理论，从书本到书本，照本宣科，使人敬而远之，拒人以千里之外。这就难怪“以其昏昏，使人昭昭”了。为此，范敬宜积极倡导并推进“开放式办学”，打通马克思主义新闻观与专业课程、人才培养与学科建设、校内新闻教育与校外新闻实践、中国发展道路与世界文明传统的关联等。他和院领导班子成员一起将国内知名学者、知名专家和韬奋长江新闻奖获得者请到学校，给学生们开专题讲座。同时，改革教学理念、模式和环节，形成集专题讲座、课堂讨论、网络学堂、读书笔记、课程心得、电影观摩等一体的教学模式。其中，每周五晚上开一次专题讲座，一个学期开 16 讲主干课程。这些讲座既深入、透彻、全面，又生动、具体、鲜活，例如：中国人民大学教授郑保卫、复旦大学教授童兵、中央编译局副局长俞可平等专家，从理论角度和思想体系上分析马克思主义新闻观的内涵；韬奋新闻奖获得者翟慧生、国务院新闻办副主任杨正泉、新华社总编辑何平、范长江新闻奖获得者张严平以及学院毕业生、新华社记者王芳和《人民日报》记者曹树林，从新闻实践层面讨论马克思主义新闻观的意义；中国人民大学新闻学院院长和国务院新闻办原主任赵启正、《人民日报》原副总编

---

① 范敬宜. 范敬宜文集——新闻教育文选[M]. 北京：清华大学出版社，2011：7.

② 范敬宜. 范敬宜文集——新闻教育文选[M]. 北京：清华大学出版社，2011：9-18.

辑梁衡、中宣部理论局局长张西民、《河南日报》报业集团董事长朱夏炎等，从管理角度论述马克思主义新闻观在我国新闻传播中的统领地位，以及在新闻管理体制中落实马克思主义新闻观的思路；驻法国大使吴建明、中国传媒大学副校长胡正荣、加拿大西蒙雷泽大学传播学院副院长赵月枝，从危机传播、国家形象传播的视角，论述努力构建现代传播体系，提高国内国际传播能力。每一轮课程往往都由范敬宜亲自开讲，由于他的亲和、睿智、饱学以及丰富多彩的新闻人生与社会阅历，他的讲座自然赢得青年学子的兴趣和认同。他在讲座上的演讲真是纵横驰骋，谈笑风生，娓娓道来，可亲可信。

对于学生们发生的思想变化，范敬宜感到十分欣慰。他说："去年(2005年)同学们的马克思主义新闻观小结写得都非常真实，有位叫许海燕的同学讲，开始她想不通为什么对揭露社会阴暗的东西不能大量报道，认为是不是压制新闻自由？学了马克思主义新闻观后，她写了一段话对我也有启发。'到底何谓马克思主义新闻观？何谓中国需要的马克思主义新闻观？回答一个问题：中国，这个拥有十几亿人口的泱泱大国，在解决了衣食温饱之后，最怕的是什么？乱。乱为中国难承之重，转型期的中国社会，一旦放开舆论控制，这样的风险我们是否能坦然面对？在各种思潮达到前所未有高涨程度的今天，放弃媒介的舆论堡垒，其代价我们是否可以负担？作为一个普通百姓或是一名普通记者，也许我们在为个人表达自由的受制而愤懑不平。但作为决策者，只怕要在制度的天平上掂量半天吧。稍有不慎，七上八下，所有天平上的老百姓都跟着狠狠地摔到地上，这样的后果实在吓人。'"

他还说："今天，《人民日报》政治部主任傅旭老师也来了。他们对清华大学到《人民日报》工作的同学有两个评价：一是上手快，没想到我们的学生这么快就能适应工作；二是对他们的工作，学生在思想观念上有很多认同，没有别扭。比如，有一位叫曹树林的同学，原来常常提一些很尖锐很古怪的问题，而那天他说自己已经由一个'愤青'成长为一个马克思主义者。这说明他慢慢懂得这个理儿了，知道许多问题放在大局中考虑就能想开了。"①

在范敬宜和资深教师的带动下，青年教师也积极配合"马克思主义新闻观"这个龙头课程，在自己承担的专业课程中，主动对学生加强国情、社情、民情教育，形成了一批有分量的调研报告和课题。例如，调研报告有《建设和谐城市文化，实现农民工与市民文化生活"齐步走"——首都农民工的媒体接触情况》的调查；申报立项的课题有《马克思主义新闻理论在当代的创新》《马克思主义新闻理论与加强党的执政能力》等。学院师生还根据知名专家、学者和记者的讲座内容编辑了《马克思主义新闻观十五讲》《马克思主义新闻观拓展读本》《马克思主义新闻观学生读本》《名记者清华演讲录》四本书，前三本书已由清华大学出版社出版。2008年，"马克思主义新闻观"课程被评为清华大学精品课。在马克思主义新闻观教育的影响下，学院毕业生进入主流

① 范敬宜.范敬宜文集——新闻教育文选[M].北京：清华大学出版社，2011：23-24.

媒体和相关领域工作的比例逐年上升，从以前不足20%上升到2007年的80%。[①] 近年来，这一比例一直保持在70%以上。

三、新闻学子要做到审时度势、把握大局

范敬宜十分重视学生思想素质的培养，强调学生要把自己塑造成“纵览五洲风云、胸怀万家忧乐”的人。他认为，从一开始学新闻、做新闻时，就要开始研究大局，审时度势，要懂得政治，了解政治。要知道我们的国际环境、外交政策和对策。把握大局就是要了解国情、世情，就是要审时度势。在成都的诸葛亮祠堂前，有这样一副对联：能攻心，则反侧自清，自古知兵非好战；不审势，则宽严皆误，后来治蜀要深思。他认为这副对联可以作为新闻工作的座右铭，因为它很适合用在新闻工作，特别是新闻领导工作上。他说：“将来，你们当中一定有人会从记者、编辑到总编辑，再到台长、社长，这一点一定要注意。”他还围绕这个观点写了一篇文章《课文应收〈隆中对〉》。他认为，弄清楚了国情、民情，就相当于有了一杆秤，把遇到的问题放在上面称一称，就能够预料到发生什么，就能为判断新闻价值提供一个标准。从事新闻工作，最容易犯的错误就是片面性，只看到一方面而忘记了另一方面。他在讲到观察问题的方法时提出，对国情的了解，应当是多层次、多方面的。他指出：“作为新闻记者，既要做坐船的人，又要做看船的人，既要是山外人，又要是山中人。把两种视觉结合起来，也许能够比较全面地看问题。”他还认为，审时度势、把握大局要有两个角度：一个是空间上的把握，一个是时间上的把握。空间上要求我们站得高，这样才能看得远。新闻工作者就应该把握整体局势，应该是高瞻远瞩的政治家。从时间的角度把握大局，就是要求我们把历史和现状融会贯通。[②] 他希望学生既有政治家的高瞻远瞩，又有历史学家的纵观古今。他还向学生介绍自己的实践经验：① 每天都要看报、看电视，了解我们国家发生了哪些大的事情，走向是怎样的，尤其是《人民日报》。② 注意身边的舆情。[③]

范敬宜认为，媒体人员社会责任的培养，应该是新闻人生的第一课。他认为：“新闻跟其他学科不一样，新闻的影响面是最大的，无论哪一个职业的影响都不如新闻那么大。既然选择了这个职业，那我们肩负的就是不同于寻常职业的既崇高又重大的责任。”新闻工作的责任，就是要求新闻工作者保持清醒的头脑，既要对党负责，又要对人民负责，尽量不因为自己的不慎重、不清醒、不负责任给人民以错误的信号，同时又给党和政府以错误的信号。范敬宜在给学生讲新闻工作的社会责任感时，不是从一般的定义、概念入手，而是从自己的经历、从新闻史的角度进行辨析的。他指出，中

---

① 范敬宜. 范敬宜文集——新闻教育文选[M]. 北京：清华大学出版社，2011：231-233.

② 范敬宜. 范敬宜文集——新闻教育文选[M]. 北京：清华大学出版社，2011：86-91.

③ 刘小锐，肖峰. 范敬宜新闻教育思想初探[J]. 东南传播，2009(8).

国共产党领导下的报纸中的一句话、一个提法，可能就会给社会生活带来特别重大的影响。当中国共产党的路线政策正确的时候，它的舆论发出的声音也起到了一种无可代替的、鼓舞教育、激励人们的作用。比如说，20 世纪 60 年代的雷锋和焦裕禄这两个正面的形象，在群众当中起了很难估量的作用。当这种舆论导向正确的时候，中国共产党的党报是其他任何西方报纸不可比拟的。所以从学习新闻专业一开始，就要好好地温习新闻发展的历史，特别是新中国成立以后新闻发展的历史。[①] 他在讲评论课的时候，经常讲新闻舆论几十年来的历史，认为改革开放特别是最近三十多年，是新中国成立以后新闻工作最好的时期。

名记者穆青逝世后，范敬宜在课堂上讲穆青的故事，说穆青最大的特点就是真正做人民的公仆。学生们听了都很受启发，专门编辑了一本讨论集《人民的好记者穆青》，该论集主要谈自己学习穆青和他作品的体会。中宣部（中共中央宣传部）的领导看了后，认为这种新闻教学方式对引导学生成才是一个很好的方法，值得各高校新闻院系学习和借鉴。学生姜林在清华大学新闻与传播学“实践教学座谈会”上发言说：“范院长给我们讲《人民日报》的新闻评论，不仅让我们觉得写作大有玄妙之处，更重要的是明白主流媒体的地位和责任，明白做一个有责任感记者的艰辛。所以，在穆青同志逝世后，我们班立刻组织了学习穆青同志的讨论会。从他的作品以及他的事迹里，我也深刻认识到记者在中国不是无冕之王，也不代表‘第四权力’，而是那沉甸甸的两个字——责任。”

四、特别重视和培养新闻人的文化素养

因新闻实用性强，社会上曾流传“新闻无学”。很多青年记者、很多同学都觉得新闻好像没有多大学问，以为从事新闻工作用不着多少文化修养与综合文化素质，反正写什么、编什么、拍什么、说什么、要某种格式，在网上“扒”一点，材料摘一点，自己侃一点，就可以很顺利地通过，甚至获得新闻或文化大赛的奖励。针对这一误区，范敬宜对“素质为本，实践为用”的办学方针进行阐述。他说：“我想强调的是，这个‘素质’主要是指新闻工作者的综合素质，特别是文化素质。根据我的经验，新闻与传播工作者拼这个，拼那个，最后拼的还是文化修养、文化积淀。缺乏文化修养、文化积淀，再刻苦努力也成不了大家、高手。这是一条被无数事实证明了的经验。”[②]“我一直强调，新闻工作者如果没有丰厚的文化积累，不可能成为一个大家，只能成为一个小记者，只能写点动态，写点蜻蜓点水的文章，充其量只能照猫画虎把事情写出来，成不了大家。”[③]

---

① 范敬宜.范敬宜文集——新闻教育文选[M].北京：清华大学出版社，2011：66-67.

② 范敬宜.范敬宜文集——新闻教育文选[M].北京：清华大学出版社，2011：141-142.

③ 范敬宜.范敬宜文集——新闻教育文选[M].北京：清华大学出版社，2011：164.

范敬宜是一个优雅之士，有很高的艺术修养，他是诗书词画大家。他在无锡国专的同窗，红学家冯其庸称他是诗书画一体，情文韵三绝，季羡林先生甚至以“四绝”称之，因为他还了解西方文化，“是古人难以望其项背的”。但范敬宜谦逊地认为自己不是画家，不是书法家，更不是诗人，只是一个“老新闻工作者”。诗书画，“余事”而已。他呼吁力戒浮躁，强调新闻人的文化素养，并指出：“新闻人本身就是文化人，应该是有社会责任感、有学问、有道德、有能力的文化人。”他曾形象地比喻，文化修养、文化积累、文化底蕴等犹如五谷杂粮，只有广泛吸收才能健康成长，人的全面发展不能仅靠“维生素片”。[①] 他在谈到一个学生写信给他，希望学院增加人文教学时说：“水木清华留在我们记忆里的，不应该只是郁郁葱葱的校园和古老优雅的建筑，而应该是王国维、陈寅恪等前辈那样又深又广的知识海洋和文化积淀。”于是新生入校后，教师要给他们开列100本读书清单，覆盖政治、经济、历史、文化、艺术等领域，要求在大学期间读完，有的同学真正能够做到，比如一个叫张杨的同学，用一个暑假的时间读完了《资治通鉴》。

他为全校新生开设了一门研讨课“新闻中的文化”，强调新闻与哲学的关系、新闻与历史的关系、新闻与文学的关系、新闻与艺术的关系等，让学生不再局限在新闻专业知识里面，以此拓宽学生眼界，成为一位眼界开阔的记者。范敬宜还给学生开了一门“记者素养和采编艺术”的课程，主要讲自己的经历和体会，这些内容都是教科书没有的。至于如何加强修养，丰富文化底蕴，他特别强调一是多读好书，二是懂点艺术。在2007年学院举办的毕业典礼上，范敬宜以“远离浮躁，追求文化”作为对毕业同学的赠言。同年他在上海文化讲坛上说：“希望年轻同志静下心来好好做点学问，把自己的文化功底打得牢牢的。”他还赋诗：“生命之树长青，文脉之源永恒，文化品质是媒体的灵魂，文化复兴的希望寄托在你们一代的年轻人。”[②]清华学子毕业后，有的供职于新华社、人民日报、中央电视台等媒体，有多名同学直接保送读硕士研究生、博士研究生，还有一位赴美留学，师从颇有成就的传播学者潘中党教授。尽管如此，范敬宜还是对他们严格要求，学生干出了成绩，他没有过多的流露，却写下“求阙”二字的横幅。如今，“求阙”已经成为清华新闻学子们的座右铭。

在范敬宜大力倡导“面向主流”的办学方针和教育理念的指导下，清华大学新闻与传播学院形成了良好的院风。在建院三周年时，他说：“一个国家要讲国风，一个学校要讲校风，一个家要讲家风，同样一个学院要讲院风。”“新闻与传播学院是一个温暖的家，一个充满着正气和亲情、充满和谐和温馨的集体。在这里，领导和老师之间、老师之间、老师和同学之间、同学之间都非常平等、随和、亲切，这也正是学院三年来赖以迅速发展最重要的基础，也是在别的地方很难感受到的。”学院能做到这一点，最

---

① 范敬宜.范敬宜文集——新闻教育文选[M].北京：清华大学出版社，2011：227.

② 范敬宜.范敬宜文集——新闻教育文选[M].北京：清华大学出版社，2011：224.

重要的是当家人范敬宜先生的博大胸襟、高风亮节和为人的谦恭、平和、务实。[①] 著名新闻学者郭庆光、来向武对范敬宜新闻教育思想做了精辟的评述:范敬宜的新闻思想是对新时期中国共产党新闻思想的丰富,对马克思主义新闻教育理论的探索,对新的时代环境下新闻人才观的历史总结。[②] 2010 年,范敬宜荣获"中国新闻教育奖"。2013 年,首届"范敬宜新闻教育奖"颁奖仪式在清华大学举行。"范敬宜新闻教育奖"由"范敬宜新闻教育基金"设立,每年评选一次,分设新闻学子奖、新闻教育良师奖和新闻教育良友奖三个奖项。基金由人民日报社、经济日报社、国家外文局、山东大众报业集团、辽宁日报传媒集团、海南日报报业集团和清华大学新闻与传播学院共同发起成立。在我国新闻史上,范敬宜是同时具有新闻实践思想成果和新闻教育思想成果的人,他就是一个代表、一座丰碑。

[基金项目]本文系中国地质大学(武汉)"马克思主义研究与学科建设计划"资助项目《马克思主义新闻观与网络时代舆论引导艺术研究》(编号:MY1010)研究成果。

① 范敬宜.范敬宜文集——新闻教育文选[M].北京:清华大学出版社,2011:223.
② 范敬宜.范敬宜文集——新闻教育文选[M].北京:清华大学出版社,2011:244.

对我国传媒高等教育发展趋势的两点思考

程丽红[①]

摘要：本文主要就我国传媒高等教育的发展趋势谈两点感想。首先，作为国际高等教育发展一个不容忽视的趋势，大规模在线教育这一世界性浪潮对我国传媒高等教育而言，既是冲击、挑战，又是机遇。目前视频公开课在我国刚刚起步，还存在诸多缺陷。应从教育部统筹课程规划、提升课程水准、增强推广方案与反馈机制等三个方面加以推进。其次，针对新时期卓越传媒人才培养模式，本文则认为基地建设要突出特色，注重学校与媒体的强强联合，合理调整课程设置，更新教学内容，在强化专业基础教育的同时，推动传媒教育向深度与广度发展。

关键词：传媒高等教育；视频公开课；卓越传媒人才；课程；培养

若干年前，当人们惶惶然聚焦于世界一体化、全球化即将给中国社会经济与政治文化领域带来影响时，恐怕很少有人能预料到它会冲击课堂。网络、融媒体在打破地域界限的同时，也推倒了学校围墙，使得教育全球化得以实现。“慕课”突袭以及全媒体时代对新闻传播人才的特殊要求，使得传媒教育改革势在必行。本文针对我国传媒高等教育的发展趋势，提出两点思考。

一、关于精品视频公开课 ▸▸▸

在全球化、全媒体时代背景下，我国传媒高等教育所面临的最直接、最现实的冲击与挑战莫过于大规模在线教育这一世界性浪潮。“大规模在线开放课程”是一种顺应时代需求，紧密结合现代传媒技术与教学活动的全新的知识传播模式和学习方式，

---

① 程丽红：辽宁大学新闻与传播学院副院长、教授、博士生导师。

也称“慕课”，由英文简拼 MOOCs 直译而来，其全称为 Massive Open Online Courses，它在 2012 年发端于美国，以麻省理工学院和哈佛大学共同创办的非营利在线教育平台 edX 为代表，在全球迅速扩张。2013 年 7 月，北京大学、清华大学和上海交通大学等十几所高校陆续加入慕课阵营。“慕课”打破了时空限制，以其无与伦比的开放程度改变了以往教师主授、学生被动接纳的教学模式，转而以学生学习为主体，学生自主选择课程，使个性化的学习成为可能。全世界一流大学最优秀的课程都可以在互联网上被点播，它不仅意味着大学围墙的倒塌，而且意味着大量教学质量不过关的教师将失去课堂。作为国际高等教育发展一个不容忽视的趋势，“慕课”浪潮对我国传媒高等教育而言，既是挑战，又是机遇。从国家与社会文化发展的角度来看，建设精品视频公开课可以整合优质教育资源，实现全国名师名课共享，将大学课堂扩大至整个社会，进而提升在校大学生、新闻从业人员的专业水准以及民众的媒介素养。从高校自身的发展来看，精品视频公开课作为建构学校声誉、地位，扩大教育竞争力的重要手段之一，促进教育体制与教学模式的改革，有利于扭转高校教师重科研、轻教学的风气。

鉴于视频公开课在世界范围的迅速兴起，并产生了良好效果，教育部积极推进我国高校视频公开课的建设。2013 年 6 月 26 日，中国首批 120 门大学资源共享课正式通过爱课程网向社会大众免费开放。教育部、财政部从 2011 年开始启动实施“十二五”期间“本科教学工程”，并将“国家精品开放课程建设与共享项目”列为重点项目。“中国大学资源共享课”是继推出“中国大学视频公开课”之后，又一项贯彻教育规划纲要的重要举措。① 但视频公开课在我国尚刚刚起步，社会影响不大，尤其未得到高校教师的普遍关注。从今年七月份第二批精品视频公开课的评审状况来看，报名公开课的主讲教师缺乏教学精湛的名师；申报者对待的认真程度不够，有些课程明显准备仓促，连基本的技术水准都达不到，整个画面制作粗糙，话音不清晰；个别课程是截取超星学术视频或者是其他项目制作的视频课中的部分章节，甚至连编号都没改动，内容自然缺少连贯性；部分课程设计追求时髦，缺少深思熟虑；有些课程刻意模仿百家讲坛的内容构思与演讲方式，追求煽情和表演性，或者为了吸引眼球，在题目设计上煞费苦心，试图以突兀、炫奇取胜。在教育部对精品视频课所设定的基本原则中，“普及化”“大众化”意味着要适应网络传播的特点，其接受对象显然不仅仅是在校学生，还包括有学习兴趣的社会大众，因而其内容应尽量避免内卷化、学术化，避免传播面受限。但即便如此，也不能过分地俯就低端受众，高校所开设的课程还应保持高等教育的本色，追求通俗化，但不能趋媚“流俗”。此外，在缺乏对课程进行统筹规划的情况下，教师自主设计课题势必造成同类课程申报集中的现象，有些课程申报率较高，有的课程则无人问津，这样不利于视频教育学科体系的整体建设与发展。

对于我国精品视频课将如何推进，本文提几点粗浅的建议。

---

① 杨靖.让大批专业课走出名校“围墙”[N].科技日报，2013-08-08.

第一，教育部要统筹课程规划，建构科学完整的网络视频教育学科体系。各校教师依据教育部规划课程有目标、有选择地申报，可以合理规避课题设置的各自为政和盲目性，从而避免不必要的资源浪费。

第二，加大扶持力度，赋予入选精品视频公开课的教师较高的荣誉，鼓励富有教学经验和学术声誉的名家大师积极申报。同时严格把好上线关，真正按照“精品”的标准来筛选衡量，以提升我国视频公开课的水准。制作视频课程是一个非常烦琐的过程，需要团体协作，不是个人一次所能完成。它不但对主讲教师的教学内容、形式有严格的要求，还需要学生的配合与互动，只有这样才能达到良好的课堂效果，尤需师生全程的共同努力。此外，具备完备的技术手段也很关键，画面配比、音响效果等都应在考虑之中，其中任何环节失误，都会影响整个课程效果。一个视频公开课做下来，多则需要数月，少则也要数周，它考验的是团队的耐力和精力。因此，如果没有相应的奖励政策，就很难吸引更多的名师大家参与，因而无法全面展现我国高等教育战线人才的真实风貌。

第三，进一步的推广方案与反馈机制。目前，我国视频公开课的社会影响还相当有限，需要针对不同的接受群体制定相应的推广宣传方案，扩大其传播面，实现应有的社会效益。据悉，网络公开课出现后，在我国曾一度出现热潮，可跟踪调查发现，这股热潮并没有持续多久，而所谓的“网课热”，也只是少数几门热门课程热，对于一些系列课程，耐心听完的人少之又少。日前，类似情景再次出现，2013 年 6 月，虽然首批上线的 120 门中国大学资源共享课受到学习者的万众期待，但其互动和评价功能未能得以完全展现，还是令不少人失望。鉴于此，精品视频课的建设不能只以上线为目的。上线的课程是否达到了预期目标，应及时跟踪调查，同时根据受众的反馈意见对课程设置等进行合理的调整。

二、关于新时期卓越传媒人才培养模式

在信息技术日新月异的全媒体时代，多媒体融合成为传媒产业发展的重要趋势。传媒人才已远非我们通常所理解的报社、通讯社、广播电台与电视台等传统媒体的优秀新闻从业者。以新技术、新结构、新背景为基础的新媒体业务，在推动传媒业发展变革的同时，也对传媒人才提出了更高的要求：不仅要求他们具有扎实深厚的专业素养，过硬的现代传媒技术，还要求其具备卓越的创新能力和国际视野。有研究者指出，卓越传媒人才培养计划的定位，是培养传媒行业新的发展形势下需要的高端应用创新型人才。针对新时期卓越传媒人才培养模式，本文主要有以下几点思考。

第一，“卓越传媒人才培养基地”的建设要突出特色。面向国家与社会需求的创新型、复合型传媒人才在知识底蕴和专业能力等综合素质方面当然具有一定的共性，但传媒产业的多元化与个性化发展使得其人才需求必然呈现出多层次、多样化的特征。因此，卓越传媒人才的培养也不需要有统一的模式，各基地应结合本地的区域特

点和资源优势设定培养目标，创建别具一格的培养模式，形成自己的专业特色与个性。也就是说，在强化传媒学科基础教育、为学生发展提供宽厚的学科基础上，发展专业特色，实行个性化培养，树立人才培养基地品牌，如多媒体融合型技术人才培养基地、复合型传媒经营管理人才培养基地、专家学者型采编人才培养基地、新闻(传媒)策划型人才培养基地等。即便同样为国际新闻人才培养基地，也要各有偏重与特色，例如，吉林大学地处东北，拥有与东北亚多国的地缘与文化交流优势，可以依托本校外国语学院和国际交流学院成熟的师资、学科基础与国际关系资源，建设面向东北亚传播的国际传媒人才培养基地。

第二，学校与媒体的强强联合。传媒是一项专业性、实践性极强的社会行业，它要求传媒人才不仅具备高超的专业技能与素质，还要具备良好的实践能力。而我国高校传媒教育的主要缺陷就是实践教学环节薄弱，学生缺少在职教育，实践能力差。传媒人才的培养离不开社会、媒体的合作。因此，卓越传媒人才的培养应重点采用校企联合的模式，努力寻求与知名媒体及研究机构的合作。一方面，实施双导师制度。聘请知名传媒人士和专家学者参与培养方案制定、课程建设，尤其需要建构一个相对稳定的兼职教师队伍，面向社会、媒体及媒介管理机构聘请高水平或具有丰富实践经验的专家，参加本科学生的专业课程教学，指导学生毕业论文、媒体实习等，联合指导研究生的实习、学习和学位论文等。另一方面，加强传媒实践教育方式和渠道的改造。在建设传媒实验教学中心的同时，以所在区域媒体为重点对象，进一步加强与国内外知名媒体的产学研合作关系，确定一批高水平媒体和科研院所作为学校“卓越传媒人才培养计划”的联合培养单位，为学生提供最佳的实践平台与研究环境，促进教学、科研与传媒业的良性互动。

第三，合理调整课程设置，更新教学内容，在强化专业基础教育的同时，推动传媒教育向深度与广度发展。

(1)“术”与“学”的良好协调。课程设置既要关照新闻采访写作、报纸编辑等技能训练，又要重视新闻史、新闻理论、传播学等基础理论教育，为学生构建合理的知识体系。

(2)教学内容与时俱进。顺应时代发展与国家社会需求，跟踪现代传媒业发展动态，及时将一些新技术、新知识和新理念引进教学。

(3)新闻伦理与法规教育是关键。新闻从业者的社会角色要求卓越传媒人才不仅具有过硬的专业技能与素质，而且具有专业主义精神与职业操守、法律意识。新闻伦理与法规类课程的设置，主要在于培养学生的职业道德、社会责任意识、正确的伦理观和法制观，进而造就德才兼备的卓越传媒人才。

(4)促进学科的交叉融合。我国现代传媒业要求卓越传媒人才应是精于新闻传播学专业知识，同时融会贯通一门或多门其他学科知识的复合型人才。所以学院应建立多学科复合教育的课程体系。以传媒专业课程为主体，辅以政治学、社会学、法学、历史学、经济学等课程，以培养一专多能的传媒人才。

第四，建立开放环境下的卓越传媒人才培养机制，充分借鉴世界先进国家高等传媒教育的成功经验，对学生进行国际化培养。

（1）按照国际传媒人才标准，利用国际传媒资源培养高素质的传媒人才。在实施“卓越传媒人才培养计划”的过程中，加强与国际知名媒体的合作。通过短期考察、实习等方式，为学生创造接触、参与国际一流媒体传播实践的机会与平台，了解其传播规律，学习其传播技术、技巧、职业规范，培养学生的国际视野以及参与国际传播竞争的能力。

（2）与国际知名新闻传播院校和研究机构进行联合培养，为提升中国新闻传媒整体的国际传播提供人才保障。通过联合培养、暑期学习等方式，分期、分批将学生送到国外一流大学进行学习和交流。

（3）聘请国际著名大学、研究机构和知名媒体的学术大师、专家和传播业界精英主持或参与教学，开展名家讲座或报告。

总之，在传播技术日新月异、媒介环境复杂多变的形势下，顺应时势，及时调整教育策略和方案，是高等教育管理者必须思考的重要课题。

参考文献

[1] 杨靖. 让大批专业课走出名校“围墙”[N]. 科技日报，2013-08-08.

[2] 赵婀娜，闫星辰. “幕课”来袭，中国大学如何应对[N]. 人民日报，2013-08-08.

[3] 王渊明. 积极探索卓越传媒人才培养的新模式[J]. 中国广播电视学刊，2011(11).

新时期军事新闻教育的经验与感悟

——香港浸会大学传理学院的变革与创新

周伟业[①]

摘要： 被誉为“军事记者摇篮”的南京政治学院军事新闻传播系创建于1984年，历经三十多年的发展，取得了不俗的成绩。成绩的取得源于几代军事新闻教育工作者的辛勤耕耘，源于广大军事新闻学子的奋力拼搏。经过三十多年的实践，我们得出三条经验：始终注重马克思主义新闻观教育，解决好立场、观点和方法问题，提升学生理论思维层次，增强发展后劲；引进来、走出去，开放办学，搞活军事新闻教育；多实践、强能力，突出能力本位。

关键词： 军事新闻教育；经验；马克思主义新闻观；开放办学；能力本位

一、新时期军事新闻教育的发展历程与主要成就

根据吴廷俊教授的梳理，1978—1988年是中国新闻教育在拨乱反正之后“重新启动，初度发展阶段”[②]。1977年，全国高等院校恢复统一招生制度，北京大学、复旦大学、北京广播学院新闻系或新闻专业开始招生。1978年，中国人民大学新闻系恢复招生。1983年，中共中央宣传部与教育部联合召开了新中国成立以来的第一次新闻教育工作座谈会，会议提出，为了适应新闻事业发展的需要，新闻教育必须在保证质量的前提下有一个较快、较大的发展。在这次会议的推动下，全国出现了一次新闻专业办学热潮，新闻教育在国内迅速普及。[③]

被誉为“军事记者摇篮”的南京政治学院军事新闻传播系也诞生于这一时期。

---

① 周伟业：国防大学军事文化学院教授。

② 吴廷俊. 问题与成绩同行：1978-2008中国新闻教育发展研究[J]. 新闻大学，2009(2).

③ 吴廷俊. 问题与成绩同行：1978-2008中国新闻教育发展研究[J]. 新闻大学，2009(2).

1984 年 6 月，解放军南京政治学院组建新闻教研室，同年 9 月，新闻专业大专班正式开办。1987 年，新闻教研室更名为军事新闻学系。2003 年，为了适应学科发展需要，其正式更名为军事新闻传播系。创系 10 年后，也就是 1994 年开始招收本科学生。1995 年开始招收军事新闻学硕士研究生。2006 年，开始招收军事新闻学博士研究生。除此之外，军事新闻传播系还面向全军开办军事新闻专业本科阶段高等教育自学考试、成人教育、函授教育，面向全军开展短期职业培训性质的岗位任职教育。

全军唯一的新闻教育专业经过三十载历代新闻教育工作者的默默耕耘、广大军事新闻学子的奋力拼搏，结出了累累硕果。从军事新闻传播系走出来的新闻人活跃在全国军事新闻领域。全军新闻单位大约有四分之一的编辑记者是军事新闻传播系的毕业生。他们当中有 15 人担任社长、总编等职务。军队媒体每天刊播的新闻稿件中都有军事新闻传播系毕业生的作品。军队每次重大活动报道行动中都有军事新闻传播系毕业生的身影，全国、全军每届新闻奖评奖都能找到军事新闻传播系毕业生的名字。从“军事记者摇篮”走出来的三千多学生中，已有 9 位将军，先后有陈德春、贾永、杜树人、朱金平 4 人获得“长江韬奋奖”，40 多人次获得“中国新闻奖”，先后有数百人次获得“中国人民解放军新闻奖”等全军性、军区级、省级新闻奖项。①

作为一家培养学生总量并不大的专业性新闻教育单位，南京政治学院军事新闻传播系在短短三十多年的时间里，能够培育出一批德才兼备、专业突出、发展全面的学生，这里边的教育奥秘在哪里呢？根据笔者观察和思考，本文做了一些梳理，以期抛砖引玉。

二、注重马克思主义新闻观教育，解决好立场、观点和方法问题

不论是创系伊始的大专班，还是后来的本科班、硕士班和博士班，坚持开展马克思主义新闻观教育都是我系一直坚持的一个重要传统。内容层次有深有浅，涉及范围有宽有窄，但最基本的原理、最重要的原则、最核心的命题都教给了学生。本科阶段，教员讲解多一些，举例分析多一些。研究生阶段，自主研读多一些，经典文本阅读多一些。

从多年的实践来看，马克思主义新闻观教育对于学生成长的益处是多方面的。第一，学习马克思主义新闻思想，可以激发学生从事新闻事业的理想和信念。从马克思到毛泽东、邓小平，都有着丰富的新闻实践经验，都怀抱着为人类幸福而奋斗的崇高政治理想和新闻理想。马克思大学毕业后，23 岁时参与了《莱茵报》的创办工作。恩格斯 17 岁时开始给报刊投稿。他们一生中创办、编辑和参与编辑的报刊有 12 家之多，曾经为 200 多家报刊撰稿。从 1851 年到 1862 年，他们连续为《纽约每日论坛

① 根据南京政治学院军事新闻系《新闻系简介》数据整理。

报》撰稿，大约写了 500 篇时事通讯，其中不少文章作为该报的社论发表，影响很大。①

列宁先后创办过 40 多家党报、党刊，由于沙皇政府的迫害，这些报刊存在时间通常较短，被封闭掉一家，就改换名称再创办一家，在一个地方被查封，就到另一个地方再创办。列宁是出色的党报主编，撰写过大量的政论文章，这些文章或正面阐述党的纲领和策略，或批判沙皇政府的黑暗统治。②

毛泽东一生对新闻报刊情有独钟。他从青年时代开始就把读报、用报作为每日功课。毛泽东通过读报接触并接受了马克思主义，后来又亲自办报，以此来宣传革命，唤起民众，为马克思主义在中国的传播和中国共产党的创建、成长和壮大开展了艰苦卓绝的工作。③ 1918 年，毛泽东参加了北京大学新闻学研究会，成为第一期学员。1919 年，毛泽东在长沙创办了《湘江评论》，短短一个月中，他署名发表的政论、述评、杂感约 40 篇。④ 据周世钊回忆："《湘江评论》只编写 5 期，每期绝大部分的文章都是毛泽东自己写的。刊物要出版的前几天，预约的稿子常不能收齐，只好自己动笔赶写。他日间事情多，来找他谈问题的人也是此来彼去，写稿常在夜晚。……我深夜睡醒时，从壁缝中看见他的房里灯光荧荧，知道他还在那儿赶写明天就要付印的稿子。文章写好了，他又要自己编辑、自己排版、自己校对，有时还自己到街上去叫卖。"⑤抗日战争、解放战争期间，毛泽东还撰写过不少新闻稿件和评论文章。

从 1931 年到 1934 年，邓小平主编《红星》报，这份报纸是万里长征途中唯一继续出版和发行的党和人民军队的报纸。当时，虽说邓小平是主编，实际上，除了有一个技术性帮手之外，从采写到组稿、改稿、编排版面、拟定标题到校对印刷，都由邓小平一个人负责承担。邓小平后来回忆说，《红星报》许多没有署名的消息、新闻、报道乃至许多重要的文章、社论都出自他的笔下。⑥

在讲解马克思主义新闻观具体理论观点过程中，教师结合课程内容，给学生讲一讲这些历史，让学生了解马克思主义新闻观不是无源之水、无本之木，它是来自于马克思主义先行者大量艰苦卓绝的新闻实践，蕴含着新闻救国救民的伟大理想。对于青年新闻学子来说，这些史实有着令人信服的力量。

第二，学习马克思主义新闻思想可以帮助学生提升理论思维层次，增强发展后劲。范敬宜先生说："学习马克思主义新闻观，我认为主要是解决'立场、观点、方法'问题。'所谓马克思主义新闻观，就是用马克思主义的立场、观点、方法，来指导我们

---

① 陈力丹.马克思主义新闻思想概论[M].上海：复旦大学出版社，2012：13-14.

② 陈力丹.马克思主义新闻思想概论[M].上海：复旦大学出版社，2012：141.

③ 郑保卫.中国共产党领导人新闻实践与新闻思想研究[M].北京：中国人民大学出版社，2011：31.

④ 郑保卫.中国共产党领导人新闻实践与新闻思想研究[M].北京：中国人民大学出版社，2011：33.

⑤ [美]罗斯·特里尔.毛泽东传[M].何宇光，刘加英，译.北京：中国人民大学出版社，2013：48.

⑥ 毛毛.伟人之初：邓小平[M].杭州：浙江人民出版社，1996：190.

的新闻实践，来科学地、正确地反映客观世界。'"[①]这一概括可谓十分深刻精准。当下社会，学生大多比较急功近利，新闻教育的过度扩张导致新闻专业师资不足，学生就业压力较大。在这种情况下，不少院校强调新闻教育的技术性和操作性，强调适应市场需求，适应就业需要。但是在这个过程中，院校忽视了学生理论素养教育、新闻法制教育、新闻伦理道德教育。培养出来的学生虽然能够写点报道稿、拍拍片子、做做网页、拉拉广告，但发展后劲不足，面对重大题材的报道，有些学生手足无措，感到理论积累不够，写不深、写不透、写不好的现象比较普遍。思考起来，这就是新闻教育上出了问题，即过于重视"技"和"术"的教育，忽视了"道"和"本"的教育。正如范敬宜先生所言："我们在新闻战线工作几十年，风风雨雨，曲曲折折，虽然其中有的是因为上面的指导思想有错误，但是新闻界自身马克思主义新闻观不牢，推波助澜、火上浇油也起了重要的作用。因此，我们强调马克思主义新闻观的重要性。"[②]院校如果丢了一些基本的理论素养的培养，忽视了基本的思维训练，培养出来的学生将来容易出现各种各样的问题，发展起来就会感到后劲不足。

三、引进来、走出去，开放办学，搞活军事新闻教育

我系创建期间，教员严重不足，为了解决这一问题，当时系领导决定从全国、全军新闻单位聘请、选调专家教授来为新闻系开课。例如，聘请邵华泽先生来为学生讲《新闻评论学》，聘请丁淦林先生来为学生讲《新闻事业史》，聘请具有丰富实践经验的一线记者、编辑为学生讲新闻采写和编辑。

尽管新闻系现在具有一批学历层次较高、结构合理的教员队伍，但开门办学的传统依然未变。每学年都要聘请几位国内一流专家学者来讲学。聘请著名校友为年轻学生讲体会、讲心得、讲人生、讲未来。在课程体系的建设上，为适应部队院校教育实际，新闻系开设了军事、政治、哲学、历史、文化、社会、经济、历史、心理、文学、艺术等丰富多样的专业基础课程，拓宽了学生的知识面，强化了军事政治素质。在专业课程方面，没有闭关自守，而是大量采用国内一流最新统编教材，特色课程也尽量采用军内统编、正式出版教材。与此同时，学院鼓励年轻教员到中国人民大学、复旦大学、浙江大学、清华大学、南京大学、武汉大学、华中科技大学等地方大学新闻院系进行短期培训，攻读硕士、博士学位。鼓励教员深入基层部队、新闻媒体单位代职锻炼，到地方大学参加学术活动。在教材、师资、信息、思想等方面尽力搞活，这样就将看似较为专业、神秘和封闭的军事新闻教育推向了一个较为开放、较为广阔的新闻教育新天地。

---

① 范敬宜，李彬. 马克思主义新闻观十五讲[M]. 北京：清华大学出版社，2007：3.

② 范敬宜，李彬. 马克思主义新闻观十五讲[M]. 北京：清华大学出版社，2007：2.

四、多实践、强能力，突出能力本位

回首三十多年军事新闻教育，突出实践、抓能力是一条重要的经验。学院首任系主任郑旷教授提出“扎扎实实打基础，勤勤恳恳练笔头”，这一做法成为新闻系一项重要传统。

不论是当年的大专生，还是后来的本科生和研究生，每年都有他们大量的新闻稿件和评论文章发表在全国、全军各大报刊媒体上。除了勤写勤练之外，学院还组织学生广泛开展“读报、评报”“看电视、评电视”“建网站、评网站”等新闻实践活动。学院和系为学生开展新闻实践提供广阔的平台，例如，院报、院电台、电视台、网站，系里的《新闻实习报》、《双拥报》、网站等。在2110工程建设中，学校改建和扩建了6个标准较高的专修室，可以满足军事(战时)新闻采集发布、媒介素养情境训练、数字新闻编辑出版等专业实践需求。每届学生毕业前要集中半年时间到军事新闻媒体进行毕业实习(大实习)，每门实践性课程结束时要进行课程实习(小实习)。不论毕业大实习还是课程小实习，都有相应的考核要求。除此之外，新闻系每年组织一次DV大赛评奖，并举办一次“解放军报奖学金评奖”活动，从物质和精神上鼓励专业实践优秀的学生。

军事新闻教育在通识教育、专业教育基础上，注重新闻传播采、写、摄、编、评能力训练，将理论学习、知识学习内化为能力养成，将新闻理想落到实处，把新闻理念扎到深层。三十多年来，我们坚持从做中学，在做中练。同时，我们也坚信新闻采集、表达和传播能力是任何时代新闻人都不可或缺的看家本领，这也是新闻教育需要不断探索的永恒话题。

模拟融合媒体融入课堂的尝试与实践

谢庆立[1]

摘要：新媒体的崛起、多媒体融合，改变了新闻信息传播的环境，向新闻采写课程的教学与研究提出了挑战。“模拟融合新闻媒体”就是依靠新的传播技术，融传统的理论学习于专业实践，按照新闻媒介传播机制，构建“台、报、网”一体化的融合媒体，并将其融入课堂，把理论教学与新闻实践融合起来。这种方式有助于把理论、技能学习融于新闻实践，培养学生的专业兴趣和专业理想，同时培养学生的创新性思维和实际利用多种新闻媒体的能力。

关键词：模拟；融合媒体；课堂

为适应日益变化的新闻传播环境，近年来，北京外国语大学国际新闻与传播专业探索新闻采访与写作课程的改革，尝试将“模拟融合新闻媒体”融入传统的新闻采写课程教学。“模拟融合新闻媒体”是一种多功能展示学生新闻作品的教学平台和课堂板块。它依托现有的教学资源和新媒体技术，由师生共同参与策划、制作，构建“台（模拟电台、电视）、报（出版物）、网（模拟新闻网）”一体化的模拟新闻媒体，有机融入新闻采写课堂（课堂以虚拟全球受众为对象），定期发布新闻（学生新闻实践成果）。近几年来的实践表明，“模拟融合新闻媒体”有助于拆除传统新闻采写课程教学的理论与实践之墙，把理论教学与新闻实践有机结合起来，使学生感悟理论，并转化为专业理念。同时，它有益于营造专业氛围，激发学生的专业热情，培养学生的批判性、创新性专业思维，形成勤于动脑、动手、动嘴的专业习惯，为学生胜任媒介融合趋势下的新闻一线工作奠定基础。

---

① 谢庆立：北京外国语大学国际新闻与传播学院教授。

一、为什么要做课堂模拟融合新闻媒体

目前的新闻教学必须直面这样的现实：传统媒体一统天下的局面已经不复存在。随着信息技术的发展，新闻传播方式呈现多媒体融合趋势，具体表现在以下几个方面：① 不同新闻传播媒介管理机制相互融合；② 不同新闻媒体相互依存，优势互补，共享新闻资源；③ 新闻的采集、制作与传播相互融合等。这样的现实和当今新闻事业的发展对新闻人才的培养提出了新的要求，具体有以下几点：① 在专业精神层面，学生需要形成科学的与人文的新闻观，培养批判性意识并担当社会责任等；② 在新闻业务层面，增强学生的策划、编辑制作、采写、管理等新闻媒介需要的多面手能力；③ 跨媒体的能力以及不同媒体之间的合作能力。

新闻采访与写作是新闻业务教学中的核心课程，关乎未来新闻从业者的价值实现。据调查，近年来，不少院校兼任此课程的教师感到困惑，新闻采写课程遇冷，课程越来越难教。这反映了我国新闻采写课程教学中普遍存在的问题。问题究竟出在何处？

笔者认为，先撇开外部因素不谈，可以从新闻采写教材内容和新闻采写教学方式两个层面解剖问题的根源。

在教材内容结构等层面：一是教学内容前沿性缺失，即理论、方法、案例等内容偏向于平面媒体，忽视对媒介融合趋势下的新闻采写的关注；二是教学内容有机性被割裂，如“采访”与“写作”的版块内容被划分为不同的教学单元，没有结合不同媒体、不同的报道方式，融于新闻采写与传播的过程等，理论与实践相脱节。[①]

就教学方式层面考察：一是“讲评”模式，先讲后评，或先评后讲。“讲”就是讲理论、传授知识技能；“评”就是评学生采写的新闻作品。一般而言，老师结合讲授的单元内容布置课后作业，让学生课外采访。否则课堂的实践性内涵和学生的主体性就没有得到充分发挥。二是课堂讲授，老师参与课外指导、点评课堂作品。这种模式缺乏媒体运作与呈现，没有充分调动学生的专业热情、参与意识；学生专业成就感的缺失导致他们被动地完成作业，其主动性、创新能力没有充分实现。[②]

二、尝试“模拟融合新闻媒体”教学框架

根据以上问题，在近年来的新闻采写教学实践中，笔者作为任课教师，一方面着手教材内容改革，另一方面尝试此课程教学方式的改革，逐渐形成了教学的基本思路和基本方案。

---

① 材料来源于对国内同业老师的采访和部分新闻采写教材内容的考察。

② 材料来源于 2010—2011 年与全国新闻学年会部分同业教师的交流资料与个人分析。

就教材内容而言，一是突出前沿性内容，立足新闻业发展现实，引入传授内容(理论技能、方法案例等内容)，力求适应不同新闻媒体 ，个案突出多媒体特点。二是打破现有新闻采写课程内容单元分割的格局，提炼"新闻采访"内容板块内容，突出规律性，使绝大部分知识点融于新闻写作板块。教学模块由原来 20 个提炼为 10 个专题，精讲多练，通过课堂融合新闻媒体的实践，学生主动感悟理论并将其升华到学理层面，同时注意新闻采写课程与新闻学理论、新闻编辑学、新媒体理论、传播学互动关系，拓展学生知识视野。

就教学方式改革而言，打破传统的讲评模式，突出课堂的实践性内涵和学生主体性的发挥，侧重对学生专业理想、专业主动性、创新能力的培养。一是以课堂融合媒体为中心，丰富课堂内容板块，突出学生主体性的发挥，把原传授知识技能的课堂转化为实践型课堂，教师通过灵活多样的实践方式传授、引导学生主动获取知识。二是把学生采写视为一个有机过程，让学生参与不同模拟媒体的运作，使之获得成就感。教师在模拟融合媒体环境中点评作品，引导学生关注媒体，熟悉不同媒体的采写规范。

调整专业课程内容后，经过一段尝试性探索，确立教学的基本思路。在教学进程中，新闻采访和报道等核心内容是一个重要的单元，在学生学习告一段落后，结合学生兴趣，以学生为主体，模拟现有媒介结构与方式，适时组建融合媒体机构与组织。北京外国语大学新闻采写课程以 24 人为一小班的方式上课，笔者充分发挥小班上课的优势，在模拟新闻媒介组织建构中，发挥每一位学生的专长、兴趣，使他们的创造性、专业参与热情在模拟媒介组织中得以充分发挥。其模拟媒介结构及其运行模式如图 1 所示。

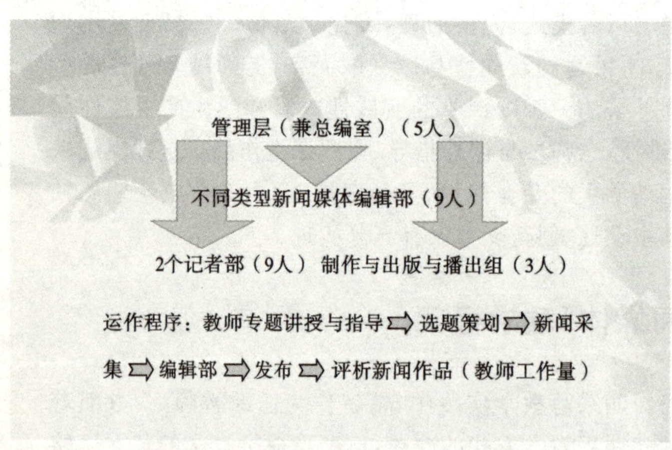

图 1 模拟新闻媒介的组织结构及其运行模式

为推进模拟媒介结构的建立及其运行，2011 年以来，笔者先后与学生一起建立了"东方广播电台""东方新闻""看东方(报纸)""东方新闻网"等媒介，这些媒介由学生主管，他们发挥不同的媒体优势，分享新闻资源。如此运作，极大地丰富了课堂内容板块。几年来，笔者与学生共同策划，先后建构了如图 2 所示的课堂板块。

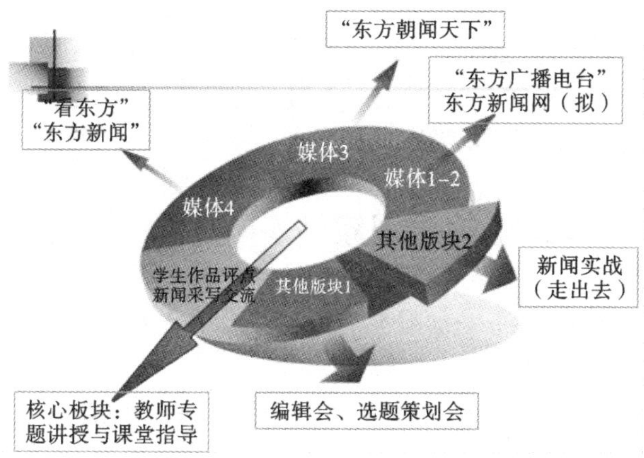

图 2　模拟新闻媒介的课堂板块

（1）核心课堂板块：教师专题讲授与指导的基本内容。

（2）新闻采写交流：学生课外新闻采写经验、体会交流。

（3）编辑会、选题策划会：关注社会热点，研究新闻线索，设置报道议程。

（4）学生作品评点：教师结合在模拟融合媒体的不同呈现，全方位分析点评新闻报道的得与失，如王小予的《玉渊潭》作品不适合广播，但可用作报纸等，焦赫的《歌声与梦想》把平面媒体语言改编为广播语言。

（5）实战环境模拟：此课程一般安排在每学年的第二学期，笔者提出"把课堂搬到春天里"，在具体环境中上新闻采写课程。如 2012 年第二学期，先后安排"'地球一小时活动'报道""玉渊潭采风""探访黄叶村""去香山抗日名将纪念馆采访""模拟与体验战地记者角色"，每一次活动教师都规定了截稿具体时间，目的是增强学生采写新闻的时效意识。

（6）模拟融合媒体包括：《东方朝闻天下》（电视新闻版块），每周一期，两位主持人评点天下新闻热点 15 分钟；东方广播电台，每周一期，以全球受众为对象，展示学生新闻作品 20 分钟；《东方新闻》《看东方》，学生采写新闻作品，如专题、深度报道，个别版面副刊 4 版/50 页；东方新闻网，追求可读、可视、可听，整合报刊电台新闻资源，发挥新媒体优势，进行全方位的报道。

在如此丰富的课堂板块结构中，教师不是"无为而治"，而是结合教学进程，全程指导融合媒体运作。具体包括：不同媒体的筹划与运作指导，与课程教学模块的衔接，结合媒体建设，引导学生拓展知识视野；从议题、选题、节目安排、栏目建设、编辑采写制作，教师认真筛选选题，仔细批改每一篇作品，引导学生反思、总结，在学理层面建构自己的专业理念；观察学生不同的兴趣与优点，发挥其优势，让他们不断获得成就感，建立自信心。

教学内容与教学方式的改革使课堂角色、学生角色、老师角色得到转换，在此种意义上真正打破了传统的课堂模式。课堂角色，指媒体组织与媒体环境有严格的规范制度，譬如“新闻发言人”制度；学生角色，包括记者、编辑、媒体管理者；而关于教师角色，他们有时是老师，有时是一个资深的新闻人，有时是一个实习生导师，有时是总编辑，有时是个服务员，或者是为学生出主意、想办法的朋友。

三、新闻采写课堂融合新闻媒体实施效果观察

模拟融合媒体融入新闻新闻采写课堂，给教学带来了预期的效果。其突出表现为如下几个方面。

1. 学生主动性得以发挥，立足于新闻采写课程，新闻专业专业视野得以拓展

据统计，学生依托模拟融合媒体，以 2011 年和 2012 年该课程的教学效果为例，它涉及新闻报道议程 31 个，建立新闻栏目 19 个。围绕该课程的学习，90％的同学阅读相关书籍 12 部，翻阅报刊 6 种以上，涉及传播学、编辑学、文化学等相关学科领域。实践证明，这种改革把以传授知识技能为主的传统课堂变为丰富多彩、形式灵活、实践与理论有机融汇的课堂，课堂也成了新闻实践的空间，学生的专业热情得以提高。2012 级 8 班焦赫在《看东方》报刊发刊词中写道：“我们永远不会忘记，北外新闻采写的课堂开启我们追寻新闻理想的征程。我们永远不会忘记，谢老师在黑板上写下刚劲有力的‘沉潜’两个大字。我们永远不会忘记那选题，讨论，采访，记录，构思，落笔，成文的过程。从简单的消息、通讯到人物专访和非事件性报道，我们在成长。从勉强写出的几百字到用键盘敲出字字珠玑的几千字不止，我们在成长。从不规范的稚嫩新闻腔到充满新闻亮点的深入报道，我们在成长！”① 一位学生在她的期末总结中，反思这种教学模式带给她的深切感受：“由于我每周都做东方广播电台的选稿编辑工作，有幸阅读了很多同学们写的优秀文章，这对我而言是一个极好的学习机会，可以说同学是我的半个老师。我曾和张振同学一起就全校通选课到课率不高写过一个非事件性新闻，谢老师告诉我这是我本学期写得最好的一篇，因为融入了自己的思考。在这学期的新闻采访与写作课上，谢老师说过太多让我印象深刻的话，但即使我忘了全部，也会一直记得老师说大学生是应该用思想行走的人。”②一位学生谈到课堂融合媒体给她带来的感受时说：“从专访平凡朴实的手抓饼叔叔到聚焦地球一小时，从抨击‘校团委对公益事业一毛不拔’到去开满樱花的玉渊潭采风，从探究大诗人杜甫缘何被‘漫画’到多层面地报道北京高校人文课遇冷，从寻梦黄叶村、作客曹雪芹故居

① 《看东方》卷首语，2012 级 8 班学生，焦赫。

② 《总结与反思》，2012 级 8 班学生，文纾可。

到再回丁沟村采写那位怀抱吉他的地铁女孩……所有这些，都融入了我们的真情与汗水；所有这些，都留下了我们的声音与身影；所有这些，都见证了我们的困惑、喜悦、梦想与成功。东方台，这个美丽的名字，成为我们另一个温馨的家园。"①

2. 营造出浓郁的专业氛围，激发了学生的专业理想，感性地体会专业精神

几年前，笔者作为任课老师曾不断结合教学专业，给学生灌输专业理想、专业精神。问卷调查表明，60%的学生表示不能接受这些内容。课程改革后，专业氛围大为改观。一位学生结合课程学习历程，总结学习心得："太阳升起来了，黑暗留在后面。《看东方》承载着我们的信念……我们知道，知道青春的文字会充满朝气与活力。我们相信，相信我们的新闻理想永不泯灭。我们感悟，感悟责任与我们同在。我们思考，思考未来的路如何与新闻梦想同行。我们会继续努力，写下令人求知、信服、感动、深思的文字。这是一本属于所有拥有朝气蓬勃新闻理想的青年人的杂志。它记录了我们的成长与蜕变，承载了我们的未来与希望。"②过去，2011级几个学生根本对专业没有兴趣，希望转到其他专业。等学习完了这个课程，其中一个学生进行了反思性总结："走新闻这条路，我们能走多远，它值不值得？上完采写课，我觉得这个理想就向'烛苗'一样，它从这个学期初的一点微弱光芒逐渐变大了，它虽然还没有燃成熊熊烈火，但我明显能感受到这理想的火光已经或多或少地照亮了前方的道路。它的壮大来自于同学们每一次上课的'时事点评'，来自于我们自己创办的《东方新闻》和东方广播电台，来自于同学们'会诊'《人民日报》的勇气。"③

3. 产生一批作品，彰显了专业思维、专业习惯、批判性思维的锋芒

自2011年以来，学生先后采写新闻作品426篇。其中，在自建的融合媒体发表作品210篇；在国内公开报刊上发表作品16篇。一些优秀的作品写道："把握专业的脉动，走过繁花似锦的春天；满怀明天的梦想，迎来了万木葱茏的夏天。你们凭感觉的力量，以敏锐的理智，捕捉并选择最有价值的新闻事实。其形象、传神的文学语言与简约、清新、明晰的新闻语言巧妙融合，赋予了作品高贵的灵魂、美丽的情感和永恒的人文价值。他们尝试、探寻更有价值的采写方式，其作品充满灵感与思想的亮点，展现出丰厚的潜质和无限的可塑性！"④

4. 培养了学生的专业习惯、专业意识

学生感触最深的就是其新闻意识的增强。"这种意识已经变成一种自我内在的新闻气质，在我做跟新闻有关的事时无意识地就会流露出来。"⑤原本对新闻不感兴趣的一位学生说："这学期的采写课给我的性格带来了一些改变。我一直都属于那种

---

① 《再见了，东方台》，2012级8班学生，郑萃颖。

② 《看东方》卷首语，2012级8班学生，焦赫。

③ 2012级8班优秀作品颁奖词，任课教师，谢庆立。

④ 2012级8班优秀作品颁奖词，任课教师，谢庆立。

⑤ 《学习总结》，2011级8班学生，白素。

在大街上低着头疾走直奔目的地的人，就算是马路中间发生了车祸我也懒得瞧上一眼，觉得看热闹既没素质又丢人。因为学的是新闻专业，也因为总是要写采访作业，所以这学期我走到大街上都会左右张望，这样写新闻的时候就不会只能写校园里的事情”。[①] 还有学生学完此课程后，发现自己现在看报纸和以前不一样了。拿到一份报纸，首先会看排版排的漂亮不漂亮，新闻标题的制定吸不吸引眼球，然后才会重点读几篇感兴趣的报道，他们在看报纸时会“研究记者对于此篇报道的采访到位不到位，文章里有没有‘官八股’‘新闻腔’，哪些优点值得我借鉴，哪些地方做得不好，如果是我写，我怎么改进”[②]。

① 《学习总结》，2012 级 8 班学生，彭澄。

② 《学习总结》，2011 级 8 班学生，关思琪。

基于建构主义的新闻理论教学设计与实践探索

徐 琼[①]

摘要：建构主义教学设计强调学生是学习的主体，是意义的主动建构者，建构主义教学设计被视为培养创新型人才的有效途径。本文以建构主义学习理论为指导，以帮助学生实现新闻理论知识意义的主动建构，培养学生的自主学习能力和创新思维为目标。从创设多层次的学习情境、提供充足资讯、组织协作学习、指导自主学习、开展研究性训练等环节，就新闻理论教学进行了系统设计和实践探索。

关键词：建构主义；新闻理论；教学设计

新闻理论课作为学科基础课程，是引导新闻传播学专业学子一窥新闻传播学门径的入门课程，通常开设在大一第一学期。该课程在增强新闻传播学子专业兴趣、提高理论素养、形塑新闻精神等方面具有重要意义。传统的新闻理论教学通常以教师为中心，以课堂讲授、概念阐释、理论分析为主，缺乏互动、协作和创新实践等环节。加之大一学生初次接触专业知识，普遍缺乏相关实践，对理论知识的领悟和接受相对困难，学生的学习兴趣和学习效果均不尽人意。近年来，笔者以建构主义学习理论为指导，以帮助学生实现新闻理论知识意义的主动建构、培养学生的自主学习能力和创新思维为目标。从创设多层次的学习情境、提供充足资讯、指导自主学习、开展组织协作式研究性训练等环节，就新闻理论教学设计进行了系统思考和实践。

一、建构主义学习理论与“支架式教学”方法 ▸▸▸

与行为主义的理论模式不同，建构主义学习理论采用非客观主义的哲学立场。

---

① 徐琼：湖南大学新闻传播与影视艺术学院副教授，博士。

建构主义学习理论认为，学习者不是知识的被动接受者，而是知识的主动建构者，外界施加的信息只有通过学习者的主动建构才能变成学习者自身的知识。但这种建构不是外界刺激的直接反应，而是学习者在一定情境即社会文化背景下，以已有的认知结构（包括原有知识经验和认知策略）为新知识的“生长点”，借助教师的指导、人与人之间的协作与交流，对新信息进行主动选择、加工和处理，主动发现和建构的过程。

由此出发，建构主义对教育教学中师生的地位和角色进行了重新定位，即学生是学习的主体，是知识的主动获取者与建构者，而教师是学生学习过程中的指导者和帮助者。其中，教师的帮助与指导作用体现在以下几个方面：① 激发学生兴趣，促进自主学习；② 创设符合教学内容要求的情境；③ 提供充足的资讯，提示新旧知识之间的联系；④ 组织、引导协作学习和研究性训练。这种学习更加强调学习的主动性、社会性、情景性和协作性。因此，情境、协作、交流和意义建构成为学习环境中的四大要素，也是教学设计中的关键。[①]

目前，比较成熟的建构主义教学方法主要有“支架式教学”“抛锚式教学”和“随机进入式教学”等。美国著名教育心理学家布鲁纳根据苏联心理学家维果斯基的“最近发展区”理论提出“支架式教学”方法，强调教师应认真分析学生的原有认知水平，根据学习者的“最近发展区”为其提供知识发展的“概念框架”，通过这种“脚手架”将其知识水平不断引领到一个又一个更高层次。[②] 鉴于新闻理论课程主要面向初学者，旨在阐明学科基本概念和理论体系，加强学生理论素养，引导学生树立科学的新闻观，提高分析思辨能力，笔者在教学中主要采用了“支架式教学”方法。

二、创设多层次的学习情境 ▶▶▶

创设有利于学生对所学内容进行意义建构的学习情境，是建构主义教学设计的基础环节。对初次接触专业知识的大学新生而言，了解相关社会背景、专业背景和职业前景等有助于准确定位自我，明确学习目的和学习目标，进而形成并保持持久的专业兴趣。受黄仁宇先生“三道屏风”的启发，笔者根据大一新生的知识结构和认知特点，结合新闻理论课程的知识体系和教学目标，将创设学习情境分为三个紧密结合的层级。

1. 创设学习的社会大背景

在宏观层面上，通过提示学生关注国内外宏观政治经济形势和文化传播全球化的态势，深入了解传播系统与社会大系统及其他子系统之间的相互关系，理解传播的意义、功能及可能导致的负面效应等，增强学生学习的使命感和责任感。例如，在介绍世界主导新闻理论时，引入世界新闻史的有关内容，通过介绍黄色新闻泛滥、报业

---

① 何克抗. 建构主义：革新传统教学的理论基础[J]. 学科教育理论研究，1998(6).

② 何克抗. 建构主义的教学模式、教学方法与教学设计[J]. 北京师范大学学报（社会科学版），1997(5).

垄断日益加剧等历史材料和报业掌故，使学生对自由主义新闻理论指导下的新闻实践弊端产生切实认识，从而顺理成章地理解社会责任论产生的背景、意义及主要观点。在介绍中国特色社会主义新闻理论时，引导学生回顾高中历史和政治知识，联系中外近现代发展史，从而对中国特色社会主义新闻理论的理论渊源、时代背景、主要观点及其现实意义有更深入的理解和认识。

2. 创设学习的专业大背景

在中观层面上，通过介绍新闻学产生与发展的历史背景、学科体系、学科地位以及中外传媒业发展和竞争的态势等，引导学生关注、思考新媒体时代新闻传播业及新闻传播者面临的机遇和挑战。使其认识到在一个人人都能成为记者的时代，新闻工作者的职业价值在于其具备更为突出的专业技能和专业素养，尤其是对信息的深度加工、挖掘和整合能力，从而加深学生的专业认识，培养专业情感，增强其学习的自觉性和目的性。

3. 创设适宜的课堂情境

在微观层面上，在课堂教学中，紧密结合每堂课的教学内容引入经典案例和最新案例，为理论学习提供大量的感性材料和新鲜资讯。提示、引导学生理解并运用新闻传播有关理论进行案例评析和理论探讨，营造出一个有利于将其原有的知识结构与新知识联系起来的真实、可感、参与性强的学习情境。

三、提供充足资讯，指导自主学习

正如美国新闻教育之父布莱耶所言，“新闻教育计划的核心是广博的知识和理性批判能力的培养，同时灌输社会责任感”[①]，而自主学习能力无疑是夯实学养和实践技能，培养独立分析和理性批判能力的必要前提。大一新生中普遍存在的一个问题是他们自主学习能力弱，中学时代那种以教师为主导的学习方式已经成为大多数同学一时难以突破的瓶颈。一些同学习惯于接受老师端到面前的现成的“大餐”，习惯于通过题海战术巩固、复习知识，往往还把找寻标准答案、追逐高分作为学习目标。有的同学因某一概念的多种表述而感到无可适从，还有人提出没有练习题和模拟题就不知道学什么、怎么学。

“冰冻三尺，非一日之寒。”短时间内，教师很难改变学生们这种心理结构和学习习惯。故教师在教学设计中，一方面需要充分考虑到他们既有的知识接受心理，明确识记、背诵、理解等具体任务，提供有针对性的补充学习资料和练习题，并适时进行教学总结，检测、巩固、拓展所学知识，促进零散知识的系统化；另一方面要提供充足的参考资料，包括与各章节内容相配合的人文社科和新闻传播经典书目、优秀新闻作

① 单波. 反思新闻教育[J]. 新闻与传播研究，1998(4).

品、影视作品等，指导其自主学习、鉴赏。要求学生提交读书笔记、作品评析及影评等作业，并通过课堂讲评、小组讨论等形式不断提高其自主学习能力和兴趣，真正做到“授之以渔”。这些练习和材料应经过精心的挑选，既要反映基本概念、基本原理，又能适应不同学生的要求，以便通过强化练习纠正学生原有的错误理解或片面认识，最终达到符合要求的意义建构。①

课程网站的建设为这一教学环节的开展提供了坚实的平台。在课程网站上，教师提供各章重难点、思考题、参考书目、推荐阅读篇目、推荐影片，还有往届学生优秀作业展示等。此外，教师还通过课堂点评、课上答疑以及课程网站、QQ、邮件等方式及时回答学生的有关问题，指导学生自主学习。此外，建立师生互动的微信群及课程学习微信公众账号等形式也值得尝试。

四、组织协作式研究性训练

建构主义学习理论认为，“协作”应该贯穿整个学习过程，从学习资料的搜集与分析、假设的提出与验证、学习成果的评价直至意义的最终建构。良好的协作，建立在充分“会话”的基础上。学习任务或研究选题的确定、学习或研究计划的制定、小组内部的分工合作和思考成果分享，都离不开学习团队成员之间充分的会话。可以说，协作学习过程同时也是会话过程。

笔者在教学设计中嵌入“媒体观察报告”环节，要求学生在学期初就自主组合成3～4人的学习小组，选择与课程内容相关的传媒现象和近期新闻传播热点话题进行观察、分析和思考，并制作PPT，用15～20分钟的时间在课堂上分享本小组的研究所得。课堂分享中设有讨论、答疑环节，鼓励其他同学就报告的材料、观点和论证向报告小组成员发问，小组成员必须参与答疑。同学们精心准备的“媒体观察报告”非常真实地反映了学生对实践和理论的思考及其认识水平。媒体观察报告的选题大多能切中热点，有很多个性化的表达，也不乏错误、偏颇的认识。在讨论中，教师紧扣同学们的一些认知误区、教学重点和难点，适时引导、参与讨论，补充相关资料，引导深入思考，启发学生自己去发现规律，纠正偏颇认识。课堂上时而掌声阵阵，时而满堂大笑，时而会心沉默，知识在交流中越辩越明。

这种协作式研究性训练能充分调动全班同学的参与积极性和竞赛热情，促使他们养成密切关注传媒现象和传媒活动，并运用新闻传播理论加以分析、思考的学习习惯。协作式研究性训练是将课堂教学延伸到课外学习，引导学生用探索法、发现法等主动建构知识意义的一种有效形式。2012级、2013级同学普遍反映新闻理论教学形式鲜活，教师引导和师生互动良好，这不仅让大家在专业理论中体会到了学习的乐趣和方法，更让不少同学从排斥新闻学到理解、认同它。

---

① 余胜泉，杨晓娟，何克抗. 基于建构主义的教学设计模式[J]. 电化教育研究，2000(12).

五、探索有效的教学效果评价体系

"意义建构"是整个学习过程的最终目标，即学生对学习内容所反映的事物的性质、规律以及该事物与其他事物之间的内在联系达到较深刻的理解，形成系统的知识体系。在新闻理论教学中，"意义建构"的实现以学生能够深入理解新闻理论基本概念、新闻传播基本规律，深刻认识新闻传播系统与社会大系统以及社会其他子系统之间的互动关系，并能运用上述理论知识独立分析新闻传播现象为目标。因此，课程学习效果的评价以学生自主学习能力的养成情况、个人在小组协作中所做贡献多少，以及个人新闻理论知识体系和新闻观的建构情况为重点。为此，笔者在教学设计中综合采用了形成性评价与总结性评价两种评价方式，主要考察学生的学习参与度以及运用新闻传播理论深入分析新闻传播现象的能力。

形成性评价贯穿于整个教学过程中，旨在通过及时了解阶段教学的结果、学生学习进展情况、存在问题等，及时调整和改进教学工作，以达到最佳效果。目前，形成性评价主要通过课堂参与度、随堂测试、期中考试、课程作业完成情况等形式进行。如"媒体观察报告"环节的成绩评定由教师和学生评委(由其他小组的同学组成)根据选题内容、研究质量、PPT 制作水平、现场表达和答疑情况等分项评分，再根据各人在其中的作用、表现酌情评定每个同学的成绩。总结性评价一般是在教学活动告一段落后，为了解教学活动的最终效果而进行的评价。期末考试试题中，识记、背诵类知识的分值占总分值 20%，辨析题、案例分析题、论述题等主观题的分值占总分值 80%，侧重考查学生理解和运用相关理论知识分析、解决实际问题的能力。最终的成绩评定包括课堂表现、课程作业、小组报告和期末考试四个部分，其中，期末考试成绩一般不超过总成绩的 50%。

通过课堂参与度、课程作业质量和课程考试成绩的纵向比较，我院 2012 级、2013 级新闻学本科生的课堂参与度和学习热情较前几届同学均有大幅提高，对新闻理论的理解和应用能力明显增强，能够正确地应用新闻传播基本原理和范畴来观察、评析新闻作品、媒介活动等，初步形成了科学的新闻观，为进一步学习、实践奠定了良好基础。

近年来，汕头大学长江新闻与传播学院在新闻采写课程中开展建构式教学，指导学生在实地采访中体味新闻采写精要，提高业务技能，成果累累。① 笔者认为，在新闻传播教育中开展建构主义教学实践，其价值不只局限于某一课程的知识意义，更重要的是引导学生养成自主学习、协作学习的意识和能力，提升学生的思辨能力和思维水平，激发创新意识和创新思维。而这些正是新闻传播人才最可贵的职业素养。未

---

① 杨艾俐. 建构式教学在采写课程之运用——以汕头大学海西采访团为例[J]. 新闻教学与学术研究，2012.

来，推进建构主义教学理论在新闻传播教育中的科学应用，应成为教学改革中值得关注的一个动向。

［基金项目］本文系湖南省教育厅 2013 年教学质量与教学改革工程项目《差异化、复合型全媒体新闻人才培养模式研究》的前期成果之一。

推进传媒实验班教学改革的若干思考

——卓越新闻传播人才培养案例研究之一

肖　灵[1]

摘要： 在媒体趋于融合，社会流行云计算、大数据、移动互联网的当下，我们新闻与传播学教育工作者必须深入思考一个问题，即如何培养出具有新闻专业主义精神、良好的传媒技能，且能够适应新形势的高素质传媒人才。本文以赣南师范学院新闻与传播学院传媒实验班的开办为例，提出推进传媒实验班教学改革的若干建议。具体而言，在培养内容上，突出应用类课程的设置，通过师生互选的方式产生导师，积极吸引媒体从业人员担任导师，积极开展专业实践活动，鼓励学生参与各类竞赛和相关课题研究；在考核与淘汰机制上，以一学年为一个考核周期，实施动态考核淘汰机制；在保障激励措施上，明确规定导师工作量，确立推荐学生就业以及资金支持保障措施。

关键词： 传媒实验班；教学改革；卓越新闻传播人才；案例研究

2012年，哥伦比亚大学Tow Center发布了一份报告，认为后工业化时代，记者应该具备九项技能，具体包括三项软技能和六项硬技能。[2] 仔细分析起来，有些提法并不新颖，但有些提法很激进。

三项软技能包括：① 具备良好的心态和精神状态，成为具有企业家精神的记者；② 成为网络化的个体；③ 培育正直和良好的判断力的公众形象。

关于第一点，企业家精神，其核心应是创新、冒险，这与原来的记者应该是社会活

---

① 肖灵：赣南师范学院新闻与传播学院副院长、副教授、博士。

② Columbia Journalism School, Tow Center for Digital Journalism. Post-Industrial Journalism: Adapting on the present[EB/OL]. [2012-12-12]. http://towcenter.org/wp-content/uploads/2012/11/Tow Center-post_Industrial_ Journalism. pdf.

动家、公平正义维护者的说法很不一样。如果仅从新闻伦理道德来讲，这些似乎是不被接受的。关于第二点，今天的记者如果不开 Twitter、不开 Facebook，在中国不开微博或微信，几乎没法做记者。这一点争议应该不大，一般记者都做得到。第三点则与传统的教育理念一致。

六项硬技能包括：① 具备专业知识，成为专家型记者；② 熟悉数据和统计知识；③ 了解用户分析工具，更好地理解受众；④ 熟悉基本编码知识；⑤ 会讲故事；⑥ 懂项目管理。

对此，祝建华教授认为，第一点与我们以前的新闻教育理念相似，记者除了能写会说之外，要有一些非新闻技能的专业知识，懂财经、法律、娱乐等，熟悉自己所报道的领域。最近，复旦大学新闻学院“2+2”教学模式就与此相似。第五点“会讲故事”是我们的传统。但其他几点，如记者要熟悉数据和统计知识，了解各种用户分析工具，这些与传统的要求很不一致。关于第六点“项目管理”，是因为现在的数字新闻项目不是一个人能完成的，而是需要由来自各专业背景的团队来完成，团队里面有专业的美工、网络技术员、数据挖掘者，但项目的主管是记者，因为只有记者才知道故事的核心以及如何与观众沟通。记者要懂程序、懂网络术语，很大程度上不是要求记者直接去做，而是要求记者有能力与技术人员和创意人员沟通。①

在媒体趋于融合，社会流行云计算、大数据、移动网的当下，我们新闻与传播学教育工作者必须深入思考一个问题，即如何培养出具有新闻专业主义精神、良好的传媒技能，且能够适应新形势的高素质传媒人才。目前，很多高校采取了不少举措深入推进新闻与传播学教育教学改革。笔者供职的地处中部地区的地方院校——赣南师范学院新闻与传播学院，在 2014 年 8 月成功申报江西省卓越新闻人才项目，获批经费 160 万元。学院也及时启动了新一轮教育教学改革，力图培养出一批优秀的新闻传播人才。其中，传媒实验班的开办是重要的举措之一。

一、开办传媒实验班的目的 ▶▶▶

当前高校办学的整体背景是，大学已经从精英化教育转向大众化教育，传媒类专业学院正处在内涵发展、特色发展、和谐发展的关键时期。社会各界、用人单位和莘莘学子对深入推进教学改革、打造教学工作品牌、提高办学质量、培育传媒精英人才充满着期待。我们开办传媒实验班的目的就是，全面深化人才培养综合改革，提升学生的传媒技能和综合素质，培养一批具有专业创新精神和创新能力的“厚基础、宽口径、强能力、高素质”的拔尖传媒人才。

① 祝建华. 大数据时代的新闻与传播学教育：专业设置、学生技能、师资来源[J]. 新闻大学，2013(4).

二、学员选拔原则、程序、范围和名额

办好实验班，学员选拔是基础。为做好此项工作，我们特意对选拔原则、程序、范围和名额进行了规定。

(1) 选拔原则。坚持“公开、公平、择优、自愿”原则。

(2) 选拔程序。个人提交申请，班主任审核，教研室审核，学院审批选定。

(3) 选拔报名时间。每学年 9 月下旬至 10 月上旬报名，10 月中旬举行开班考试。

(4) 选拔范围。新闻学、广播电视编导专业以及其他专业大二、大三学生，满足以下条件之一者，可志愿申请加入实验班。

① 在校内传媒类专业竞赛中获一等奖、二等奖、三等奖的学生；

② 在市、省级以上专业竞赛中获奖的学生；

③ 被广播电视编导专业教研室认定为专业方面有特长的学生；

④ 为学院、学校视频、音频等制作做出突出贡献的学生。

(5) 选拔名额。实验班学生总数为 20 人。

三、主要培养内容

学员选拔出来后，培养方法是传媒实验班成功与否的关键，因此我们经过仔细研究，明确了以下几项主要培养内容：

(1) 每学年邀请传媒界知名专家、学者为学生开设系列讲座或者若干门应用类课程，集中上课或者听讲座的时间原则上为周六或周日，地点原则上在校内。

(2) 为每个学生配备一个本科生导师，通过师生互选的方式产生导师。导师重点指导学生创作新闻作品、创作剧本、拍摄图片、制作视频等，导师每学期应指导学生制作拍摄一部微电影。为保证指导质量，每名导师指导学生不超过 5 人。积极吸引媒体从业人员担任导师。

(3) 学院实验室每周六上午免费对实验班学生开放，实验室安排值班教师进行实验指导，具体开放的起止时间由实验班向实验室提出并商定。

(4) 积极和传媒实习基地联系，给学生提供参加专业实践活动的平台，充分利用寒暑假等时间开展专业实践活动。

(5) 鼓励学生根据各自的兴趣爱好参加市(校)级以上各类竞赛，并力争获得高层次的奖项；鼓励学生积极参加其导师的相关课题研究；鼓励学生参加研究生升学考试，提升研究生录取率。通过参加各种竞赛和考试，不断提高其专业技能和实践水平，争取培养出一批优秀传媒学子。

四、考核与淘汰机制

传媒实验班的学员在一个学年后要接受考核，考核合格的可以继续留在传媒实验班，对考核不合格的学员进行淘汰。为此，我们制定了考核办法。

(1) 以一个学年为一个考核周期，考核达到以下条件之一者，可认定为合格。

① 在市级以上传媒类专业竞赛中至少1次获一等奖、二等奖或三等奖者；

② 拍摄制作的摄影作品、摄像作品、微电影或广告作品等，经广播电视编导专业教研室组织专家认定为质量达到良好以上者；

③ 成功申报校级以上大学生创新实验项目者；

④ 以第一作者身份在市级以上宣传媒体公开发表文章1篇以上(含1篇)者。

(2) 实验班实行动态考核淘汰机制，凡有下列情况之一者，视为自动退出。

① 一学期无故缺课1次者；

② 一学期请假3次以上(含3次)者；

③ 不能按时完成老师布置的学习任务者；

④ 不遵守实验室有关管理规定，且拒不改正者；

⑤ 外出拍摄制作不服从相关安全管理规定者；

⑥ 因故自动提出退学者。

(3) 每个学年，经考核合格的实验班学生，学院颁发结业证书。获得结业证书的大三学生自动退出实验班，大二学生可继续申请在实验班学习。

五、组织领导

毛泽东同志曾说过，路线决定之后，干部就是关键因素。我们要干好任何一件事，重要的是要发挥好人的作用，加强组织领导，协调相关工作。为此，我们学院成立了工作领导小组。组长由院长担任，副组长由分管教学的副院长担任，成员由来院挂职锻炼的媒体领导、新闻学和广播电视编导教研室骨干教师组成，实验班班主任由青年博士教师兼任。要求实验班成立临时班委，加强学生自我教育与自我管理。

六、保障激励措施

要干成一件事情，制定激励措施是有力的保障。为此，我们认真制定了相关措施，加大了保障力度。明确规定：

(1) 考核合格者，其导师工作量参照毕业论文指导教师工作量执行。

(2) 考核合格的实验班学生，在就业期间，学院将优先向有关用人单位推荐。

(3) 学院每学年拨付10万元的费用，支持开展此项工作，并在以后视财力增长而增长。学校任课教师的课时费、实验室值班教师费用、班主任费用参照学院有关标准执行;外聘教师上课费用根据实际情况和教师的知名程度,参照学校有关政策执行。学院每学年评选一批优秀作品,对优秀作品的获得者给予一定的物质奖励,并组织优秀作品展播。具体评选办法由专业教研室制定,并报学院备案后组织实施。

2014 年开学初,我院第一期传媒实验班已经顺利开班,20 名学员已经投入到紧张的学习之中,讲座、实验、实训等项目已经在有条不紊地进行。一分耕耘,一分收获,相信通过努力,传媒实验班学员的软技能与硬技能都能得到明显提升。同时,该班的举办也将为传媒专业教育教学改革积累经验,从而为下一步深化整个学院的教育教学改革奠定坚实基础。

中国广告高等职业教育的发展研究

廖秉宜[1]

摘要：本文通过数据统计，首先从专业数量、地区分布、专业方向、办学质量四个方面分析了我国广告高等职业教育的现状，随后深入分析了当前我国广告高等职业教育面临的突出问题。其主要表现为五个方面：专业建设缺少规范和指导，区域广告专业发展不平衡，“双师型”教师数量较少，教材建设不适应专业要求，实践教学与市场严重脱节。由此本文提出了我国广告高等职业教育的发展对策：组建广告高等职业教育专业委员会，开展广告高等职业教育评估，规范和指导高职高专院校广告专业发展；引进和培养一批专业的“双师型”教师队伍，创新职称评价体系，增加重要大赛获奖和从业经历的权重；加强广告高等职业教育教材建设，鼓励学界和业界合编教材，遴选资助出版一批教育界认可的系列教材；高职高专院校广告专业需要加强实践教学改革，积极与地区优秀的广告企业建立制度化的交流和合作机制。

关键词：广告教育；广告职业教育；高等职业教育；高等教育；高职高专

2014年5月，国务院发布了《关于发展现代职业教育的决定》(以下简称为《决定》)，提出教育结构调整的目标为“到2020年，要形成适应发展需求、产教深度融合、中职高职衔接、职业教育与普通教育相互沟通，体现终身教育理念，具有中国特色、世界水平的现代职业教育体系。总体保持中等职业学校和普通高中招生规模大体相当，高等职业教育规模占高等教育的一半以上，总体教育结构更加合理”。加快发展现代职业教育，是党中央、国务院做出的重大战略部署。广告高等职业教育经过多年的发展，为广告业培养和输送了大量高技能的广告专业人才。随着《决定》的实施，我

---

① 廖秉宜：武汉大学新闻与传播学院副教授。

国广告高等职业教育将会迎来一个发展的机遇期。我国广告高等职业教育的现状，广告高等职业教育存在的问题，如何通过教育创新更好地推动我国广告高等职业教育健康发展，成为广告教育界关注的重要议题。

一、透过数据看广告高等职业教育现状

笔者通过利用中国教育在线数据库和全国大学生广告艺术大赛官网发布的信息，从专业数量、地区分布、专业方向和办学质量四个方面，对当前我国高职高专院校和本科院校广告专业发展情况进行了数据统计。①

（一）专业数量

全国高职高专院校和本科院校开办广告专业情况如图 1 所示。从开办广告专业的数量上来看，目前，全国开办广告专业的高等学校共有 478 所，其中，高职高专院校有 130 所，占全国广告专业数量的比重为 27%，本科院校有 348 所，占全国广告专业数量的比重为 73%。从图 1 中可以看出以下几个特点：(1) 广告职业教育发展已经初具规模。由于市场对广告专业人才的大量需求，高职高专院校积极开办广告专业，为广告业培养和输送了大量专门技术人才。(2) 广告职业教育仍然有很大的发展空间。数据显示，尽管我国开办广告专业高职高专院校数量达到 130 所，但是与本科院校广告专业数量相比，还有比较大的差距。到 2020 年，若广告高等职业教育占广告高等教育的一半以上，广告高等职业教育目前还有很大缺口。(3) 本科院校是我国广告教育的主导力量，其专业数量是高职高专院校广告专业数量的 2.6 倍。近年来，随着中国广告业快速发展，广告业对广告专业人才的需求增加，对广告专业学生的专业技能提出了新的要求，无论是本科院校还是高职高专院校，都需要形成各自广告专

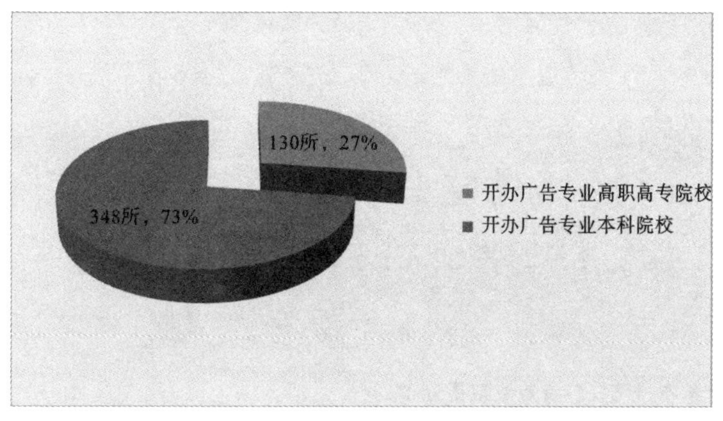

图 1　全国高职高专院校和本科院校开办广告专业情况

① 中国教育在线，http://www.eol.cn；第十届全国大学生广告艺术大赛官网，http://www.sun-ada.net.

业的培养特色和办学优势，培养适合广告市场需求的高层次广告专业人才。

（二）地区分布

广告教育的发展与地区经济发展水平、广告业发达程度、当地高等教育发展水平有着密切关系。一般而言，经济发展水平越高，广告产业越发达。当地高等教育发展更好的地区，广告专业数量越多，广告教育水平越高。全国各省份高职高专和本科院校广告专业数量分布如图2所示。通过分析图2，我们可以看出以下几个特点：(1) 我国本科院校广告教育与地区经济发展水平、广告业发达程度、高等教育发展状况有着非常密切的关系。《2013年中国广告业统计数据分析报告》显示，我国地区广告经营额排名前十五位的省份分别是北京、江苏、上海、广东、浙江、山东、天津、湖南、福建、河北、河南、辽宁、安徽、湖北、黑龙江。[①] 而通过笔者的数据统计，我国本科院校广告专业数量排前十五位的省份分别是湖北（30所）、浙江（25所）、山东（23所）、江苏（22所）、湖南（20所）、河北（20所）、陕西（18所）、福建（17所）、北京（16所）、广东（16所）、安徽（16所）、江西（16所）、吉林（16所）、上海（15所）、辽宁（15所）。(2) 广告高等职业教育的发展与区域经济发展水平、广告业发达程度、高等职业教育发展状况呈现不平衡性。我国高职高专院校广告专业数量排在前十位的省份分别是江苏（14所）、四川（13所）、河北（11所）、黑龙江（10所）、山东（9所）、广东（9所）、湖北（8所）、江西（8所）、辽宁（7所）、安徽（5所）、重庆（5所）。北京、浙江、天津、福建等地区的广告高等职业教育发展相对滞后。贵州、海南、宁夏、青海、新疆、西藏等地区无论是本科院校广告教育，还是高职高专院校广告教育数量均较少，宁夏、新疆和西藏目前还没有高职高专院校开办广告专业。(3) 个别地区的广告高等职业教育发展规模高于本科院校广告高等教育的规模，如四川、黑龙江、内蒙古等省份。

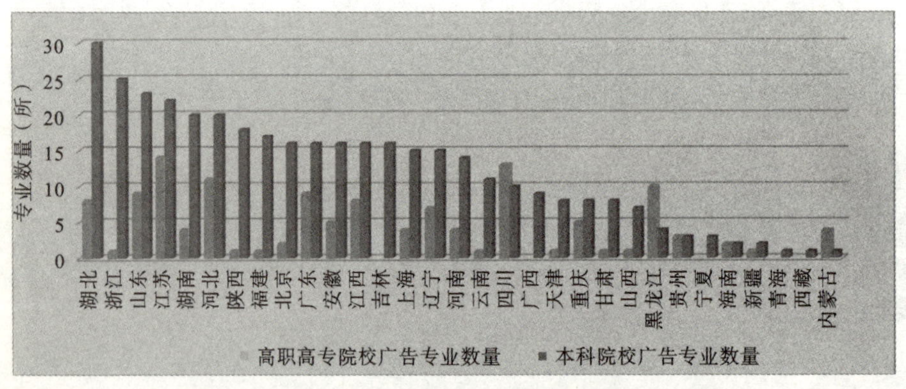

图2 全国各省份高职高专和本科院校广告专业数量分布

① 国家工商行政管理总局，中国广告协会. 2013年中国广告业统计数据分析报告：2013年中国广告经营额突破5000亿[J]. 现代广告，2014(5).

（三）专业方向

教育部职业教育与成人教育司最新发布的《2014 年普通高等学校高职高专教育指导性专业目录》中，广告专业有 5 个方向，分别是广告设计与制作、影视广告、广告与会展、广告媒体开发、广告经营与管理。全国高职高专院校不同广告专业方向数量如图 3 所示。从图 3 中我们可以看出，我国高职高专院校开办广告专业呈现以下几个特点：(1) 以广告设计与制作专业为主导。全国共有 130 家高职高专院校开办广告专业(注：同一所高职高专院校开办多个广告专业方向，汇总统计时予以合并)，其中开办广告设计与制作专业的院校有 113 家，占全国高职高专院校的比例为 87%。高职高专院校呈现开办广告设计与制作专业热，这从侧面反映出广告市场对广告设计与制作专业人才的需求量比较大，同时广告设计与制作方向的知识口径比其他专业方向更宽，学生就业面更广，对专业设备的资金投入要求不高，师资队伍相对比较好引进和培养等，这是当前高职高专院校广告设计与制作专业数量偏多的主要原因。(2) 影视广告、广告与会展专业建设也受到一些高职高专院校的重视。全国高职高专院校中开办影视广告专业的有 10 所，开办广告与会展专业的有 8 所，占全国高职高专院校广告专业数量的 14%。影视广告专业的地区分布情况分别是重庆 3 所，河北 2 所，江苏、广东、山东、四川、云南各 1 所；广告与会展专业的地区分布情况分别是江苏、安徽各 2 家，湖北、河北、黑龙江、四川各 1 家。(3) 广告媒体开发、广告经营与管理专业数量比较少。全国高职高专院校中开办广告媒体开发专业的有 3 所，开办广告经营与管理专业的有 2 所，仅占全国高职高专院校广告专业数量的 4%。上述两个专业开办较少的原因主要在于这两个专业学生就业面比较窄，市场需求量比较小，专业本身的定位也不是很清晰，不符合广告市场对专业技术人才的需求。

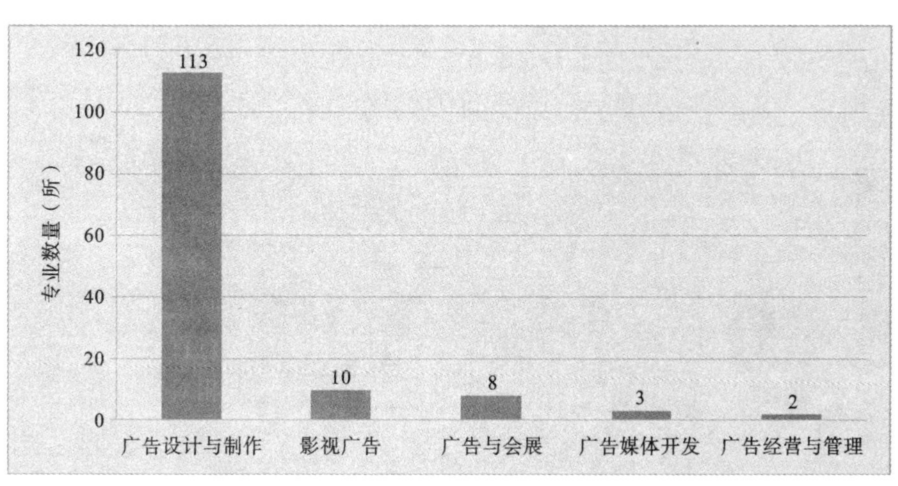

图 3 全国高职高专院校不同广告专业方向数量

（四）办学质量

广告高等职业教育的目标就是要培养高技能的广告专业人才，广告高等职业教育的培养质量直接影响学生未来的职业发展。对广告高等职业教育办学质量进行评价，可以有多个指标，包括内部指标，如广告专业实验室硬件设备、广告师资数量和专业水平、广告教材建设情况、建立实习基地和校企合作情况、学生获得国内外广告大赛的奖项、学生对本专业教育质量的评价、广告专业学生的就业率等，也包括外部指标，如广告用人单位对毕业生的评价、高职高专院校广告专业教师的同行评价等。其中，学生在全国性广告大赛中的获奖情况这一指标从侧面反映了高职高专院校广告专业的办学质量。全国大学生广告艺术大赛（简称“大广赛”）是由教育部高等教育司支持，教育部高等学校新闻传播学类专业教学指导委员会、中国高等教育学会广告教育专业委员会共同主办，中国传媒大学、全国大学生广告艺术大赛组委会承办的全国高校文科大赛。“大广赛”是迄今为止规模大、覆盖高等院校广、参与师生人数多、作品水准高的国家级大学生赛事，在全国高校和广告业界具有较高的知名度和影响力。笔者对 2014 年第六届全国大学生广告艺术大赛获得三等奖及以上奖项进行了统计，第六届全国大学生广告艺术大赛学生获奖情况如图 4 所示。从图 4 中我们可以看出：(1) 高职高专院校的获奖总数较少。第六届“大广赛”获得三等奖及以上的奖项共 624 项，其中，高职高专院校 70 项，占全国获奖总数的 11%，本科院校 554 项，占全国获奖总数的 89%；(2) 在获奖类别中，平面类占据主导，高职高专院校获得平面类奖项共 56 项，占全国高职高专院校获奖总数的 80%，其次分别是微电影类(4 项)、动画类(4 项)、影视类(3 项)、广播类(2 项)、广告策划案类(1 项)，占全国高职高专院校获奖总数的 20%；(3)本科院校学生在平面类、影视类、广告策划案类、广播类方面

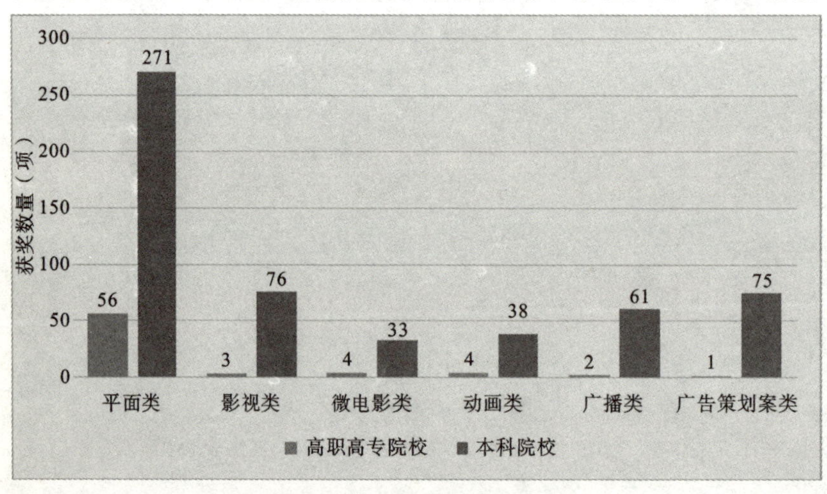

图 4　第六届全国大学生广告艺术大赛学生获奖情况

具有比较强的竞争力，从本科院校获奖总数来看，依次为平面类（271 项）、影视类（76 项）、广告策划案类（75 项）、广播类（61 项）、动画类（38 项）、微电影类（33 项）。通过以上数据比较，笔者认为，高职高专院校与本科院校广告专业学生的培养质量目前还存在较大差距。高职高专院校在“大广赛”中获奖数量比较少，主要有两个方面的原因：一是高职高专院校广告专业对“大广赛”的重视程度还不够，没有积极发动学生参与；二是广告专业学生的专业能力有限，广告教师也缺乏专业的指导，使得广告作品的专业性不够。由此可见，高职高专院校广告专业在办学质量方面还需要进一步提升。

二、中国广告高等职业教育存在的问题

（一）专业建设缺少规范和指导

近年来，我国广告高等职业教育获得快速的发展，专业数量逐年增多，培养学生的规模也比较大。然而，由于缺少对高职高专院校广告专业建设的规范和指导，广告高等职业教育中存在教学设备缺乏、师资水平不高、教学与实践脱节、培养的学生不能适应市场需求等问题，这些问题已经严重影响广告高等职业教育的可持续发展。这种缺乏规范和指导的专业的高速发展存在两大问题。

（1）广告专业发展目标和办学特色问题。很多高职高专院校开办广告专业大都缺乏科学论证，仓促上马，专业发展目标和办学特色不明确，专业同质化建设严重，影响了广告专业发展和广告专业学生的培养质量和职业发展。以目前高职高专院校开办的广告专业为例，主要以广告设计与制作为主，而且更多定位在平面广告设计与制作上。对于能够体现广告高等职业教育特点、需要更专业技能的影视广告和新媒体广告等专业，开办数量非常少。

（2）广告专业课程体系的科学设置问题。课程体系设置体现一个学校的培养思路和培养质量。我国广告高等职业教育中存在重专业技能的培养，轻学生人文素养和相关学科知识教育；[①]重学校课堂教育，轻学生的社会实践和实际操作能力培养等问题。相比较其他行业而言，广告业具有很强的特殊性，它对人才的需求不但要具备专业的广告技能，还要具备创新的思维能力。而这种创新思维能力的形成是无法通过单纯的职业技能训练实现的，它需要学生具有广博的知识视野、较强的文化功底和市场洞察能力。同时，高职高专院校广告专业学生由于缺乏大量社会实践和实际操作能力的训练，也很难适应激烈竞争和快速变化的广告市场。如果说过去我国的广告高等职业教育重在数量的增长，当前更应重视广告教育质量的提升。

---

① 赵晓红，刘术人. 加强人文素质教育 培养“可持续发展”广告人才——谈高职广告教育的人文素质问题[J]. 长春教育学院学报，2011(10).

（二）区域广告专业发展不平衡

我国广告高等职业教育存在地区发展不平衡的问题。一些经济相对发达、广告产业基础较好、高等教育水平较高的地区，广告高等职业教育院校的数量非常少，如北京仅2所、浙江1所、天津1所、福建1所。此外一些经济欠发达地区如贵州、海南、新疆等地区高职高专院校广告专业数量较少，宁夏、青海和西藏还没有高职高专院校开办广告专业。从数据统计来看，我国广告高等职业教育规模总体上远远滞后于本科院校广告教育规模，而且地区发展不均衡。若计划到2020年，广告高等职业教育规模占广告高等教育规模的一半以上，各地的广告高等职业教育还有非常大的发展空间。

我国区域广告专业发展不平衡的原因主要表现在以下两个方面：一方面，一些经济发达地区的高职高专院校缺少开办广告专业的动力，主要是因为当地本科院校广告教育发展规模比较大，广告高等职业教育的社会认可度较低；另一方面，一些经济欠发达地区缺少开办广告专业的动力，更多是受地区经济相对落后、广告产业基础较弱、高等教育水平较低等因素的影响。一个地区的高等教育发展水平受到当地经济环境的直接影响，但教育也并非是被动的，教育的发展可以反过来推动当地经济的发展和行业能力的提升，广告高等职业教育尤其如此。

当前，一些经济发达地区尤其需要大力发展广告高等职业教育，利用地区贴近广告市场的优势为全国培养大量的高技能广告专业人才，这有助于推动我国广告行业的发展水平。而对于一些经济欠发达地区，也需要发展一定数量的高职高专院校广告专业，通过培养和引进专业的广告师资队伍，加强与同行之间的交流合作，加强校企之间的务实合作，提升广告高等职业教育水平，为当地培养大量专门化人才，服务当地经济发展和广告业发展的需要。

（三）“双师型”教师数量较少

师资队伍的专业水平直接影响学生的培养质量。高职高专院校广告专业需要培养适合广告业需求的高技能广告专业人才，必然要求拥有一批高素质、熟悉广告市场运作并具有较强广告实践能力的专业教师。目前我国高职高专院校“双师型”教师的数量较少，严重影响了广告专业人才的培养质量。“双师型”教师队伍建设包括两个方面的内涵：一是要求广告专业教师既具备专业教学的理论素养和专业知识，同时也要具有一定的业界从业经验和较强的广告实操技能；二是要求聘请一定数量的广告业界专家担任兼职教师或专任教师。

从目前我国高职高专院校广告专业师资队伍情况来看，“双师型”的师资总体来说较少，主要原因在于：一方面，高职高专院校广告专业教师缺少广告专业实践经验。一些高等院校广告专业的毕业生没有经过专业的实践就直接进入高职高专院校广告教师队伍，进入高校工作之后，由于承担课程和职称晋升的压力，基本上与广告实践脱节。另一方面，广告专业教师中较少聘请业界专家兼职或专职授课。由于高职高专院校对于专业教师的引进有着严格的学历要求，这也使得一些有着丰富业界经验和对广告教育有兴趣的广告业界精英无法进入正式的教师队伍。而一些在业界聘请的兼职教师自身工作繁忙、缺乏教育责任心等，导致他们或者只是挂个头衔，或者偶尔来校做几次讲座，他们对广告专业课程教学的贡献十分有限。

（四）教材建设不适应专业要求

教材是教师教学的基础，也是学生形成系统知识结构的需要，教材建设情况直接影响高职高专院校广告教育人才培养的质量。我国目前教材建设不适应高职高专院校广告专业的教学需要，主要表现在以下四个方面。

(1) 适合高职高专院校广告专业的教材数量较少。目前市场上出版的广告专业教材有很多，但大多是面向本科院校学生的教材，直接面向高职高专院校广告专业学生的教材数量较少。高职高专院校广告教育与本科院校广告存在一些共性，但也存在较大差异。关于一些广告基本知识的学习，两者之间其实并无大的差异，但是在专业教学中，高职高专院校比本科院校更注重广告实训，更重视广告专业学生实际操作能力的训练，这就需要针对高职高专院校特点编写适合其培养特点的广告专业教材。

(2) 已经出版的面向高职高专院校广告专业使用的教材未能充分体现高职高专院校的特点，与面向本科院校的教材高度同质化。高职高专广告专业教材的实操性不强，与市场的结合不紧密，更多的是一些案例的介绍和分析，缺乏具体的操作技巧和训练方法，不利于广告高等职业教育人才的培养。以《广告原理与实务》为例，大多数已经出版的高职高专教材的编写体例、编写内容与编写方法与本科教材《广告学概论》没有太大差异。

(3) 编写的高职高专广告专业教材的作者群体主要是高职高专院校的专业教师，很少有广告业界专家的参与。由于广告专业教师往往自身缺乏实践经验，他们编写的教材实操性不强，或是空洞乏味，或是只有一些案例的简单分析。

(4) 目前市场上已经出版的面向高职高专院校广告专业的教材缺乏系统性。针对高职高专院校特点，组织编写出版一批高质量的广告专业系列教材，成为当前高职高专院校广告专业建设和学科建设迫切需要开展的工作。

（五）实践教学与市场严重脱节

广告高等职业教育必须构建“工学结合”的人才培养模式，增加广告实践教学的环节和内容。然而，当前我国高职高专院校广告专业教育普遍存在实践教学与市场严重脱节的现象，究其原因，主要表现在以下三个方面。

(1) 广告专业教师缺乏一线市场从业经历，实践经验不足。同时由于教师教学压力和职称晋升压力等诸多因素，缺乏参与社会实践的动力，这些教师往往只能够照本宣科，或是做些简单的案例分析，缺乏创造性的教学内容和教学方法，从而影响学生创造力的发挥和实践思维能力的培养。

(2) 学生在校期间大都缺少广告实践的机会。由于目前国内还没有成立专门的广告高等职业教育专业委员会，高职院校之间的交流非常少，很少合作组织全国性的广告艺术大赛，高职高专院校也很少组织校内的广告竞赛活动，这使得学生缺乏广告实践锻炼的机会。每年举办的“大广赛”是高职高专院校广告专业学生参与广告实践的很好机会，但从目前参加“大广赛”并获奖的高职高专院校来看，数量还非常有限。这说明高职高专院校对“大广赛”的宣传和重视程度不够，院校没有给予相应的激励措施，教师和学生参与的积极性不高。

(3) 在广告专业的培养方案中往往采用“2.5+0.5”培养模式，即学生在校前2.5年以学习理论知识为主，最后半年到企业实习，同时结合工作实践完成毕业设计。[①]但是许多高职高专院校广告专业没有与广告企业建立稳定的实习基地，或是虽然有一些实习单位，但是由于广告企业招收实习生的数量有限，无法满足高校实习的需要，这使得很多学生需要自己联系实习单位，无法联系到实习单位的学生就得不到一线广告市场锻炼的机会。

三、中国广告高等职业教育的发展对策

(1) 组建广告高等职业教育专业委员会，开展广告高等职业教育评估，规范和指导高职高专院校广告专业发展。

长期以来，我国广告高等职业教育的发展缺乏规范和指导。一方面，开办广告专业的高职高专院校逐年增多；另一方面，广告高等职业教育的质量堪忧。当前，广告高等职业教育的规范发展急需提上议事日程。

教育部新闻传播学类专业教学指导委员会急需成立广告高等职业教育专业委员会，对我国现有的高职高专院校广告专业开展一次全面的教育质量评估。以“以评促建、以评促改、评建结合、重在建设”为指导思想，促使我国高职高专院校广告专业明确专业定位、强化专业特色、提升人才培养质量。同时，要强化对新申报的高职高专院校广告专业的申报评估和专业发展指导。

全国性的广告教育团体如中国广告教育研究会（全称为“中国高等教育学会新闻学与传播学专业委员会广告学研究分会”）、中国高等教育学会广告教育专业委员会，也需要成立广告高等职业教育专业委员会，通过组织教育研讨、学术交流、行业竞赛、专业培训等方式，加强高职高专院校广告专业之间的沟通交流，提高专业师资队伍的教学和研究水平。

教育部新闻传播学类专业教学指导委员会、中国广告教育研究会、中国高等教育学会广告教育专业委员会等机构和行业组织可以定期举办全国性的高职高专院校广

① 杨小锋.校企合作培养广告设计与制作专业人才的探讨[J].美术教育研究，2012(8).

告设计大赛，为广告高等职业教育的发展搭建平台，也为高职高专院校学生专业实践能力的提升创造更大的空间。

(2) 引进和培养一批专业的“双师型”教师队伍，创新职称评价体系，增加重要大赛获奖和从业经历的权重。

高职高专院校广告专业必须引进和培养一批高素质的“双师型”教师队伍，这是提高人才培养质量的关键。

高职高专院校需要创新人才引进的机制。对于一些业界资深且曾获得过一些国际国内重要广告设计大奖的专家，学校可以破格聘用。对于高校毕业生，则可以要求其必须有两年以上的广告从业经历，由此可以让一些优秀的广告从业人员进入教师队伍。

高职高专院校需要加强对现有教师队伍实践能力的培养。可以分批次选派一批优秀的中青年教师到广告企业一线进行一年的挂职锻炼，并保证其挂职期间的相关待遇，让广告专业中青年教师能够亲身参与广告策划创意，提升广告实践能力，从而更好地开展实践教学。

高职高专院校需要改革现有的职称评价体系。广告专业是一个实践性非常强的专业领域，对专业教师的实践能力要求非常高。教师不仅要有指导学生参加广告设计比赛的能力，还需要具备独立开展广告策划、创意、设计、制作的能力，广告专业教师的专业能力直接影响学生的培养质量。因此，需要改变现有的单纯考评论文、专著和科研项目的评价机制，提高广告专业教师获得国际国内重要广告艺术设计大赛奖项的权重，同时将一年以上广告从业经历作为职称晋升的必要条件。职称评价机制对教师具有评价导向，高职高专院校必须结合广告艺术类专业特点来建立分类评价机制，鼓励广告专业教师提高专业能力。

(3) 加强广告高等职业教育教材建设，鼓励学界和业界合编教材，遴选资助出版一批受教育界认可的系列教材。

当前，我国广告高等职业教育存在专业教材数量较少，教材内容缺乏实际操作性，缺少系列的广告教材等问题。为了提升广告高等职业教育的教学质量，加强广告高等职业教育教材体系的建设迫在眉睫。

要发挥广告高等职业教育专业委员会在专业建设和教材建设中的作用，组织一批在广告高等职业教育界有影响的专家学者编写面向高职高专院校的广告专业教材。教材体系的设置必须符合广告高等职业教育特点，与本科院校广告教材形成差异，突出教材的应用性和实际操作性。

一些发展较好的高职高专院校广告专业，可以从专业建设和学科建设的高度规划本专业的系列教材，鼓励教师将教学的内容成果化，以此提高并扩大高职高专院校广告专业在广告教育界和业界的知名度和影响力。同时，高职高专院校要积极支持教师申报高职高专类国家级规划教材，打造一批广告专业精品教材。

鼓励学界和业界合编广告专业教材。学界和业界具有各自的优势，高校教师具有比较深厚的理论功底和系统的知识结构，熟悉广告专业教学的规律，但是缺乏广告一线的从业经验，而广告业界专家则具有较强的业务素质和实际操作能力，拥有丰富的一手实操案例，但往往缺乏研究性的思维和能力。高校教师和业界专家合作编写广告专业教材，可以充分发挥各自专长，产出一批高质量的广告实训教材。

（4）高职高专院校广告专业需要加强实践教学改革，积极与当地优秀的广告企业建立制度化的交流和合作机制。

高职高专院校广告专业必须面向市场需求，培养适合广告业需求的高技能广告专业人才。要实现这一人才培养目标，就必须强化广告实践教学。

一是创新广告教学方法。以项目教学、工作室教学和大赛教学的方式，提高学生的学习兴趣和实践能力。教师可以与广告企业合作，将广告实际项目引入课堂，如在课堂中采用广告模拟竞标的方式。广告专业学生可以直接参与市场调查、广告策划、创意与制作、文案写作、媒体策略等广告运作的全过程。高职高专院校教师也可以组建工作室，让学生在实践中接受广告训练，这样能够缩短学生与市场之间的差距，更早地接触社会，了解广告公司的流程，反过来学生可以思考自己在学习中的不足，从实践中来到实践中去。[①] 教师还可以将广告设计类比赛嵌入设计类课程以促进学生能力的培养，通过设计实战使学生更好地适应社会的变化以满足社会对人才的要求。同时，高职高专院校需要积极推行“双证”制度，鼓励和指导学生积极参加广告艺术设计类权威的职业资格证书考试。

二是建立制度化的讲座机制。定期邀请广告业界的精英到高校开展专业讲座，增进学生与一线人员的互动。日本的广告教育为我国广告高等职业教育的发展提供了重要借鉴，日本高等教育中没有设立广告学科，广告人才的培养一般有两条途径：一是由社会上的广告资深从业人员到大学开设专题性的广告讲座；二是大广告公司内部对职员的培训。[②]

三是加强校企合作，构建“工学结合”的办学模式，积极与当地优秀的广告企业建立制度化的交流合作机制。这种交流合作机制包括：定期邀请广告企业领袖和资深广告人来校开设专题讲座；将广告企业的实际项目引入课堂教学；组织广告模拟竞标活动，邀请广告企业赞助并做专业的点评；聘请广告企业领袖和资深广告人作为专业的兼职教师；成立广告专业行业专家指导委员会，定期开展专业建设研讨活动等。

四是需要处理好实践教学和人文素质教育的关系，广告实训与理论素养以及相关知识教育的关系。广告是一个需要创造力的职业，而创造力的形成不仅需要学生有较高的专业技能，同时还需要有深厚的文化素养和文化功底，不可偏废。高职高专院校广告专业需要提高人文素质课程的学分比例，可以通过开设人文选修课，开展人文素质教育讲座，强化师资队伍人文素养培训，引导学生将中国文化与广告创作结合

① 董雪．关于高职院校广告设计教育的几点思考[J]．艺术与设计（理论），2011(1)．

② 王润泽．日本的广告教育[J]．国际新闻界，2002(4)．

进行创意表现等方式，培养具有可持续发展能力的高素质、高技能广告专业人才。

参考文献

[1] 包文君. 高职院校广告设计专业师资问题的研究与对策[J]. 中国广告，2009(9).

[2] 季海棋. 高职广告设计专业的职业人培养模式研究[J]. 艺术科技，2011(10).

[3] 李莉. 澳大利亚职业教育对中国高校广告教育创新的启示[J]. 中国广告，2010(9).

[4] 李莹. 关于高职广告艺术类专业加强人文教育的探讨[J]. 教育与职业，2013(8).

[5] 刘宗红. 基于行业需求构建高职院校广告设计专业人才培养模式[J]. 美术教育研究，2011(9).

[6] 潘赞平. 高职院校广告专业学生职业能力培养体系探析[J]. 生产力研究，2009(4).

[7] 吴珊. 以艺术类设计比赛促进学生能力培养的探索[J]. 长春教育学院学报，2013(12).

[8] 阳艳群. 高职院校广告专业实践教学改革探析[J]. 高教论坛，2011(2).

[9] 张翠. 高职高专广告专业教材建设探索[J]. 出版与印刷，2013(3).

普通高校新闻传播类人才培养模式建构

吕　静[①]

摘要： 普通高校新闻传播类专业作为一门应用性学科，急需改进现有的人才培养框架。通过教学改革与创新，建立以理论教学为依托、以实践环节为辅助、以考试改革为检验的复合人才培养模式。只有加强实践环节，积极与业界联手，才能提高教学、科研的前瞻性以及人才培养的适用性，以适应社会发展。

关键词： 高校；新闻传播；应用技术；人才培养模式

据《中国新闻年鉴 2012》统计，2008 年，中国各大院校新闻传播类教学点已达 800 个，在校学生数量超过 10 万。中国新闻教育已经进入一个高速度、大规模、多元化发展的时代。新闻传播类专业作为一门应用性学科，对学生的应用技术能力要求较高，因此，教学实践环节的加强、学生应用能力的培养、综合素质的提高、与业界联系的加强，对提高教学和科研的前瞻性、培养人才的适用性有着重要影响。

在我国的大部分普通高校中，由于多数传播类专业起步于传统的中文专业，自身积累不足，硬件、软件设施均不健全，传统教学模式陈旧，课堂教学与社会实践相脱节，学生的实践能力差，其综合素质不能满足社会的需求，学生的就业前景并不乐观。这种供需之间出现的巨大差异急需引起各个新闻教学机构的重视。

对于我国诸多普通高校新建立的新闻院系来说，广播电视编导、播音与主持艺术、广播电视学等诸多新专业的设置是一个崭新的开始，同时，院系的教学工作也面临着巨大的挑战。我国地方性本科院校众多，依托传统中文专业发展而来的新闻专业在与知名院校新闻类专业的竞争中处于弱势地位。具体表现在学院办学经验不足、缺少“拳头”专业、专业教师不足、职称结构不合理、高职称教师少、年轻教师多、教

① 吕静：平顶山学院新闻与传播学院副院长、副教授。

学资源极度匮乏。这种现状给新闻传播类专业教学带来了很大压力，也不能满足信息化社会对新时期传媒人的需求。如何建立一种基于创新性人才培养模式的新闻实践教学体系，在现有的条件下提高教学质量和学生整体素质，推动新学科、新专业的可持续发展，不断增强自身优势，使学生更好地适应现代社会对新闻实践人才的需要，是我国普通高校新建新闻院系亟待解决的问题，也是新闻传播专业在与众多的传统专业进行良性竞争中唯一的制胜之路。

复合型新闻实践教学体系，是指通过实践性课程中的教学改革与创新，以点带面所建立的适应于新闻专业相关实践类课程的实践教学体系。该体系的建设目标是提升学生知识素养和专业技能以适应当今和未来的现代传播媒介市场的需要。其中很重要的一个方面就是要提高学生的专业技术能力，这可以通过提高实践环节在教学中的地位和比例，使学生真正成为采、写、编、评、摄样样精通的复合型人才。在现有的条件下，建立基于创新性人才培养模式的新闻实践教学体系，是普通高校新闻传播类专业的必由之路。

“基础理论课程＋实验室实践操作＋实习基地实战”是复合型新闻实践教学体系的基本培养模式。应用型新闻传媒人才培养目标可以通过以下几个方面加以实现：进一步提升实验教学课程在整体课程中的比重，强化对学生在实践创新环节的培养；在人才培养上进一步打破专业界限，促进教学资源的整合与教学成果的交流，打造多学科交融的实验实践教学平台；完善校内外实习基地的建设，促进实践教学成果的交流；打造教师和学生结合、学校和实习基地结合、理论升华与理论应用结合的综合性实验教学体系，融知识传授、技能提高、能力培养于一体等。在实验课教学过程中，学生成为主角，教师的主要任务从传授知识转变为策划教学内容、设定教学目标、指导与监控学习过程、评价学习效果等。

1. 理论教学

现代教育技术的广泛灵活运用。综合运用分层教学、分类指导、因材施教的教学模式，专业评价与考试考核体系改革新模式，强化学生主体作用的互动式教学模式，实验教学环节的实训课教学模式，延伸第二课堂的开放式教学模式，引入多媒体教学手段的现代化新模式，强化时效的活页教材（声像＋文本）系列、智商与情商并举、教书与育人结合的小组讨论课堂教学模式，强化专业社会实践系列性教改模式。努力使学生所学的知识与社会需求挂钩，以适应当前新闻专业发展的需要。通过“案例研究”教学法、热点新闻节目或栏目分析以及相应的策划和文案写作，培养学生的新闻敏感能力及新闻发现能力。培养重点必须落实到教学生怎么动手、如何操作上，传授学生分析问题和解决问题的能力。就新闻专业实践性教学而言，要注重培养学生制作电视节目的基本能力。通过课堂理论教学与课下实践相结合，学生从电视制作的整体架构上了解电视节目的生成过程，以及在制作的各个环节中需要使用到的设备和设备的基本使用方法。同时，结合课下练习，巩固课堂所学的理论知识，更深入地理解电视制作的基本情况。

2. 实践教学

提高《新闻采访与写作》《新闻评论》《新闻摄影》《影视剧本创作》《摄影基础》《摄像艺术》《广播电视节目编辑与制作》《非线性编辑》《纪录片创作》等课程实践环节比例；提高学期实践、学年实践、毕业见习与实习的学分在总学分中的比例设置；通过考试方式的改革，加大实践教学环节的比重。对于实验课的考核，各门课程根据自身的特点制定具体的考核方法。录制节目、拍摄作品、纪录片创作、节目策划等都可作为考核方式。同时，实验课考核打破了期末一张试卷定乾坤的考核模式，可以采取“平时训练＋期末作品”的考核方式。对于包含理论与实验内容的课程，考核采用笔试和平时实验成绩相结合的方式，即“期末笔试＋平时实验操作”，平时实验操作成绩占30％～40％，期末考试成绩占70％～60％。实践性较强的课程，实践性内容在考试中得以体现，成为判断学生实践能力和学习成绩的重要标准。鼓励学生与媒体接触，建立各种长期、短期的实践教学基地，完善以校内实践教学中心为主体、以校外实践教学基地为辐射的全方位实践框架，为学生实习提供更好的平台，为学生尽快进入职业角色提供支持。同时鼓励学生大胆实践，利用节假日，利用一切机会，走进媒体，进行一线的演习，以全面提高学生的整体素质与新闻素养，与实际社会接轨。

3. 专业展映

通过专业汇报演出、新闻深度报道、广告设计大赛、纪录片展播、公益宣传大赛、专业影展、广告提案大赛等专业展映环节的完善，建立实践教学的成绩评估体系，将参与汇报演出及专业展映的成绩，以互评、自评及师评的形式，折算并计入学分。新闻类专业实践性极强，学生在获得相关理论知识以后，必须拿起摄像机、相机和话筒，在教师的指导下，将所思、所感制作成节目，这样才能让学生真正巩固所学的采访、摄影、摄像、画面编辑等基本技能，通过实践来掌握、巩固所学的理论知识，加深对理论知识的理解，逐步理解、体验编与导的基本技巧。在各院校新闻类专业近年来新修订的《专业实训大纲》中，《广播电视节目编辑与制作》《电视编辑艺术》《摄影基础》《摄像基础》《影视剧本创作》《纪录片创作》《非线性编辑》《新闻采访与写作》等课程基本都附有实践考核环节，也规定毕业作品展示是新闻类专业学子最重要的专业实践项目。各类展映活动除了提高专业技能，鼓励学生不断实践，踊跃参加各种比赛之外，还能推动校园文化的建设，营造浓厚的文化氛围，尤其对刚入校的新生有着重要的影响，还对形成新闻类专业的文化传统、提升学生对本专业的认识有着重要意义。

4. 媒体合作

将地方传媒机构、企业项目引进校内实践教学平台，以“理论教学案例化，实践教学项目化，考核评价市场化”为手段，有效开展基于实际应用的案例教学、项目教学；专业课程运用真实任务、真实案例率达到100％；以项目为支点，打破专业限制，将各专业的学生都吸纳到项目中来，充分发挥其专业优势；实践成果的采纳及评价以竞标的形式，质高者中，通过全员拍摄等高质量遴选的方式甄选出精品。通过真实任务、真实案例的运用，激发学生的学习积极性和主动性，使学生熟练掌握传媒机构运作流程及标准，提升采、编、播一体化的综合素质，提高就业竞争力；通过工作室项目合作，教师能够参与媒体工作，从而加强专业教师的媒体从业经历，提高应用型人才培养的能力，为成功培养"文化内涵丰厚、专业才艺突出、传播技术精湛"的人才，为多方位发展一专多能型复合人才搭建良好平台。

通过实践类课程的教学改革与创新，建立以理论教学为依托、以实践环节为辅助、以毕业展映为检验的复合教学体系。以点带面，建立一种适应于新闻专业相关实践类课程的实践教学体系，这个过程对于普通高校新闻专业而言，可谓任重而道远。在今后的几年间，普通高校必须在教学研究和教学改革上朝以下几个方面努力：

（1）继续改革课程教学内容，探索总结，巩固提高，进一步深化教学改革，优化课程设置，协同开发，形成具有鲜明特色的专业核心课程群。在重视公共基础课程、通识教育课程建设的前提下，优化实践教学资源，强化实践教学。新的人才培养方案以提高学生的实践能力为目标，大力强化实验、实习实训、社会实践和毕业设计（论文）等实践性教学环节，适当提高实践教学在人才培养方案中的学分比重，进一步完善以突出创新精神培养为目标的实验教学体系。

（2）改革教师培养和使用机制，加强教师队伍建设。外引内培，倾力打造，建设一支理论与实践结合、知识与技能并重的双师型教学团队。

（3）改革实践教学，推进人才培养与社会实践的有效结合，加大投入，搭建平台，构建校内实践与校外实习有效互动、校台合作培养的实践教学体系。

（4）更新理念，规范管理，为教师教学和人才培养提供制度保障。

近年来，教学实践环节比重的提升，实践学分的加重，已成为普通高校实践类课程修改教学大纲与培养方案的一个重点。但对于刚刚起步且尚未形成完整教学和研究体系的普通高校新闻传播类专业而言，进行颠覆性的改革需要付出更多的劳动和极大的努力。然而，这种改革势在必行。我国普通高校新闻传播类专业大多在2012年、2013年、2014年送出自己的第一届毕业生，就业压力已明显呈现出来。今后，传统人才培养模式导致的就业问题必然会随着毕业人数的增多逐步显现出来。因此，要根据专业发展需要不断改进人才培养方案，不断创新教学模式，科学调整，构建适应社会经济发展、适应新媒体时代广播电视领域需求的人才培养体系。这有效解决了课程设置滞后导致的人才培养模式与媒体发展速度不相适应的问题，并真正解决专业优势"同质化"问题和教育与媒体需求相脱节等问题，真正实现学生的特色化培养。

“卓越计划”背景下地方高校联合培养的探索与实践

——以湖北文理学院广播电视学专业为例

姜小凌[①]

摘要：卓越新闻传播人才教育培养计划的核心是加强高校与宣传部、媒体合作培养创新型全媒体传播人才。由于地理位置和办学层次的差距，地方高校传媒专业在应用型人才培养中面临很多困难。湖北文理学院广播电视学专业联合培养主要有三种形式：校媒联合、校校联合和校企联合。探索联合培养的基本环节包括社会调研、理论探讨、局部实践、跟踪评估、模式形成。湖北文理学院广播电视学专业联合培养的实践与成效包括：设立了校企联合培养的组织机构；实现了人力资源和设备资源的共享；完善了人才培养的各个环节；产生了一定数量的教研和科研成果。但是，联合培养在尝试性实践过程中也存在着一些问题，如校企联合培养过程中双方利益诉求的结合点问题，组织机构与互聘挂职的履职问题等。

关键词：卓越计划；地方高校；联合培养；广播电视学专业；应用型人才

2013年6月，面对严峻的国际传播形势和国内高校新闻传播教育与媒体实践长期脱节的现实，教育部、中宣部出台了《关于加强高校新闻传播院系师资队伍建设实施卓越新闻传播人才教育培养计划的意见》，即“卓越新闻传播人才教育培养计划”（以下简称“卓越计划”）。该计划的核心内容为：“加强马克思主义新闻观教育，培养学生全媒体业务技能，强化实践环节；未来五年500个记者进入高校新闻传播专业任教，500个高校教师到媒体兼职；改革招生、培养、课程和学制模式；推动优质教学资源共享。”其主要精神是强调联合培养和实践教学、创新人才培养模式。该计划实施周期为10年，分期进行，首批入选的高校包括110所地方高校和45所部属高校，省属地方高校基本不在其列。

---

① 姜小凌：湖北文理学院文学院院长助理、教授。

相对于其他人文类专业，广播电视学专业的实践性很强，加上传媒技术的快速发展和传媒环境的迅猛变化，高校新闻传播类专业教学必须摒弃关门教学，走与社会接轨之路。当然，由于办学定位和人才培养目标的差别，在联合培养的过程中采取的方式不同，不同层次的高校也会呈现不同的特征。省属地方高校一般都将应用型(而非研究型)人才作为培养目标。与地方媒体或企业联合培养新闻传媒人才，不仅是高校应用型人才培养目标定位的体现，也是在日新月异的传媒环境下和竞争激烈的传媒人才市场中，广播电视学专业人才培养的必然选择。笔者个人认为这也是对教育部卓越新闻传播人才教育培养计划的积极回应。

在"卓越计划"颁布之前的 2011 年下半年，湖北文理学院提出实施应用型人才培养目标改革计划，广播电视新闻专业就与学校其他工科专业一起开始探索与尝试校企、校媒联合培养应用型人才之路。应该说，这一举措与今天的"卓越计划"精神不谋而合。首先是与地方媒体(主要是襄阳日报传媒集团和襄阳广播电视台)的联合培养。经过三年的摸索与尝试，逐渐探索出联合培养的基本模式，并取得初步成效。为了充分利用优质教学资源，进一步提升人才培养质量，2014 年 5 月，湖北文理学院文学院与华中科技大学新闻与信息传播学院签署了合作帮扶协议，其中，选拔优秀学生实施联合培养是该协议重要内容之一。2014 年下半年，我们又尝试与湖北王氏伟业集团进行联合培养，内容包括共建基地和订单式培养。在此，笔者对这三年来的尝试予以总结，包括联合培养计划实施的思路、实施过程与反思。

一、地方高校新闻传播专业联合培养人才思路提出的背景

(一)媒介环境快速变化的客观需要

随着传媒技术的不断进步，媒体环境发生着日新月异的变化。尤其是新媒体技术的出现，使传播环境发生了翻天覆地的变化，全媒体新闻人才成为传媒领域人才需求的新宠。然而，高校教材内容的更新、教学设备的购置和教学改革的步伐总是滞后于快速变化的媒介环境，高校培养的人才与社会需求相脱节。为了使高校新闻教学更好地对接业界实践，高校和媒体需要合作，这样不仅有利于高校培养市场需求的人才，还满足了媒体对新闻人才素质的要求，在人才供需市场上实现双赢。正如华中科技大学新闻学教授张昆所言："社会及业界要承担传媒人才培养的责任。社会特别是传媒业界与大学新闻传播院系是利益共同体，虽然分工不同，职能不同，但是他们的目标应该是一致的。新闻传播院系为传媒业界输送专业人才，满足其对人力资源的需求，这些传媒从业者担任着社会系统环境监测者的角色，履行着社会哨兵的职责。专业人才质量的好坏直接影响媒介运作的效率。所以，在传媒专业人才培养方面，社会及传媒业界具有同样的责任。"[①]媒介技术和传媒环境的变化促使高校与媒体携手

① 张昆.新闻传播教育的理想与困惑[J].新闻与写作,2011(9).

培养新闻传播人才。

（二）湖北文理学院应用型人才培养目标的必然要求

2008年下半年，襄樊学院（现湖北文理学院）在经过大量调研基础上，提出了战略性的“211”人才培养模式（2年基础、1年专业、1年实践）。人才培养的终极目标是培养应用型高级专门人才，能够适应社会需求、在激烈的人才市场竞争中脱颖而出的人才。

对于实践性、应用性较强的广播电视学专业来说，如果仍然按照传统的文科教学模式实施人才培养，新闻传媒的教育必将走进死胡同，没有任何前途。要实现“211”人才培养目标，必须打破过去封闭式的教学模式，实行开放式教学，从教室走向媒体，由学校迈向社会。对于新闻传播专业而言，必须与媒体合作，与其他高校联手，共同培养高素质传媒人才。

（三）省属地方高校新闻教学困境的被动选择

许多专家学者在谈到高校新闻传播教育的问题时都会谈到教育观念落后、教材滞后、课程设置不合理、人才培养复制现象严重、毕业生社会适应性差、师资结构不合理、教学设备缺乏等方面。笔者认为，以上问题从根源上来讲只有两个：师资和设备问题，其他几个方面的问题几乎都是由这两大问题派生出来的。

地方性高校的广播电视学专业的教学在师资上的问题主要表现在数量和质量上没保证。其中，数量问题表现为师资数量短缺，师生比例不合理；质量问题表现为新闻专业老师尤其是既有业界经验又有高校教学经验的高学历、高职称教师较少。由于地域限制，相对中心城市高校而言，地方高校外聘兼职教师困难重重，人才引进不够理想。这一问题导致的后果是新闻专业课程教学要么“隔靴搔痒”，要么“纸上谈兵”，最终培养的人才社会适应性差。设备问题是指教学设备数量短缺、更新缓慢的问题，这往往适应不了媒体技术环境的变化，从而导致应用型人才培养目标不能实现。

师资和设备是人才培养的基础性要素，也是资源性要素，它们和培养模式决定了人才培养的质量，继而决定了学校的发展前途。

二、联合培养应用型传媒人才的整体思路

联合培养应用型人才不是一次性的终结性行为，它是一个系统工程，需要经历前期策划、准备、实施、跟踪监控评估以及形成科学的培养模式等许多环节。而且这些环节会循环进行，不断完善。

（一）社会调研，为联合培养提供依据

联合培养命题的提出必须建立在大量社会调研基础上，这里的调查至少包括以

下三个方面：一是对毕业生的调查，了解新闻传播类专业尤其是广播电视学专业毕业生的就业情况；二是对用人单位（主要是媒体）的调查，了解社会对传媒专业人才在量和质上的需求；三是对地方高校传媒专业教学现状的调查，了解高等教育人才培养面临的问题和已有经验。这三个方面的调查数据成为校媒、校企以及校校联合培养应用型传媒人才的依据。

（二）反复研讨，探索联合培养的方式和途径

根据调查结果，召开研讨会和专家论证会，反复探讨联合培养的内容、方式和途径，并拟定出项目运行时间表。

这一点是整个研究的核心内容，因为它不仅要考虑到联合培养双方现实条件、各自的需求状况，还要考虑到合作内容、方式的可行性问题，毕竟终极目标是双方人才培养与人才需求目标实现对接。此外，实施的时间表不仅仅是草率地制作一个表格，它的实质是可行性基础上的落实和兑现。

（三）尝试实施，在广播电视学专业尝试运行学校与媒体的联合培养

根据研讨论证结果和时间安排表，遵循循序渐进的原则，从 2012 年开始与地方媒体即襄阳日报传媒集团和襄阳广播电视台分别签订联合培养协议，正式启动联合培养计划。

（四）跟踪评估，实时监控，并及时总结和修正

在联合培养实施过程中，注重对各个环节实时跟踪，并建立科学的评估体系，对跟踪结果进行总结分析，及时修正。如对新修订的人才培养方案运行过程的追踪评估，对兼职教师授课环节的跟踪与评估，对学生校外实习实践过程与成效的跟踪和评估等。

（五）形成模式，为新一轮的研讨论证提供依据

经过 3—5 年的实践、评估与修正，探讨出可行性强且具有推广价值的联合培养模式。一方面，实现既定的高素质应用型人才培养目标；另一方面，在此基础上加强特色培养体系建设，力争形成地方高校联合培养新闻传播人才的典范。

三、湖北文理学院广播电视学专业联合培养的实践

（一）与媒体建立了联合办学的组织机构

根据联合培养协议，联合培养的双方各自成立一个组织机构，当时拟定名为“校地合作办公室”，分别由双方分管领导指定专人负责联合培养工作。办公室工作是组

织协调高校与媒体双方在教学科研、联合培养人才方面的各项工作。目前三方都已经有分管领导和专人负责校企合作事宜。组织机构的设立和专人负责制的实施，保证了联合培养的有效有序进行。

（二）双方共同参与社会调研，修订专业人才培养方案

2011年至今，学校与地方媒体共同设计并实施了三个方面的社会调查，即毕业生就业调查、媒体人才需求调查和湖北高校新闻传播专业人才培养现状调查；多次召开关于人才培养的研讨会，并反复修订和完善广播电视学专业的人才培养方案。截至2014年9月，经过大量调查和反复论证的新版人才培养方案的修订稿完成。新方案从培养目标到培养规格的确定、从专业方向设置到课程模块设置、从教学内容的确定到教学方法的选择，都是在双方教师共同参与研讨下进行的，从而使专业培养目标与教学内容更具有现实针对性，更切合人才市场需求。

（三）双方人员互聘兼职（双向挂职），实现人力资源的共享

湖北文理学院聘请9名地方媒体业务骨干作为兼职教授，他们参与广播电视学专业人才培养的许多环节，包括课堂教学、专题讲座、课程考核、指导学生毕业论文（或设计）和实习实践、课程教学方案的制定以及教学研究等。襄阳广播电视台聘请6名湖北文理学院广播电视学专业教师为专业技术人员，他们参与栏目或节目的研讨和评议，为媒体的改革和发展献计献策。襄阳日报传媒集团聘请教师到媒体挂职锻炼，教师或被聘为杂志版面的编辑，或被聘为特约评论员，切实参与媒体业务实践活动。

聘任媒体骨干参与部分业务课的教学不仅缓解了广播电视学专业师资匮乏的现状，节约了教学成本，而且有效克服了专职教师（没有业界实践经验）实验实践教学“纸上谈兵”“隔靴搔痒”的缺陷。媒体兼职教授的专题讲座主要从业界视角为学生们带来生动实用的案例，与专职教师的讲授形成互补。学校专职教师深入媒体挂职锻炼，不仅提升了教师个人的专业素养和业务水平，还可以让教师把亲身经历的鲜活案例带进课堂教学，提高了个人教学质量，从而提升人才培养质量。

（四）双方合作共建实践教学基地

经过近三年的沟通与合作，学校与媒体、学校与企业共同建设实践教学基地成果斐然：襄阳广播电视台成为校地共建省级实习实训试点基地；襄阳日报传媒集团成为校级示范性实践教学基地，基地内设有实习生办公室、联合培养办公室以及全媒体网络中心等机构和实践平台。这两个实践教学基地都是由学校和媒体双方出资共建的。根据媒体和学校各自优势和现有资源，合理分配并有效利用资金、设备、场地和师资等各个生产要素，充分发挥各个基地的功能。如在基地设立专门的实习生办公室，办公场地由基地提供，学校配备一定数量的办公设备电脑、打印机以及办公桌椅，

全媒体网络中心场地由媒体提供，设备由双方共同出资完成。校企共建校内实践教学平台则由学校提供场地，场地装修和设备装配则由双方共同出资完成。

（五）双方在学术上和项目研发上进行交流与合作，产生了一批教研科研项目

2011年至今，学校和地方媒体联手进行教学研究和科学研究，产生了一系列成果：湖北文理学院与襄阳广播电视台共同实施社会调查4次；撰写调查报告3份；系列报道有100多篇；双方合作申报，获批省部级、厅级科学研究项目5项，教学研究项目9项。

双方的学术交流与业务合作，不仅提高了湖北文理学院专职教师的新闻理论素养与业务素养，而且提高了媒体兼职教师的新闻理论素养，为“双师型”教师团队的打造奠定了基础。

此外，2014年9月，根据与华中科技大学新闻学院签署的联合培养协议，湖北文理学院广播电视学专业派遣大二优秀学生到华中科技大学新闻学院学习一年，充分利用办学实力雄厚的高校的优势教学资源提升我校人才培养质量，这在联合培养实施过程中是比较突出的成果。

四、合作培养实践中存在的问题

三年来，虽然我们在联合培养的形式、途径和具体方式上进行了探索和尝试，力图建构一个科学的地方高校新闻传播专业联合培养模式，并且取得了一些成就，但毕竟是摸石头过河，在同层次学校的同专业里面无先例借鉴，因此在联合培养模式的建构过程中也遇到一些困难和问题。主要表现在以下几个方面：

（一）地方高校的联合培养多属自发性的，缺乏政策和法律的依据与保障

由于国家宏观政策指导力度不够，所谓的“卓越计划”当前也没有覆盖省属地方高校。学校与地方媒体、传媒公司以及与华中科技大学之间签署的联合培养协议更多的是靠关系和信誉来维系。联合培养缺乏相应的政策、体制和机制的支持与保障。同时，已经实施联合培养模式的学校在“合作方式上还处于浅层次、松散型水平”①。此外，联合培养也尚无法律依据和保障，协议本身不具有法律效力，联合单位即便没有按照协议内容履行双方的权利和义务，也不需承担任何法律责任。这样就很容易使联合培养在具体实施过程中如空中楼阁，毫无现实意义和价值可言。

（二）联合培养实施过程中双方利益诉求的结合点问题

在联合培养过程中，参与者双方（有时是三方）都有各自的利益追求。虽然联合

① 张雅光．校企合作存在的问题与对策[J]．中国培训，2010(3)．

培养协议是在双方自愿基础上签订的，但是在实施过程中仍然会遇到具体问题。对于地方媒体而言，迫于“事业单位、企业化经营”模式，把追求商业利润放在第一位；高校作为一个教学单位，首先考虑的是人才培养质量问题，因为这关系到学生的就业和社会对学校的评价问题。媒体不可能无偿地为高校培养学生，高校也不可能完全依赖媒体去培养学生，怎样优化联合培养过程与方式，怎样合理分配和利用各种资源、将人才培养与媒体创收有机结合，这是一个贯穿始终的问题。这就需要双方坦诚相待，精诚合作，否则联合培养只能是走形式、摆样子，要么如昙花一现，难以为继。

（三）业界专家对高校教学的不适应症

高校聘请的媒体兼职教授除了开展专题讲座以外，部分兼职教授还承担了某些课程的理论教学和实验教学。从总体上看，理论教学部分存在的问题很大，主要表现为：一方面，兼职教师由于缺乏教学经验，对理论知识的讲授不系统全面，也不够深入和严谨，从而呈现出或者照本宣科，或者断章取义，或者随意阐释等问题。他们在教学过程中虽然提供了许多鲜活案例，但是不能将案例分析与理论讲授有机结合起来以引导和启发学生。另一方面，由于专业教师缺乏业界经历和经验，课堂理论教学虽然注重知识的系统性，也注重介绍相关学术前沿，但同样还存在照本宣科和“隔靴搔痒”的问题；实验项目和实验要求与业界实践标准和评价标准也存在相当差距。由此可见，双方教师的教学各有长短，要想真正优化教学过程，双方教师都需要相当长时间的交流磨合。

除了以上几个方面的问题以外，还有一些细枝末节的问题也存在于联合培养过程中。如兼职教师的课酬和待遇问题、教师挂职的待遇问题等，目前在学校层面也缺乏一个相应的政策。这些都将影响到联合培养计划的实施进度和质量。

与其他高校相比，我们的探索与尝试主要立足于地方高校与地方媒体联合培养、地方高校与“985”高校联合培养，其中与地方传媒公司联合培养刚刚起步，协议尚处于沟通阶段。由于学校所处地理位置与办学层次的限制，地方高校与地方媒体在合作方式与合作内容上也会受到限制，双方不可能达到中央级媒体和“985”高校的合作的深度和广度。但是，在现有条件内，湖北文理学院广播电视学专业与地方媒体的合作几乎贯穿了所有教学环节和科研环节，这是一种全方位的、实质性的合作，基本上实现了高校新闻教学与新闻实践的直接对接，这在省属地方高校中是很少见的。同时，在有限的条件内，我们通过与办学实力雄厚的高校联合培养来提升湖北文理学院的人才培养质量，应该说我们在联合培养方面走在了省属地方高校前列。

当然，在联合培养过程中存在的诸多困难和问题中，有些是客观的，暂时难以解决，如国家政策层面和法律层面的问题；但有些是主观的，可以在学校层面解决，如酬劳问题和授课质量问题等。笔者认为，只要下定决心走联合培养人才之路，同时注意考虑各方利益诉求，随着合作机制和组织的不断完善、实践设备资源的不断充实、联合培养模式的不断优化，合作双方一定会继续拓展联合培养的内容和途径，不断创新人才培养模式，不断与“卓越计划”的核心内容对接。

参考文献

[1] 张昆.新闻传播教育的理想与困惑[J].新闻与写作，2011(9).

[2] 张雅光.校企合作存在的问题与对策[J].中国培训，2010(3).

[3] 张昆.新闻教育改革论[M].武汉：华中科技大学出版社，2012.

[4] 马立超.校企合作办学的经验、问题域对策研究[J].教育教学论坛，2014(8).

[5] 罗宇飞，张永栋.校企合作“订单式”人才培养模式的问题与对策[J].广东交通职业技术学院学报，2011(12).

[6] 曾永卫，刘国荣.“卓越计划”背景下科学构建实践教学体系探析[J].中国大学教学，2011(7).

论新媒体环境下新闻学专业教学中的同步意识培养

陈长松　蔡月亮[①]

摘要：本文对新媒体环境下新闻学专业教学中的学生主体意识提升和专业兴趣培养问题进行了初步的探究。笔者认为，基于引导学生回归社会现实、传承主流价值观念和应用型人才培养的现实考量，教师需要强化学生的同步意识，即接受和传承主流价值观、了解和认识政府的中心工作、关注社会与行业发展实际。这种同步意识的培养可以通过读书报告法、专题研讨法、项目制教学法三种路径加以实施。

关键词：同步意识；主流价值观；应用型人才培养；项目制教学法

当前新闻传播教育正面临着社会转型、媒介融合和应用型人才培养的巨大挑战，在此背景之下，新闻传播教学急需进行教学改革。只有调动学生的积极性，才能满足社会和行业的现实需求。就新闻学专业教学而言，教师需要引导学生紧密关注现实，跟得上社会和时代的节拍，形成强烈的同步意识，“与时代同步，与人民同步，与时俱进，站在时代潮流的前头，关注社会变迁的现状，思时代之所思，想人民之所想”[②]。在新闻学专业教学中培养学生的同步意识，就是要求学生重视主流社会价值观的接受与传承，关注政府中心工作，聚焦社会和行业发展实际，为未来从事新闻传播行业奠定基础。

---

① 陈长松：淮阴师范学院传媒学院副教授；蔡月亮：淮阴师范学院传媒学院讲师。

② 项德生．新闻教育的灵魂：同步思维养成[J]．河南工业大学学报（社会科学版），2007(2)．

一、新闻学专业教学中强化同步意识的背景

（一）新媒体环境下引导学生回归社会现实的基本要求

在新媒体时代，学生主要从网络获取信息，网络信息影响着学生专业学习方向和选择。与新媒体相比，很多学生对传统媒体的关注度不断在下降，转而将目光投向网络信息，追逐娱乐、八卦、口水纷争等喧嚣的信息泡沫。长此以往，学生将远离主流媒体的议题设置，疏离政府的中心工作和社会现实，仅仅停留在网络所营造的拟态环境中。这种现象无论是对其人文知识的积累、价值观的生成还是对其职业发展，都将产生负面的影响。

（二）传承主流价值观念的内在需要

当前社会思潮日趋多元化，新闻学专业学生多数将从事新闻传播行业，如果不能接受并传承主流价值观念，而仅仅停留在庸俗、偏执、非理性的价值观层面，其将无法成为社会公器和瞭望者，也难以在未来的工作中进行有效的舆论引导和正面宣传。

（三）应用型人才培养的现实要求

新闻传播行业是一个时代性、前瞻性、现实性特别强的行业，学生就业也与现实紧密相连，当前新闻传播行业对应用型人才的需求显得格外迫切。因此，新闻学专业教学应立足于“分层次、厚基础、宽口径、开放式”的要求，培养服务地方经济和社会发展的应用型人才。这就要求学生了解行业发展的现实问题、最新走向，形成敏锐的前瞻意识，为将来的职业发展做好铺垫。

二、新闻学专业教学中同步意识的基本内涵

（一）接受和传承主流价值观

在新闻学专业教学中培养学生同步意识，首先要求学生有效把握主流价值观念，了解国情和党情，紧密把握党的基本路线、方针、政策，自觉学习中国特色社会主义理论，关注中国社会发展变迁，思考中国问题。主流媒体的议题设置是传播主流价值观念的主要路径，因此在教学过程中要引导学生密切关注主流媒体的报道。近年来，中央电视台、人民日报等主流媒体广泛开展走基层报道、典型报道，成为传播主流价值观念的重要举措。笔者在讲授“大众传播的涵化理论”时引导学生关注《新闻联播》走基层报道“路人丢失钱物”的相关新闻，如《打工青年万余工钱当街失落之后》《新春走基层：四万多元钱街头散落之后》《凡人善举：浙江，九万现金路人捡拾全归还》，并组

织学生讨论分析，使学生理解主流媒体的价值选择，即传播诚信、友善社会主义核心价值观念，以此担当“故事讲解员”和“熔炉”。在此基础上进一步引导学生思考“最美妈妈”“最美司机”“最美教师”等相关报道，分析主流媒体的社会责任担当和舆论导向作用，在讨论和交流中体会主流媒体传播主流观念的高度政治责任感和敏锐的职业意识。

（二）了解和认识政府的中心工作

在中国社会语境下，媒体是党和政府的耳目喉舌，因此必须坚持正面宣传的方针，坚持正确的舆论导向。这就要求教师在新闻学专业教学中必须有意识地培养学生“准媒体人”的导向意识，以建设的视角来关注政府中心工作和国家发展走向。因此，学生必须高度关注社会治理、群众路线、现代化指标体系、廉住房建设、公共服务、文化产业等政府工作议题，为未来从事媒体工作做好知识储备。

以“社会保障体系建设”为例，对于政府而言，这是一项重要的民生工作。“最美环卫工”孙美兰就是在这一领域出现的时代典型。2010 年 1 月，淮安环卫工人孙美兰工作间隙在墙角换袜子被网友偷拍，随后被发至淮安当地网络论坛，成为网络热帖。《扬子晚报》驻淮安记者站记者第一时间对此进行了采访调查，相继推出了连续报道《淮安女环卫工扫雪换袜被偷拍》《“换袜女环卫工”昨上〈新闻联播〉》《换袜环卫工成“淮安骄傲”》《人大代表建议提高环卫工岗位津贴》，全社会呼吁关爱环卫工人，强化社会保障体系建设，这在当时产生了极大的社会反响。2012 年，淮安电视台推出报道《淮安设立爱心互助点》继续追踪此事，关注政府解决环卫工难题的爱心举措，并被《新闻联播》采用，以《小事尽心做 爱心解难题》进行报道，《朝闻天下》《新闻直播间》等栏目也相继播出 16 次。在《新闻采写专题研究》课程教学中，笔者以此为例，引导学生思考相关媒体在这一事件上的选题和价值导向，组织学生讨论《扬子晚报》和淮安电视台的同步意识，即有效把握我国政府重视民生问题、强调人文关怀、关注弱势群体的政策和价值导向。该报道站在思想高地，向上和政府中心工作共振，向下和百姓呼声共振，从而使这个“最美现象”得到政府和公众的认可，并产生良好的社会效果。

（三）关注社会与行业发展实际

新闻传播行业是一个时代性、现实性、前瞻性特别强的行业，因此新闻传播教育不能成为空中楼阁，必须紧密关注社会和行业的现实动态。笔者所在学校地处周恩来故乡、历史文化名城淮安，该城市正借助大运河成功申遗和苏北重要中心城市建设的历史契机大力发展文化产业、塑造城市品牌、传播城市形象。我们在教学中紧密关注这一地方文化传播的实际，聚焦周恩来红色文化、运河文化、盱眙美食文化、淮安民间艺术等地方文化传播课题，督促学生专门学习与淮安社会和行业发展的同步对接，并在“电视栏目与电视专题”“电视策划”“电视编导”等课程作业中创作出《童年恩来》

《河下古镇之夕阳自爱》《畅游运河之都、恩来故里》《大运河上老船工》《舌尖上的淮安》等优秀作品。这些作品在中国微电影盛典、中国西部国际电影节、江苏省领航杯等国内比赛中屡获大奖。其中《舌尖上的淮安》在网上播放引起较大反响，并被《淮海晚报》予以报道和介绍。在此基础上，学生对地方文化传播进行了理论思考，"淮安城市形象传播研究"论文团队被评为学校优秀毕业论文团队，"运河之都——淮安运河文化与旅游开发""体验式文化消费与淮安城市文化创意产业发展调查""盱眙生态文化品牌的创意传播"等课题获得国家级和江苏省大学生创新创业训练计划项目立项。学生对地方文化的关注，使学生能够有效把握地方社会和经济发展的现实状况，强化了前瞻意识，提高了专业教学的针对性。借此帮助学生凝练专业方向，为培养适应社会发展需要的、具有全媒体适应能力的复合型人才奠定了基础。

三、新闻学专业教学中同步意识培养的基本路径

（一）读书报告法

新闻学专业在教学中倡导同步意识，要求学生关注社会、历史和国家发展，培养学生浓厚的人文底蕴，促使学生能够以开阔的视野深度分析和解读问题。具体的做法有以下两点：一是在"新闻学概论""传播学概论"等课程中成立"传媒观察小组"，每组 5 人左右，选出一名组长，要求学生围绕中心问题讨论和分析媒体报道，并对此进行课堂汇报展示，提交一篇"传媒观察报告"，这可以督促学生养成关注时事和传播热点、勤学善思的专业学习习惯。二是写读书笔记，如"新闻采写专题研究"课程要求学生关注自己的家乡报纸，写读报笔记。通过上述举措，有效地引导学生关注时事政治、主流价值观传播、政府中心工作和行业发展实际。

（二）专题研讨法

围绕现实案例教学是新闻学专业教学的基本要求，但如果没有核心，教学容易陷入碎片化、多中心的状态，这样就不利于教学资源整合和教学效果的聚合。笔者在讲授《大众传播的经济功能》这一章节时，针对文化产业和信息消费的行业发展现状，利用专题研讨法引导学生思考这一问题。教师在阐述教材核心观点的基础上围绕三个层次推进教学：第一个层次是展示文化创意产业的现实案例，如深圳华强集团通过建立以媒体网络、影视娱乐、休闲度假、文化衍生品四大领域为核心的立体多元产业网络，成功打造出创意、研究、生产、销售为一体的城市文化产业链，赢得市场与受众认同；第二个层次是以《小时代》和《来自星星的你》为例分析文化产业发展的突破点，即大力发展以青年群体为基本定位的新兴文化消费，强化文化产品的娱乐性、参与性、时尚性；第三个层次是在第二个层次的基础上，引导学生关注国家关于促进信息消费、发展文化创意和设计服务工作的政策，督促学生思考文化产品和服务生产、传播、

消费的数字化、网络化，让学生懂得新媒体技术对信息产业的内容支撑、创意和设计提升的重要性。通过这一专题讲授和讨论分析，学生对大众传播的经济功能有了一个较为全面和深入的了解，课堂教学没有停留在知识讲解层面，而是与社会和行业发展进行了对接，因而在无形之中强化了学生的同步意识。

（三）项目制教学法

项目制教学法即"基于项目的学习"，是"以学科的概念和原理为中心，以制作作品并将作品推销给客户为目的，在真实世界中借助多种资源开展探究活动，并在一定时间内解决一系列相关联问题的一种新型的探究性学习模式"①。这种教学方法最早起源于20世纪50年代的美国，起初该教学方法被中小学广泛运用，后来在大学的建筑、工程、商业、法律等专业教育中也很普遍。在新闻学专业教学中采用项目制教学，可以引导学生关注社会现实问题，并对此进行深入的调查、思考和分析，进而有效培养学生的实践能力、团队合作能力和创新思维能力。基于"针对性、可行性、协作性、贴近性、实践性、综合性"②的原则，按照"项目课题的选择和评审、项目方案的实施、项目汇报、总结与成果提交"③的流程运作，是新闻学专业在教学中实施项目制的基本模式。在"象征性文化与现代社会"这一知识点的教学中，我们安排了"扬州城市符号建构"的项目课题。学生首先对扬州城市印象进行校园街采，受访学生给出"扬州很好，烟花三月、二十四桥明月夜、瘦西湖，都很漂亮""扬州是世界文化遗产城市、花园城市、森林城市""扬州美食很有名了，比如扬州炒饭、牛皮糖"等回答，项目组将街采视频在课堂汇报展示，引起了极大共鸣。同时播放《2013扬州城市旅游形象宣传片》，让学生关注宣传片中所展现的扬州城市符号，如京杭大运河、淮扬菜、二十四桥、大明寺、扬州三把刀。学生认为该宣传片将传统与现代交融，民俗与时代互通，建构了"品质扬州、精致扬州"这一城市名片。通过项目制教学研讨扬州城市传播的现实课题，让学生畅所欲言，在互相问答、不断循环的学习过程中，课堂学习效果达到了最大化。

［基金项目］本文是2013年江苏省高等教育教改课题《媒介融合背景下地方高校新闻传播类专业课程体系改革研究》（编号：2013JSJG131）和2013年淮阴师范学院教育教学改革与研究课题《广播电视专业应用型人才培养的项目制训练模式研究》（编号：13GJA016）的阶段性成果。

---

① 刘景福，钟志贤．基于项目的学习（PBL）模式研究［J］．外国教育研究，2002（11）．

② 柳邦坤．广播电视新闻学专业引入项目教学法的实践探讨［J］．新闻界，2011（8）．

③ 蔡月亮，陈长松．地方高校广播电视学专业传播学教学中的项目制方法探析［J］．新闻知识，2013（12）．

体育新闻职业教育的实践与创新

肖鸿波[①]

摘要：职业教育最重要的是培养敬业乐业的员工，大学教育的核心是为社会培养可利用的人才。新闻教育如何与职业教育结合起来，培养既具有职业理想又具有职业精神和职业技能的人才，是摆在当今大学新闻教育面前的一个重要问题。与其他综合性大学的新闻专业不同的是，体育新闻专业是要培养精通体育知识、乐于服务体育事业发展的执业人员。因此，体育学院新闻专业形成了“专体育、大新闻、全媒体”的人才培养目标。为了实现这种教育目标，体育院校新闻专业在课程设置、培养模式上不断创新。本文针对中国20多年体育新闻职业教育在实践中的各种经验和问题进行学理上的梳理，以寻找其创新点并探索体育新闻职业教育的创新方向。

关键词：体育新闻；新闻传播；教育；创新

我国的体育新闻教育起源于20世纪80年代中国体育的快速崛起之时，体育媒体的规模以几何级数的速度不断加速发展，在20世纪80年代初，足球记者只有十几个，进入21世纪，足球记者最多时达到一万多人。体育平面媒体不断发展，除了都市报和一些综合性报纸开设了大量的体育新闻专版之外，专业体育媒体也达到了二十多家。广播电视的体育频道也不断发展，体育媒体的发展造成体育媒体对体育新闻人才需求数量的猛增。体育新闻专业在此背景下创立。1985年，上海体育学院首次开设体育新闻专业，专业师资力量以体育教学基础课的中文老师为基础，并聘请复旦大学等院校的老师，尝试创办体育新闻专业。1989年，正式设立新闻专业，招收体育新闻专业的本科生。21世纪以来，面对体育新闻人才庞大的需求市场，北京体育大学、成都体育学院、沈阳体育学院等一批体育院校陆陆续续开设了体育新闻专业。经

① 肖鸿波：上海体育学院副教授。

过多年的建设与发展，国内体育新闻专业教育得到快速发展。截至目前，全国14所体育院校都已经开办了体育新闻教育专业，而且有些院校在体育新闻专业的基础上还开办了体育传播专业、体育影视专业、体育播音主持专业。上海体育学院和成都体育大学获得新闻学的一级学科硕士点，培养体育新闻专业的研究生人才。

一、体育新闻职业教育的教育理念

（一）以新闻专业主义为核心

哥伦比亚大学新闻学教授凯瑞在给新闻学定义时说："新闻学是一种描写的艺术。"笔者对这句话的理解是，这就像物理学家在实验室，通过实验结果描述宇宙，描述基本粒子，这是对现实的一种描写。记者要报道现实世界的方方面面，比如报道国际问题、经济问题、农业问题、健康医学、环境生态等。因此，相应领域的记者既要掌握高超的新闻报道与写作技能，还要知晓相关领域的知识。

根据联合国教科文组织新闻教育模板，理想的新闻教育有以下几种模式：① 其他院系的本科＋新闻学院的硕士；② 新闻学院的本科＋其他院系的硕士。比如，本科阶段是医学院的学生，研究生阶段修一个新闻学硕士学位，这样学生在毕业后可以从事医学与健康报道。如果本科学的是新闻学专业，研究生阶段就不用再学新闻学，应该去法学院、商学院或者环境学院再修一个学位。①

体育新闻专业强调新闻专业和体育专业的融合，丝毫没有动摇对于新闻专业主义的追求和秉承。它要求记者以客观、真实、准确的态度去报道事实，挖掘事实的真相，把事实的原生态展现在读者面前。它最突出的特点是可以从非党派、非团体的立场客观地报道新闻事实。体育是远离意识形态的一种社会活动，受主流意识形态的控制比较少，与其他的媒体报道形式相比，体育新闻报道具有更自由、更开放的特征。再加上当今体育娱乐化色彩非常严重，记者的新闻专业主义精神的缺乏，体育新闻成为"假新闻"的重灾区。因此，在体育新闻教育的课程设置中，体育新闻专业特别强调新闻专业知识的灌输，这一点在课程设置上可以完整地反映出来。

在上海体育学院体育新闻专业本科的课程设置中，按照新闻学专业本科学生的认知规律，在大学一、二、三年级我们都按照教育部课程设置的要求，设置了关于新闻专业知识的教学，比如"新闻历史""新闻概论""新闻采写编评""新闻道德与法规"等基础性课程的教学。② 但是考虑到专业的原因，与综合性大学相比较，上海体育学院新闻学的学习课时有所压缩。比如"中国新闻史"在一般的综合性大学的新闻系里被设置为每周三个课时的教学时间，而上海体育学院只能设置两个课时，而且这两个课

---

① 王大中.探索我国体育新闻传播教育发展的新路径[J].现代传播，2011(6).

② 肖焕禹.我国体育新闻传播教育的现状、问题及发展方向[J].上海体育学院学报，2006(6).

时中还包括对体育新闻发展历史的讲述。尽管时间被压缩,但是教学的质量是不能打折扣的。学生通过新闻理论和新闻业务的学习,培养其新闻专业主义理念和新闻专业主义的技能。客观、公正、自由地报道体育赛事成为我们大多数体育新闻专业学生的共同追求。在上海体育学院的校友名册里,许多当今体育新闻报道的重要人物都赫然在位。

(二)专业与新闻并重,突出体育特色

在新技术的推动下,媒介融合的趋势在中国越来越明显,同时,可以多渠道获取信息的受众对传媒的专业性要求也越来越高,这就对新闻人才的整体素质提出了更高的要求。但中国目前的新闻教育还存在课程体系交叉不足的问题,新闻专业的毕业生知识背景单一,缺乏对所报道领域的相关专业知识的了解,导致报道错误百出。

专业院校的新闻教育从某种程度上恰恰可以利用自身在某一领域的优势。比如华东政法大学开设的法律新闻专业、上海财经大学开设的财经新闻专业、上海体育学院开设的体育新闻专业,都很好地让自身在各自专业领域的特长得以发挥,同时也在高校之间日益激烈的招生与就业竞争中谋得一席之地。

在上海体育学院体育新闻专业的课程设置中,体育专业知识的系统讲授是最大的亮点。报考体育学院新闻专业的学生大多数对体育有浓厚的兴趣,所以在课程设置中开设有关体育专业的知识很受学生欢迎。在体育新闻专业教育的四年中,上海体育学院体育新闻专业设置了大量的体育专业的课程来系统讲授体育专业知识,这种专业知识不是片段性的,而是完整的体育知识的链条,而且在专业学习的四年间贯彻始终。这就可以让学生对于体育专业领域的知识有完整深入的把握。

在职业教育的实践中,每一个学生都要有一项擅长的体育运动,对于体育运动的历史发展、目前现状与发展趋势都要掌握得十分清楚,同时要争取拿到这项体育运动的裁判证,成为这项运动的行家。在新闻业务技能的训练上,学生需要围绕自己熟悉的体育项目来采写稿件,发表评论,甚至在大四的毕业论文中也以这种体育项目作为学位论文的研究对象。

(三)正确处理好“道”与“术”的关系,强化复合能力

从哲学视角来看,“道”指学问、科学,是认识世界的范畴,它解决“是什么和为什么”的问题;而“术”则指技术、手段、方法,属于改造世界的范畴。

今天,以“传播”为主题的学术会议不计其数,而大张旗鼓地以“新闻”为核心的学术会议则非常少,因为新闻研究往往只有“术”,而缺乏“道”。新闻研究往往跟政治贴得太近,跟科学和真理相距太远,并且往往多为操作技术层面的策略总结和规范探讨,少有对新闻实践的理论阐释和规律把握,对新闻业自身的变革、问题和现象的研究少得可怜,缺少媒介前瞻和媒介批评,进而导致学界与业界严重脱节。

为了改变新闻教育与新闻实践脱节的现象,在职业教育的实践中应该力求“两手

抓，两手都要硬”。

首先，在专业素养和专业操守的培训上要舍得下大功夫。在“人人都是记者，人人都有麦克风”的互联网时代，新闻专业素养和新闻专业操守的培养显得尤为紧迫。最近新闻业界出现的一些案件让人触目惊心，如《新快报》的记者受贿案、21世纪网络的腐败窝案，这些案件让我们再一次警醒，作为新闻人才培养的基地，我们对记者的职业操守和职业道德教育是不是做到位了？当然，仅仅靠教育的力量难以杜绝记者恶行，但是作为社会职业道德的楷模和标杆，记者在实践中的许多问题让我们不得不反思新闻职业教育。因此，在新闻教育中加强专业素养教育、职业道德和法制教育是我们在教学过程中的重中之重。为了实现教育目标，我们强调灌输教育与自我教育相结合，灌输教育是指系统学习古今中外优秀新闻工作者的实践经验和新闻思想，结合宏大的历史命题，让学生认识到记者职业的伟大与重要。自我教育是指新闻专业学生应该阅读大量的书目并完成作业，在阅读和实践中去实现自我教育的目标。

“术”的教育主要体现在专业技术和专业技能的教育上。当今是“全媒体”时代，对于记者的专业技能和专业技术的高要求是前所未有的。一个记者在采访时就要考虑到文稿的编辑技术，甚至还要考虑到配文的新闻照片，有可能还要设想用二维码呈现的视频资料。正因为如此，掌握多种专业技能成为一个新闻专业人才必备的素质，这与我们传统的对新闻专业人才的要求区别很大。传统的新闻教育往往让学生突出其中一项技能，比如写好评论就是好记者，拍好照片就是好记者。在教学实践中，我们不仅引导学生在实践中去锻炼自己的采、写、编、评、摄、拍等各项专业技能，而且要求学生在小实习、大实习中递交全媒体的作业。

二、体育新闻专业教学的课程设置

课程设置是指学校选定的各类课程的设立和安排。合理的课程结构是指各门课程之间的结构合理，包括开设的课程合理，课程开设的先后顺序合理，各课程之间衔接有序，能使学生通过课程的学习与训练，获得某一专业所需具备的知识与能力。合理的课程内容是指课程的内容安排符合知识论的规律，课程的内容能够反映学科的主要知识、主要的方法论及时代发展的要求与前沿。课程设置必须符合培养目标的要求，它是一定学校的培养目标在一定学校课程计划中的集中表现。

体育新闻专业在长达多年的教育教学实践中，形成了现在的“专体育、大新闻、全媒体”[①]的培养目标，同时按照这个教育教学目标不断修改和优化课程设置，为培养复合型的体育新闻人才服务。

首先，在课程设置上突出体育特色，开设完整且系统的体育课程，让学生学好体

① 张德胜. 广州亚运背景下珠三角体育传媒发展趋势与体育新闻人才培养关系研究[J]. 广东体育学院学报，2009(9).

育专业知识。上海体育学院在专业体育方面有明显优于其他体育学院的优势，通过近二十年的探索，体育专业的课程设置基本成熟。第一是体育理论知识课的开设，这方面包括"体育概论""体育史""体育社会学"等必修课程，上海体育学院第一个体育学的博士点就是体育理论方向，学院在此方面有非常雄厚的师资力量，为本科生开课的老师基本上是博士毕业，以保证学生对于体育理论知识的把握。第二是与体育有关的其他课程的开设，这些课程基本上是必修课，比如"体育赛事管理""体育产业经营"和"体育心理学"等课程，这对于拓宽体育专业知识有很大帮助。第三是体育运动项目分析，每一个项目都由专业的体育老师来上课。此类课程有必修、限修和选修三种，足球、篮球、排球课是必修的，其他的运动项目则可以由学生根据自己的兴趣进行选修。所有的体育专业课程都与新闻传播课程一样，按照体育教育的基本规律来进行排课，在大学本科四年阶段的每一个学期都安排课程学习。此前学院也考虑过先学完体育专业的课程，再学新闻传播专业的课程，但是考虑到知识学习的融合性，我们还是将体育专业和新闻专业的课程融合在一起学习，从而让学生对体育专业课程的学习贯穿始终，突出体育特色，达到"专体育"的教学目标。

其次，在大新闻概念上，新闻传播学专业在综合性大学分得很细，包括传播学专业、广播电视专业、广告专业和影视专业等。专业的细分可以让学生有更专门的知识和能力，但是在体育新闻专业中，特别强调新闻的实用功能，除了常规的新闻学专业和广播电视专业，很少有其他新闻传播学的专业。因此，在课程的设置上我们通常采用大新闻的概念，除了新闻学的常规课程外，还开设"广电概论""传播学""广告学""公关学""体育深度报道"等课程，学生所学课程较多，能使学生对于新闻传播学专业的相关能力得到很好的培养，只要学生的知识复合能力强，就可以顺利掌握各个门类的新闻学知识。我们在讲授新闻学知识的同时也要求教师结合体育专业的新闻特色。例如，在讲授采、写、编、评新闻业务的时候，老师课堂上的分析个案时间要求能够达到百分之三十以上。这些要求对于对体育新闻不感兴趣的老师来说是个很大的难题，但是为了达到相关教学目标，这些要求便作为硬性任务贯彻到新闻教学的实践中。

最后，在课程设置上突出"全媒体"的特色。网络时代发展到现在，新闻传播的内容和形式发生了重大变化。"自媒体"的兴起使网络世界里"人人都是记者，人人都有麦克风"，这种重大的新闻传播技术的变革对新闻专业的知识更新提出了巨大的挑战，对新闻传播学的教育也提出了巨大的挑战。为了应对这种挑战，我们改变了对传统的关于平面媒体和广播电视媒体的特别关注，进而开始采用"全媒体"的概念，着重培养学生应对新媒体的能力。这些课程包括"新媒体技术""网络传播学""网络视频制作""网页制作"等。在让学生了解新闻传播学知识的基础上，学院应突出传授网络媒体、手机媒体等新兴媒体的知识和技能，与时俱进，保证学生能紧跟媒体发展的时代步伐，既丰富学生的知识，又能推动学生的就业。

除了理论课程的设置外，大量开设新闻学的实践课程也是上海体育学院新闻系的重头戏。我们从以下两方面入手：一是实现实践课程开课时间、授课年级与课程内容无缝对接，使其有机联结起来。大一的时候在下学期安排学生去媒体见习；大二利用下学期分广电、新闻、新媒体等三个方向组织学生参加丰富多彩的社会实践活动；大三学生就走向社会寻找实习岗位。学生实习主要由学生自主选择，并与学校实习基地的安排相结合，保证学生能百分之百进入自己感兴趣的媒体实习。二是理顺现有新闻实践课程逻辑关系。调整和优化现有的实践课程，适当增加实践主干课程，遵照知识体系的逻辑关系进行划分，而不是完全按照学科体系的逻辑顺序划分，开课时间也以此为依据，避免专业课程体系内的分化、零乱现象。大力推进"画面编辑""体育新闻报道""体育新闻采访""体育新闻策划""体育媒介宣传"等课程的安排。另外，需强化与专业相关的软件应用能力，如机器操作能力、新闻实地采编能力等课程设置，还要有一定比重的校外实践课程，如采风、实训课程等（要和本科生四年级的实习区分开）。[①] 这样做的好处在于避免课程划分过细造成知识的零散，难以成为一个体系，从而使知识的传授和吸收建立在内在一致的、以实践为导向的课程体系内。

三、体育新闻职业教育的创新设想

尽管体育新闻专业在发展过程中积累了有别于综合性大学的比较好的新闻教育经验，但是必须看到体育新闻专业在学科建设、课程设置和学生实践能力培养方面还存在着一定的问题和差距。比如目前拿到新闻学一级学科硕士点的单位只有成都体育学院一所院校，上海体育学院还在积极争取中。由于课程建设中设置的课程过多，学生的学习压力加大，如何在保证培养质量的前提下，将课程建设压缩到比较合理的规模，这是体育专业院校新闻传播教育所面对的重大问题。诸如此类的具体问题要得到解决，就必须在体育新闻传播专业教育的理念和实践中不断创新，不断完善体育新闻传播专业教育。

首先，大力加强学科建设，开展多层次的体育新闻教育与科研。现在体育新闻教育专业往往还是以本科教学为主要目标，各体育院校尽管在前几年都已经开始招收体育新闻研究方向的研究生，但是在研究生培养过程中与新闻传播学的母系学科联系较少，与体育学联系较多。至今为止拥有一级学科的硕士点的学校还只有一所，其学科力量很薄弱，没有完整的教材体系，也没有专著，权威的学术期刊上也很少有体育新闻专业的学术文章，尽管有二级学会——体育新闻传播学会，每年都组织会议，但是重要的科研成果较少。鉴于这种情况，解决办法就只有一个，那就是通过研究生层次的人才培养不断丰富体育新闻专业的科研成果和科研产出，促使体育新闻专业从教学型向教学科研型转型。唯有如此，体育新闻专业建设才能够在新闻传播的专业序列中崭露头角。

---

① 骆秉全.关于首都体育学院新闻学专业建设的思考[J].首都体育学院学报，2009(5).

其次，不断完善体育新闻教学的课程设置。当今时代，媒体的生态环境不断更新，要能够实现体育新闻专业的教学目标，就必须与时俱进。根据变化中的体育新闻传播的实际情况来改变体育新闻专业的课程设置，让课程设置既能达到最优的培养效果，又能按照课程之间的逻辑联系，做到科学合理的安排。比如，目前体育院校新闻专业的课程设置的总课时太多，学生学习压力很大，这就要求科学合理地压缩课程规模，给学生自主学习的空间和时间。另外，处在新媒体兴盛的时代，课程设置能否根据传播环境的变化开设一些与现实环境息息相关的课程，既可以让学生学以致用，也可以提升学生的就业率和就业质量。这些都是每个体育院校新闻专业必须考虑的重大问题。

最后，创新体育新闻专业教育的实践教育模式。以“一调查三实习(一调查指社会调查，三实习指中期实习、专题实习和毕业实习)”制度为主线[①]，构建体育新闻专业实践教学体系；加强学生人文素质教育，注重学术与技术的平衡发展；加强师资队伍建设，打造“双师型”教学团队。

四、结论

大学新闻职业教育的核心是什么？从新闻生产过程看，专业技能是新闻生产的基础，但专业理念是新闻生产的灵魂。新闻工作者的活力在于他的思维和认知，也在于他对人情世相的考量与把握，只重视新闻技能教育是培养不出合格的新闻工作者的。只有对学生进行持久深入的专业理念教育，才能使之具备新闻职业要求的新闻眼光、新闻敏感、社会责任、敬业精神，学生只有掌握专业技能才能有灵魂、有活力。因此，高校新闻职业教育应在原本的教育模式和办学体系下继续细分和深化，强化新闻传播类应有的专业知识，让学生在具备一定采写技能的同时，成为某一领域的专家，并且善于把这些知识应用到实践当中，让新闻传播类的学生在全社会各个领域都可以闯出一片天地。

① 易剑东，蔡文菊. 北京体育大学新闻学本科专业建设研究[J]. 北京体育大学报，2006(6).

新闻学研究

今天，我们怎样讲好真话

赵振宇①

摘要：在人人都有麦克风的互联网时代，在政治、经济面貌日新月异的今天，讲真话更难能可贵，也更需要“条件”，它离不开宽松的舆论环境和制度依托，又跟公民的个体意志紧密关联。公民讲真话是言论自由的保障，也是公民言论表达的价值所在。现实中言论表达的“真话”误区有三：一是错将“真话”当“真理”；二是以偏概全地讲真话；三是公共决策屏蔽“少数人意见”。不当真话的纠偏方式有以下几种：一是要正确认知“真话”和“真理”；二是要全面理性地讲真话；三是要“少数服从多数”，也要兼顾少数人权利。为了在新形势下讲好真话，我们需要秉持四个方面的原则：一是政府的信息公开充分化；二是新闻媒体的责任担当；三是公民讲真话为基本前提；四是要坚持独立精神，培养宽容品格。

关键词：讲真话；舆论环境；制度依托；个体意志

讲真话、道实情向来是诚信的体现，也是道德、政治等范畴的基本要求。讲真话作为真相追问的基本前提、道德构建的题中之义，被人们频繁提及。2013 年 2 月 6 日下午在中南海举行的党外人士迎新春座谈会上，习近平说：“对中国共产党而言，要容得下尖锐批评，做到有则改之无则加勉；对党外人士而言，要敢于讲真话，敢于讲逆耳之言，真实反映群众心声，做到知无不言言无不尽。希望同志们积极谏诤言、作批评，帮助我们查找问题、分析问题、解决问题，帮助我们克服工作中的不足。中共各级党委要主动接受、真心欢迎民主党派和无党派人士监督，切实改进工作作风，不断提高工作水平。”2011 年 4 月 14 日，时任总理温家宝在同国务院参事座谈时说：“贤路当广而不当狭，言路当开而不当塞。我们鼓励讲真话，讲真话就要有听真话的条件。”

---

① 赵振宇：华中科技大学新闻评论研究中心主任、教授、博士生导师。

讲真话是我们党的优良传统，要真正做到却不是一件容易的事。

讲真话贵在“求真”和“表达”，它也许不费吹灰之力，也许寸步维艰。在人人都有麦克风的互联网时代，在政治、经济面貌日新月异的今天，讲真话更难能可贵，也更需要“条件”。它离不开宽松的舆论环境和制度依托，又跟公民的个体意志紧密关联。

从 2001 年加入世贸组织之日起，中国经济就日益走向市场化。海外媒介的获准进入，信息透明原则对媒体报道和政府监管的倒逼，都改变着中国的传媒格局，推动着舆论环境的革新。

政治民主化加快了思想解放的步伐。从党的十三大报告提出的“重大情况让人民知道，重大问题经人民讨论”到《中华人民共和国政府信息公开条例》的实施，民主政治迈步向前。而信息公开的理念也日益朝着“重大情况向人民报告，重大问题由人民决定”[①]演进。

信息网络化使网络应用从生活娱乐向社会经济领域渗透，网民对网络安全的要求也逐渐提高。截至 2013 年 9 月底，中国网民数量已达 6.04 亿；截至 2013 年 6 月，中国微博用户规模达到 3.31 亿；从 2011 年 1 月微信发布至今，其用户规模已经突破 3 亿。值得一提的是，我国互联网在农村普及速度较快，半年期新增网民中农村网民占到总网民数 54.4%。[②]

微博作为新兴的自媒体平台，广受推崇，用户数呈“爆炸式”增长，这标志着微时代的到来。在微时代，网友们的政治参与、权利申诉方式有了急剧变化，“围观即参与，分享即表态”，在“网聚”后，舆论力量的监督效力愈加明显。传播学者胡泳认为：“微博等‘自媒介’的关注功能，洞察到了人的两种基本需求，将‘自我表达’和‘关注他人’结合在一起，围观也就涵盖了彼此看见的意义，包含着见证与记忆的作用。”[③]当信息扩散、居间联络变得方便快捷，公共空间就得以拓展，言论表达更为自由。

微博的推广既提升了人们的信息接收量，又对言论表达的真实性提出考验。可以预见，在“可用”的基础之上，构建“可信”的网络环境是必然趋势。网络信任和安全，需要通过“讲真话”精神的培养和诚信道德氛围的营造来维护。在此新形势下，怎样讲好真话是不可或缺的社会课题。

一、讲真话的含义和意义 ▶▶▶

（一）讲真话的含义与类型

讲真话，就是讲心里话，讲自己对客观现实的真实反映（意见和建议），讲自己愿

---

① 赵振宇. 切实保障公民的知情权和决定权——关于修改“重大情况让人民知道，重大问题经人民讨论”两句话的思考[J]. 西南民族大学学报（人文社科版），2006(1).

② 2013 年 12 月 1 日《新京报》报道。

③ 胡泳. 微博：看客如何实现落地[N]. 时代周报，2010-11-25.

意讲的话，讲自己认为是正确的话。

讲真话带有较强的主观性，真话与“真相”“真理”是两码事。真话以“事实判断”为标准，分为两种：其一，真实地反映客观现实，经过实践检验它是正确或是基本正确的话；其二，发自肺腑的言论，它可能是不正确、不全面甚至是错误的话。

文化学者陈明远认为，敢说真话、发掘真相、探寻真理，是“求真”三部曲，是循序渐进、逐层深入的过程。“所谓‘真话’可能复制了瞒和骗，就变成传播假事，甚至于真心的牛皮话、忠诚的马屁话。什么叫真相？真相是属于科学的东西……几十年来的书籍报刊资料里有很多并不是真相，而是‘似是而非’的假象。”[①]

（二）公民讲真话的权利和意义

1. 言论自由的制度保障

公民讲真话，不应是种奢侈。马克思曾说：“发表意见的自由是一切自由中最神圣的，因为它是一切的基础。”[②]《欧洲人权公约》第十条第一项也规定：“人人有言论自由的权利，此项权利应包括保持主张的自由，以及在不受公共机关干预和不分国界的情况下，接受并传播消息和思想的自由。”

在我国宪法中，第三十五条明确规定：“公民有言论、出版、集会、结社、游行、示威的自由。”2009 年 4 月 13 日，国务院新闻办公室发布了《国家人权行动计划(2009—2010 年)》，将表达权列为公民政治权利中的第七项权利。表达权包括：决定是否发表言论的自由；不受限制地发表言论的自由；以某种方式和形式发表言论的自由；匿名发表的权利；免于事先审查的自由；对社会事件及当事人进行报道和评论的权利；向国家机关及工作人员提出批评、建议的权利；向国家诉冤请愿的权利；接近媒体的权利(要求媒体发表答辩、更正的权利)。[③]

2. 公民言论表达的价值

保障公民讲真话的权利有利于社会秩序的回归。公民讲真话是国家民主政治进步的表现。通畅公民讲真话的渠道、掌握民情是行政决策科学化的前提。正确的话可以帮助我们把握时局、认清形势、科学决策。即便是片面或错误的话，也有利于掌握动态、分析原因，从侧面或反面检查改进工作。

公民的政治参与和公共表达都需要讲真话。在真诚参与与平等交流中，民众会逐渐体悟到建设的艰辛、管理的繁杂、社会的多样化。这对提升民族的公民素养大有裨益。

公民言论表达的价值也投射在多个层面：对个人而言，自由抒发己见是个体人格发展不可缺少的要素，是保障人作为个体存在的依据；对国家来说，言论自由的

---

① 陈明远.中国 60 年的衣食变迁：温饱及小康[M].太原：山西人民出版社，2009：3.

② 马克思，恩格斯.马克思恩格斯全集(第 1 卷)[M].北京：人民出版社，2008：573.

③ 侯健.表达自由的法理[M].上海：三联书店，2008：10.

价值在于它是社会公众借以制衡公共权力，防止其侵害公民权利的一种手段；从整个社会看，自由言论更多地与宽容联系在一起，成为一种舒缓、分解乃至消除矛盾的渠道。①

美国民主理论家达尔曾指出："自由的表达，不仅意味着我们有权利说出我们的观点，它还意味着我们有权利听到别人的观点。"表达和接收观点是相辅相成的，公民在说真话时也会听到多方的意见、建议。在质疑与批评中，公民也能检测到自身判断的准确性，有助于追寻真理。因此，公民表达也是在制造观点交汇、意见碰撞的舆论环境中，增进真知的传播、价值的多面化的。

二、真话表达误区和纠偏方式

钱钟书认为："我们常把自己的写作冲动误认为是自身的写作才能，自以为要写就意味着会写。"②讲真话跟写作如出一辙，同样存在"将真话等于真理，将爱讲等于会讲"的误区。

（一）现实中言论表达的"真话"误区

1. 错将"真话"当"真理"

真话较为感性，真理却颠扑不破。但现实中，人们常把二者混为一谈。将"真话"当"真理"，忽略了真话中或存的"不理性成分"，其实是对真话含义的窄化。

2. 以偏概全地讲真话

真话的"真"应表现在整体真实。可许多人以偏概全，将真话误解成"局部真实即可"。很多意见在表述中掺了水分，或者带有不少主观臆想，结果经实践检验，只有部分属实。这些所谓的"实话实说"，跟讲真话的完全性相悖。

3. 公共决策屏蔽"少数人意见"

"少数服从多数"是我国公共事务决策中的基本原则。社会关注大多数人的意见，照顾大众利益，是维护公共利益的应有之义。

然而，盲目地唯"多数人意见决定论"也会过犹不及。俗话说："真理往往掌握在少数人手中。"群体中的少数人，也可能秉持着真知灼见，或者有着与众不同的话语立场。若无视他们的声音，对其利益诉求置若罔闻，那么极易造成"多数人的暴政"的局面，存在让民主变成"压迫与被压迫"关系潜存的伪民主。某些议题需要兼顾多方利益，听取不同意见，若在"多数人利益"的名义下打压异议，则会扭曲民主的原义，使政策的"副作用"少了参照，而且让舆论环境变得专政化。

---

① 顾小云．言论自由对个人、国家和社会的价值[J]．理论探索，2006(6)．

② 钱钟书．《围城》重印前记[M]．北京：人民文学出版社，1980：1．

（二）不当真话的纠偏方式

1. 要正确认知“真话”和“真理”

真话可能是真理，也可能是谬论。真话未必客观、有思想，但真理往往通过实话反映出来。因此，只有对真话进行“去粗取精，去伪存真，由此及彼，由表及里”的条分缕析，才能获取真理。真话和真理的区别在于是否符合事物发展的客观规律。谬之千里的真话，与真理判若天壤。只有认识到这点，才能对真话审慎评判。

2. 全面理性地讲真话

“盲人摸象”的寓言告诉我们：以点带面式的认知往往带来整体失真。讲真话，不能只是选择性地讲，而应该兼顾整体，全面理性地讲。

维特根斯坦认为：“一个词的确切意义，只有在具体语境里才能呈现出来。”说真话离不开特定的语境，否则容易衍生歧义。“全面理性”就涵盖了对相关语境的反映。

3. “少数服从多数”也要兼顾少数人权利

“少数服从多数”实质是决策主体行动的原则，不是思想的原则；是决定行动方案，不是讨论思想统一。[①] 它适用于公共事务的处理，而不能运用在私人事务决断上。

在民主决策时，既要以大众诉求为参照系，毕竟在利益让渡中应寻求“最大公约数”，协调利害得失，又不能把少数人权利直接抹杀掉。民主原则的精髓就是尊重不同的声音，在民主讨论的基础上找出最优方案。少数派呼声也同时被听取，才是健康的舆论生态。这样不但能让真理在观点市场上兜售，还能反映多面的民意。

在公共决策中，弱势群体的利益尤其应“重点关照”。依据劳动和社会保障部专家何平对弱势群体的定义，弱势群体主要包括以下四种人：① 下岗职工，即已出了再就业服务中心、仍没找到工作的人；② “体制外”的人，即从没在国有单位工作过，靠打零工、摆小摊养家糊口的人，以及残疾人和孤寡老人；③ 进城的农民工；④ 较早退休的“体制内”人员。他们缺乏话语表达的平台，急需制度性的保障。

总而言之，社会应正视公共领域中不同社群媒介使用能力的结构性落差，透过政策的参与和制定，给予差异性的保障，保障每个群体说真话的权利，听取他们的权利呼声。

三、新形势下该怎样讲好真话？

在市场化和网络化交织的新形势下，讲好真话，需要的不仅是“一吐肺腑言”的勇气，还需优渥的外部条件。若说真话遭遇“文字狱”，那么噤声失语的沉重代价必然会

---

① 张晓燕.民主执政与少数服从多数原则的重新解读[J].中国党政干部论坛，2005(11).

挫伤求真的精神脊骨，故而讲好真话需多方面的条件。

1. 政府的信息公开充分化

列宁曾经说过："一个国家的力量在于群众的觉悟，只有当群众知道一切，能判断一切，并自觉地从事一切的时候，国家才有力量。"①

信息公开是政府"说真话"、对百姓负责的必要措施。政府"打开天窗说亮话"，才是公众了解政府行为的直接途径，也是公众监督政府的重要依据。

世界银行首席经济学家斯蒂格利茨说："政府如果不能提供充分的信息，或者公众缺乏畅通的信息渠道，那么所谓的面向公众的政府，也就沦为一场滑稽剧或悲喜剧的序幕。""民主过程中的实质性参与，要求参与人必须获知充分的相关信息，而保密减少了公众可获得信息的质与量，使公众陷入步履蹒跚的困境。"②当信息公开不再"犹抱琵琶半掩面"了，政府才算是"说了真话"，给了民众说法。

(1) 信息公开的基本原则。

政府信息公开，应遵循以下几个原则：① 权利原则，信息公开并不仅仅是政府机关的办事制度，可有可无，而是关乎百姓的知情权；② 公开原则，要避免以"国家机密"等借口绑架政府信息告知义务，必须将公开作为硬性规定；③ 利益平衡原则，公众行使知情权的过程中，若与其他利益发生冲突，则应加以权衡；④ 不收费原则，免费向公众公开，杜绝变相提高获取信息的成本；⑤ 自由使用原则。

还有传媒研究者总结出下列六条基本原则：① 政府信息公开是常规，不公开是例外；② 公众有权获知政府如何运作；③ 关于保障官方秘密的法律，应限于合理的范围之内，而政府内部的纪律和处分制度也应该与之配合；④ 公民应有权获知存于政府中的他们的档案等资料；⑤ 为保护国家、商业等方面的正当权益，可以制定限制信息发布的规范，但是应有明确、统一和公平合理的准则；⑥ 当公众与政府对有关信息公开发生争议时，应有一个客观独立的仲裁机构，以做出有权威性的和约束力的判断。③

(2) 我国信息公开的进步与不足。

自2008年5月1日以来，我国开始实施《政府信息公开条例》。条例规定，行政机关应当遵循公正、公平、便民的原则，建立健全信息发布协调机制等。

《政府信息公开条例》的实行，标志着政府从宣传思维到信息公开思维的转变。揆诸现实，在2008年的汶川地震和北京奥运会中，中国政府的信息透明前所未有，令西方啧啧称奇；从2011年起，中央各部门信息公开在形式上有了不小进步，但责任人的不明确、问责主体的模糊，都成了《政府信息公开条例》推行的障碍。④

---

① 列宁. 列宁选集(第三卷)[M]. 北京：人民出版社，2012：361.

② 斯蒂格利茨. 自由、知情权和公共话语[J]. 宋华琳，译. 环球法律评论，2002(3).

③ 魏永征，张咏华. 西方传媒的法制、管理和自律[M]. 北京：中国人民大学出版社，2003：51.

④ 赵振宇. 严格问责制 确保《公开条例》有效实施[J]. 新闻记者，2010(8).

以“国家机密，谢绝监督”为名拒绝，或犹抱琵琶半遮面，或信息掺水、模糊化等，都是当前我国信息公开机制的短板。

(3) 信息公开的配套机制。

确保政府信息公开，离不开刚性的预惩制和问责制。《政府信息公开条例》第四章第三十四条中强调：“行政机关违反本条例的规定，未建立健全政府信息发布保密审查机制的，由监察机关、上一级行政机关责令改正；情节严重的，对行政机关主要负责人依法给予处分。”也就是说，惩治问责是信息公开的有效保障。

然而，在我国的行政问责中，同体问责一直占很大比重。虽然同体问责具有高效、迅速、知情的优点，但从利益关系上说，同体问责会面临“责任连带”的问题。只有将公民、社会团体及媒体纳入责任追究主体中，发挥外部力量的监督作用，才能加强问责力度。[①]

信息公开要想获得人们认可，前提是信息真实、细化，而非伪造数据、含糊其辞。要让信息趋近真相、详细备至，公允的审核机制不可缺少，必须打破问责虚置的局面。

2. 新闻媒体的责任担当

媒体是传播信息的媒介，它具备监测社会环境、协调社会关系、协调文化、提供娱乐等功能，是社会责任的守望者。

讲真话是新闻媒体的必备素养，也是新闻真实性的题中之义。不说真话，新闻也就失去了生命。马克思在《〈莱比锡总汇报〉在普鲁士邦境内的查禁》中要求媒体“依据事实来描写事实，而不是依据希望来描写事实”，提出“真实和纯洁是报纸的生命”。[②] 若新闻失真，那么媒体的职业道德就难逃拷问，新闻操守失贞。

新闻媒体讲真话，就该坚守新闻的真实性，珍惜自身的公信力。只有在可靠的新闻获取手段的基础上，对全面新闻事实加以呈现，才能捍卫新闻的真实。在新闻来源多元化、传播渠道多样化的情境下，媒体更要以审慎、理性的态度加以核实、报道。同时，媒体要拒绝假新闻，要摒弃“利益至上”的炒作渲染，杜绝浅尝辄止的浮躁作风，对弄虚作假坚决抵制。

辛亥革命时期，革命党人胡石庵创办了《大汉报》，为宣传鼓吹革命，他们写小说暴露社会黑暗。为了提升革命党的信心，他认为“把声势说得夸大些，既可以安军心，又可以丧敌胆，这个谎非扯不可”。《大汉报》创刊两天后，所发表的《孙大总统告同胞书》是他杜撰的。汉阳失守后，他杜撰关于各省起义、北京反正、援兵立至等文章，安定民心。革命军人称赞说：“胡石庵一支笔，胜过吾辈三千毛瑟枪。”

胡石庵式的新闻思想在特定历史情形下为革命带来了活力，但它有违客观公正的新闻伦理。一般情况下，新闻真实的底线，媒体不应失守。

媒体讲真话，需要大无畏的勇气。毛泽东曾对著名报人吴冷西说：“要有充分的

① 刘振宇．严格问责制 确保《公开条例》有效实施[J]．新闻记者，2010(8)．

② 徐进．新闻真实、新闻失真和新闻打假[N]．理论学习，2008-03-20．

思想准备，要准备遇到最坏的情况，要有‘五不怕’的精神准备，这‘五不怕’就是：一不怕撤职，二不怕开除党籍，三不怕老婆离婚，四不怕坐牢，五不怕杀头。有了这‘五不怕’的准备，就敢于实事求是，敢于坚持真理了。”今天的媒体，要真正做到这一点却是十分困难了。而且，我们也需要追问：在形势发展的今天还需要为了讲真话而“五不怕”么？

为了保证媒体讲真话，还需要创造相对宽松的舆论环境。严格的审查制，虽然对虚造新闻等恶劣行径形成制约，但也会造成言论口径的狭窄，乃至密闭化。良性的舆论环境应该是既对假新闻零容忍，也应保障媒体说真话的自由。

《宋史》中有句话：“贤路当广而不当狭，言路当开而不当塞。”改变领导的“一言堂”，建立民主环境，允许媒体批评监督，方能避免“堰塞湖”的出现。若政府部门过于讳疾忌医，限制媒体活动，必然会影响新闻自由，损害新闻公正。

3. 公民讲真话的基本前提

讲真话是公民权利伸张的惯常方式，是真诚人格的表现，也与公民意识的觉醒息息相关。在假话、套路泛滥的现实情景下，公民更需要养成善讲真话的品质。作家巴金之所以饮誉极广，被称作“中国的良心”，就是因为他秉持着“说真话”的精神。

当然，现实中谁也避免不了说假话。在不得已说假话的时候，也应坚持三项原则：说假话不能太真，以免以假乱真；说假话不能太假，不然有损形象；说了假话，要认账认错，不能矢口否认。当下，除了说话者个人要加强品德修养外，相关部门还要特别研究和制定相应举措，根除讲假话的环境和土壤，不能让讲假话者大行其道。

多讲真话，才能取信于人，才可吐露真实心声，伸张自身权利，为政策制定提供借鉴，为诚信氛围的构筑“添砖加瓦”。

首先，讲真话要掌握实情。说真话跟信口雌黄、妄自忖度有本质区别。若没有掌握实情，听他人误导，盲信误传，极有可能造成谬论流传，最终让个人诚信大打折扣。

掌握实情，未必都要“事必躬亲”，也不必都在现场获取一手资料，但不能轻易听信真假未卜的传言，或主观揣测。“千夫诺诺，不如一士谔谔”，要避免人云亦云、以讹传讹，就应察实情，对真相有更深的透视。

其次，讲真话要合乎时宜。讲真话也要遵循公序良俗，切忌口不择言。否则，真话有时是“忠言逆耳，却不利于行”。真话只在私下讲、日记本里面讲、床头讲、洗手间里讲显然不行。[①] 而不分场合地讲，势必会削减真话的耐听度。鲁迅先生在《立论》中讲到一个故事：“一家人家生了一个男孩，合家高兴透顶了。满月的时候，抱出来给客人看，——大概自然是想得一点好兆头。一个说：‘这孩子将来要发财的。’他于是得到一番感谢。一个说：‘这孩子将来要做官的。’他于是收回几句恭维。一个说：‘这

① 赵振宇. 多提供讲心里话的地方[N]. 人民日报，1986-08-10.

孩子将来是要死的。'他于是得到一顿大家合力的痛打。"

尽管丙说的是真话，却因不合时宜而受到鄙弃。即便是说真话，也不应无视人文情怀和道德常识，不应变成咒骂、攻击式的言论。

最后，讲真话应端正立场。任何真话都会裹上相应的道德评价，都有着某种话语立场。说真话，应当坚持客观、公允、正义的准绳，符合人文伦理，尊重人的权利。

针对危急关头人们的普遍性噤声，马丁·路德·金曾感慨："社会最大的悲哀不是坏人的嚣张，而是好人的过度沉默。""路见不平"时的讲真话，很多时候等于还原真相，伸张正义。在道德滑坡危机凸显的现实里，讲真话更应成为我们对朴素正义感的坚守。讲真话，可以是"走自己的路，让别人说去吧"，但不可以是"踩着别人的脚"。说真话的底线应该是不侵害公共利益和合法权利，不戕害道德法律。

4. 坚持独立精神，培养宽容品格

"独立之精神，自由之思想"是国学大师陈寅恪的毕生信条。讲真话需要独立精神。独立精神是指发表属于自己的、与众不同的、真知灼见的、引人思考的、催人共鸣或争鸣的意见，也包含着独立意志。有主见地讲真话，急需制度完善。

(1) 不能让讲真话承担高风险。

讲真话遇到"广开言路，从善如流"的制度设计和包容意志，就会免于"因言获罪"的危险，真话之门也就可以打开。若我们周边是"排斥真话"的制度环境，那么公众必会对真话有所保留。

不让讲真话承担高风险，甚至是让真话得到善待，需要畅通的渠道、平等的平台。"要创造条件让人们批评、监督政府"，言外之意，就是要培育善待真话的土壤。唯有推进政务公开，完善各种公开办事制度和行政复议机制，保障民众的知情、参与、表达和监督权，才能让百姓张开嘴讲真话。

作家王小波曾借古讽今："中亚古国花剌子模有个古怪的风俗，凡是给君王带来好消息的信使，就会得到提升；带坏消息的则会被送去喂老虎。于是，将士们纷纷虚构好话，最终祸国误民。"只有官员们树立"愿听真话"的理念，建立一种"愿听真话"的保障机制，方可鼓励人们说真话、吐真情。

筑起说真话的文化氛围，还需对"文字狱"予以禁止，对打击讲真话者严惩不贷。在"彭水诗案"及多起跨省追捕丑闻中，都存在因讲真话被打压的乱象。让人们爱讲真话，就应消弭伺机报复的恶例。

(2) 要善于独立发表意见。

要有独立精神，首先必须有自己的思想。黑格尔说过："人是靠思想站立的。"人们没有独立想法就会迷失自我。有了独立精神，还要敢于发出第一声。18 世纪英国散文家哈兹里特说："重复别人说过的话，再说一千次也平凡无奇。"一个思想者要敢做"第一个吃螃蟹的人"，这需要以勇气和胆识作支撑，要有科学精神和知识储备。

打破迷信，跟谬误做斗争，也是独立精神的重要体现。只有独立思考，摆脱利益窠臼、派系争斗，唯真理是瞻，独立发表意见，才会具有建设性价值。

（3）总结教训比讴歌重要。

经历了多年坎坷，积累了丰富的经验教训。对成绩的肯定固然可给人增添信心，教训总结则更具裨益，能知其得失，为以后提供镜鉴。

邓小平曾先后在1989年、1992年反思："十年来我们的最大失误是在教育方面，对青年的政治思想教育抓得不够，教育发展不够。知识分子的待遇太低，这个问题无论如何要解决。"①"回过头看，我的一个大失误就是搞四个经济特区时没有加上上海。"②他以政治家的魄力，总结出失误，承担起责任，这也为他后来的决策"补救"带来参照。总结教训使决策科学化、规范化。我们没有办法用今日之笔修正昨日之错，但能够总结出谬误所在，书写明天的历史。

就眼下而言，泛滥的溢美之词，日益模糊着成功、美好的标尺，"有一善，从而赏之，又从而歌咏嗟叹之"式的讴歌，成为社会的通病。这犹如遮眼浮云，蒙蔽人们的正确认知，阻滞前行的步伐。

总结教训，将批评与自我批评融入现实体验中，才能找出问题，看到不足，并引以为鉴。看清了脚下的位置，明白了前行方向，长足进步才不会成为奢侈。

（4）以宽容品格增进和谐。

说真话需要宽容品格来求同存异、增进和谐。宽容品格是指在面对众多学派、异见特别是针锋相对的观点时，表现出的一种平等、宽恕、相融的品格。它是保证人文科学深入展开的必备条件，是真话兼容的基础。

懂得宽容，才会有意见的交流、学术的碰撞融合，进而使真相在平等争论中被发掘，观点相互启发、取长补短。宽容精神，崇尚的就是"观点市场"的竞争，让各种观点得以兼容。

但宽容不意味着对任何观点、见解、标准、行为方式和做法都不予计较，对任何事都听之任之。李大钊提出宽容思想包含以下三点：第一，宽容要求容人；第二，宽容不否认竞争；第三，宽容不等于绝对的容忍。③ 现实中，宽容常需要对"百花齐放、百家争鸣"的秉持，反对任何形式的学阀作风，反对以行政手段推行或压制某种观点的做法。这样，真话才能得以张扬。

说真话的终极目的是和谐。和谐，即和而不同，其基础是先有"不同"，再经过交流、沟通和协调，达到相融、和谐的境地。在追求和谐的过程中，坚持"各美其美，美人之美，美美与共，天下大同"的原则尤为重要。

宽容是和谐的根基。谦虚和蔼、友善待人、宽容大度都会说真话各行其道，不会衍生语言或肢体冲突，最终促进和谐的生长。

胡适在论及"容忍与自由"时说："言论之所以必须有自由，最基本的理由是：可能

---

① 邓小平.邓小平文选[M].北京：人民出版社，1995：287.

② 邓小平.邓小平文选[M].北京：人民出版社，1995：375-376.

③ 李大钊.李大钊文集[M].北京：人民出版社，1984：660.

我们自己的信仰是错误的；我们所认为的真理，可能不完全是真理，可能是错的。”①谁都不是真理化身，所以只有包容彼此，真话才可在交融中向真理演进。

宽容跟和谐的辩证关系要求我们在讲真话时要以尊重他人为底线，力争客观理性，不做“道德审判官”，呼吁宽容的社会环境。同时，也要明确宽容限度，避免无原则地简单接受。

四、小结

讲真话，关乎着个人信誉、社会诚信氛围的浓度，蕴含着道德的分量。它是政府、媒体、个人等都应坚持的使命，谁都义不容辞。只有多讲真话，人际信任、制度善意才会变得稳固。

在网络化日渐深入、民主化大潮势不可挡的新形势下，讲真话不只是关于勇气、魄力，更需要相应的制度铺设。宽松的制度环境、开放的舆论口径，能加速说真话的常态化。与此同时，坚持独立精神、培养宽容品格，也是保养真话“花瓣”的社会营养。当宽容的文化土壤肥沃了，独立思想不断萌芽，真话才会盛开，社会才能离和谐越来越近。

---

① 胡适.胡适日记全编[M].合肥：安徽教育出版社，2001：604.

社会化媒体时代新闻生产的补偿与突围：财经新媒体的尝试

刘义昆　余燕明[①]

摘要：未来是否会有一种全新的新闻业？不会被彻底取代的专业记者该如何作为？财经新媒体的不断涌现，影响传统新闻生产。对传统的新闻生产来说，财经新媒体是一种突围性的补偿，而对未来的新闻生产来说，它是一种预演式的过渡。

关键词：财经新媒体；新闻生产；补偿；突围

在微博、微信、App(Application)阅读客户端等新媒体蓬勃发展的传播环境里，创办新媒体的低门槛(包括技术和成本)让许多有志投身新媒体的人士和机构跃跃欲试。这其中，又以创办和运营财经新媒体的趋势尤盛。一份名为“中国微信500强”[②]的榜单对2014年9月1日至9月7日的微信公众号进行了排行。在上榜的59个时事类公众号中，绝大多数公众号由传统媒体(报纸、电视、广播或传统网站)所创办；上榜的43个财富类公众号，却大多由企业或个人创办。在这份榜单中，“政商内参”排名时事类第5名，但信海光对此回应：“我们的账号名字是政商内参，如果能挪到商业排行榜去我觉得也合适，求之不得”。[③]

新媒体的不断涌现对传统新闻生产产生着影响。有研究者认为，新媒体对传统新闻生产的影响主要体现在“从组织化的新闻生产向社会化的新闻生产转型上”。“社会性媒体让‘人人是记者’变成可能，促使组织化的新闻生产逐渐‘去中心化’，但

---

① 刘义昆：中国地质大学艺术与传媒学院副教授，博士；
余燕明：人民网记者。

② 中国微信500强[EB/OL].[2014-09-25]. http://weibo.com/p/1001603752998995117452.

③ 信海光.我宁可不上时事榜，你懂的[EB/OL].[2014-09-25]. http://weibo.com/p/1001603752993089584369.

公众的积极、活跃参与，并不意味着专业新闻从业者将被彻底取代。”①那么，未来是否会有一种全新的新闻业？不会被彻底取代的专业记者该如何作为？这些仍是需要探讨的问题。本文所说的“财经新媒体”是指主要依靠微博、微信、应用程序和网站等互联网技术和渠道建立起来的，进行财经新闻生产与整合的新媒体，这些财经新媒体具有浓厚的媒体属性，并且遵循新闻生产和传播的规律。本文所研究的对象是这些财经新媒体的新闻生产。

一、新闻生产的新尝试

在财经新媒体的创办中，传统财经记者编辑是独树一帜的开拓者和实践者，他们凭借在新闻行业里多年打拼积累下来的资源，以及与其他同行相比更加突出的专业能力，使财经类、政经类的新媒体如雨后春笋。与其他财经新媒体不同的是，由传统财经记者编辑创办的财经新媒体不仅有财经新闻汇编和评论，也有新媒体自身采写的新闻信息。这使得这类财经新媒体具有难以取代的核心竞争力。

目前比较知名的由传统媒体人创办的财经新媒体包括“智谷趋势”“政商内参”“信海光微天下”等。比如，“智谷趋势”是由媒体人邓科创办，其关注的是财经类的政商领域，“智谷趋势”为自身搭建内容生产团队“智谷趋势研究中心”，并组建公司化的智谷趋势数据服务，在业内影响较大。“政商内参”“信海光微天下”是由财经媒体人信海光创办，信海光是《FT 中文网》《财经》《经济观察报》《21 世纪经济报道》等媒体的专栏作者，“政商内参”微信公共号的口号是“汇编精选政商信息，深度解读政商新闻”。“信海光微天下”重点关注的财经领域是科技、产业动态，内容的分发渠道除了微信以外，还有 FT 专栏、新浪博客、财经网名家博客、百度百家等。

（一）新闻资源与核心竞争力

创办财经新媒体，财经记者编辑是其核心竞争力。在财经新闻报道中，财经记者编辑需要经常接触各行各业的消息源和行业人士，主要包括：商业公司人士、政府机构官员、咨询顾问研究机构人士以及相关的媒体同行。财经记者编辑经过多年的摸爬滚打，已经结识和积累足够的人脉资源。人脉资源是传统财经记者编辑为新媒体提供内容的核心渠道，也构成了这类财经新媒体的核心竞争力，亦即最具独特性和不易模仿性的内容。

新闻资源是财经新媒体创办的基础。商业公司的内部人士能够给这些财经新媒体提供公司内幕、业绩报告等；政府机构官员能够给财经新媒体透露政策风向、监管调控风声等；咨询顾问研究机构能够给财经新媒体提供最专业且相对中立的财经行业分析，解疑释惑；而经常接触的媒体同行们，则可以相互提供便利，在采访、线索方

① 张志安.新闻生产的变革：从组织化向社会化[J].新闻记者，2011(3).

面互通有无。

《21 世纪经济报道》高级记者、政经版块编辑孙小林，在 2012 年开始创办名为“识局”的财经新媒体，其中包括“识局”微信公众账号、“识局”微博以及后期上线的“识局网”。[①] 孙小林谈到自己创办识局新媒体的优势时说，他从 2008 年开始从事政经新闻报道，期间结识了一批政府官员、企业人士和媒体同行，2011 年转做编辑之后，对于这些以前工作上建立的消息源，虽然后来联系相对较少，但是也有相当一部分联系人发展成为私人关系，并建立了很好的私交。“在与这些联系人和消息源聊天的时候，我注意到，这些平时的聊天内容除了会被所供职的媒体利用和转化成新闻报道外，还有些信息仍然十分丰富。”“再加上有些信息线索不符合 21 世纪经济报道的风格，或者是因为上面的限制不宜报道，所以我在想，这些线索是否也可以通过其他渠道进一步体现出价值。”[②]随后，孙小林开始与《21 世纪经济报道》的一名产经编辑、一名政经记者和一家企业的负责人合伙创办了“识局”新媒体，用以消化这些平时获得却未得到充分开发利用的信息线索。

（二）专业能力与不可替代性

财经记者编辑创办新媒体的另一大优势体现在他们相对突出的专业能力上。资深财经记者赵晓辉认为：“跟踪一个领域时间久了，不少财经记者就会成为该领域的‘行家’，只不过相比真正的专家，这些财经记者更能深入浅出地进行报道。”[③]这些专业能力造就了财经记者编辑的不可替代性，即在新闻专业学生培养过剩的同时，优秀财经记者编辑仍然供不应求，这反证了财经记者编辑的不可替代性。

未来媒体应该变得更加专业化，尤其在它们想要立足和发展的领域。“新闻专业化的时代早已开始，不再拥有垄断地位的媒体必须通过提供知识来争取自己的权威地位”。[④]《华夏时报》编委、《地产周刊》主任贾海峰创办“中国房评报道”系列新媒体，包括微信公共号和“中国房评网”，[⑤]其主要关注北京房地产市场以及房企的动态，并且帮助用户、读者发布与房产相关的信息。贾海峰在进入财经新闻行业之初，所接受的是金融学的本科教育，之后从事了 10 年左右的房地产新闻报道，既深谙房地产市场新闻的报道逻辑，也熟知房地产行业。在《中国房评报道》所推出的一系列内容中，有一个版块是分析房地产市场的走向，而这一类型的行业分析和评论内容主

---

① 识局网. [EB/OL]. [2014-09-25]. http://www.ishiju.com.

② 这是作者通过深度访谈所获得的内容，相关引用后文将不再注明。《21 世纪经济报道》高级记者、政经版块编辑孙小林，2014 年 3 月 15 日，北京，电话访问；《华夏时报》编委、《地产周刊》主任贾海峰，2014 年 4 月 10 日，北京，面访。

③ 赵晓辉. 优秀的财经记者是怎样炼成的[J]. 新闻与写作，2013(10).

④ 科瓦奇，罗森斯蒂尔. 真相：信息超载时代如何知道该相信什么[M]. 陆佳怡，孙志刚，译. 北京：中国人民大学出版社，2014：191.

⑤ 中国房评网. [EB/OL]. [2014-09-25]. http://www.zgfpbd.com.

要由贾海峰以及他所结交的懂行的记者来撰写，他们已然成为房地产市场的专家型记者。对于读者来说，他们所采写的新闻稿件也有很专业的参考价值。

二、财经新媒体影响下的新闻生产

操慧认为，未来的新闻生产主体将会是一种新型的电子媒介人，它将朝着保罗·莱文森所言的"媒介演化的人性化趋势"方向迈进，即依靠人与技术的和谐并相互创造，从以人为本的目标出发，理性选择媒介，能动补救或补偿某一媒介的先天不足，从而多元化地适应并满足人的需求，最终实现人与媒介之间的脱域，即实现作为生产主体的自由状态。而社会协作的网络化、高频度、高效率将直接作用于新闻生产的流程再造与范式型构。①

（一）流程再造：新闻生产扁平化

在传统的新闻生产里，通常是单向的线性生产流程：线索→报题→采访→写稿→编辑加工→组版→校对→付印。一篇新闻报道的生产和最终呈现给读者的阅读产品，不仅有新闻记者从发现线索到成稿的全线跟进，与记者平行同步参与的，还会有媒体编辑领导的层层把控审核。传统媒体的新闻生产是一种垂直的、有着严密管控的流程生产。

新媒体的网络化、高频度、高效率改变着传统的新闻生产方式。朱松林预测，未来会出现越来越多的新闻创业者，而这些创业者大多会来自传统媒体。以前在垂直的新闻生产流程里，分工明确，记者只负责新闻采写和制作。"而新出现的'新闻创业'则要求记者们能自主发现和挖掘有意义的新闻话题，然后独立完成新闻制作。这种新闻制作模式实际上就可以不依赖传统的媒体机构了。"②

财经新媒体的新闻生产一般不是组织化的，这极大地简化了新闻生产的流程。通常，这些财经记者、编辑在当天的一次聊天对话中或者浏览网页过程中，或者在手机屏幕来回滑动的过程中，就会发现一条新闻线索。他们并不用向部门领导或编辑汇报选题，而是待自己弄清事实、梳理逻辑后，就会自主地完成稿件的采写，自己把控风险与错误，然后在后台完成简单的编辑操作，直接向读者推送发布。对于外稿，这些财经新媒体的工作也就是审核是否采用稿件、如何编辑加工、何时向读者推送。

这些财经新媒体的新闻生产因为简化了流程（客观上也在于财经新媒体刚刚兴起，无法达到规模化、组织化新闻生产的程度），极大地提高了新闻生产的效率，当然也就很好地把握了新闻生产的时效性。而对兼职的记者编辑而言，在新闻生产的成本方面，财经新媒体边际成本很低，甚至只会占用他们一定的时间成本。

---

① 操慧.脱域：互联网时代的新闻生产[J].四川大学学报（哲社版），2012(3).

② 朱松林.网络化新闻生产模式探析[J].编辑之友，2013(1).

（二）产品创新：新闻生产个性化

财经新媒体的出现，为以往那些被限制报道的内容和题材提供了新的信息释放出口。在传统的新闻媒体里，媒体对编辑记者新闻报道的采写都会有或多或少的要求和规定。有的是标题制作，有的是字数要求，有的是文本风格，有的是信源方面，不一而足。比如《21世纪经济报道》对记者写稿的要求是：标题的制作要尽量区别党报风格，不允许采用排偶对仗的标题；撰写新闻稿件的导言类似于新闻报道的梗概，方便读者快速地抓取到新闻报道的核心内容；除了访谈专访以外的报道，皆要求至少两到三个以上的消息源。

新闻的提供者们必须明白一点，今天的“向前倾”公众需要一种崭新的新闻实践。在财经新媒体的内容生产里，写稿和内容制作的要求会放宽很多，这迎合了公众个性化的消费需求。“因为这些新媒体都是我们几个同事和同行一起创办的，人手有限，内容生产也很有限，”贾海峰指出，“我们平时都有自己的工作要做，也很难花太多的精力和时间去搞选题的讨论、采访和写作。有时候会看到一条信息，然后凭着自己在行业里多年的观察和积累，将其分析一下，一边评论，一边叙述，夹叙夹议是房评报道最主要的特征。”

对于大多数的财经新媒体来说，现在基本还都处在起步阶段，这也是用户、粉丝和流量积累的关键时期。所以在他们的内容生产里，都会特别注重内容信息的趣味性和有用性，比如从上市公司未披露的内幕消息到某个企业老总的花边新闻，从财经情报的专业分析到媒体生存转型的观点评论，都会成为这些财经新媒体生产的内容。

“我们对写稿、约稿和来稿都是没有要求的，字数不限、题材不限、体裁不限，”孙小林认为，“只要是我们的读者和用户愿意看的、愿意转发的，我们都会推送。”当然这些文章、稿件还必须符合他们新媒体的目标用户。孙小林创办运营的“识局”新媒体，专注的就是政商关系，致力于打造决策者的政情顾问。

三、突围新闻生产的把关与控制

在传统的新闻行业里，不同媒体的新闻生产都会受到不同宽紧程度、不同影响因素的管控。休梅克和里斯将影响新闻生产的各个要素从微观到宏观排列成一个多层次的洋葱型模型。这五个分析层面依次为：个体新闻工作者、媒介常规、媒介组织层面、外部组织以及意识形态。① 财经媒体与其他传统媒体一样，影响新闻生产的因素自内而外包括多个场域或圈层。

① Shoemaker P J，Reese S D. Mediating the Message：Theories of Influences on Mass Media Content［M］. NY：Longman，1996:64.

（一）突围组织目标的影响

新闻生产的内部压力圈层“主要表现在组织的目标、分工、权力结构、无形政策、惯例等方面”“在我国的新闻媒体组织中，实现‘媒体的政治目标、媒体的经济目标和公众的目标’对应着不同的分工。其中党委主要负责管理政治目标，广告和经营部门主要负责经济目标，而编辑和记者主要协调公众的目标”。①

基于这样的组织目标，传统媒体会制定显性的编辑方针或存在隐性的编辑方针。传统媒体行业的普遍共识是：编辑方针是媒体的灵魂，它规定和决定了新闻报道的方向和内容、新闻报道的水准、新闻媒体选择和刊用稿件的尺度、新闻媒体的形式和风格、媒体的特色。

在《21世纪经济报道》的政经版块，编辑部要求新闻报道的格调应该是严肃的，比如对官员生活作风、腐败的报道，要求记者和编辑侧重梳理和揭示政商关系中的利益输送，而弱化官员的花边描写。孙小林在“识局”新媒体的新闻生产上却没有延续这样的要求。当其负责的几个记者在调查采访这些生活作风、腐败官员的时候，往往会掌握这些新闻事件中官员的花边细节。孙小林认为这些官员的花边内容（比如官员包养过几个情妇、花费多少金钱、如何逃避公众的关注等）尤其能吸引读者的眼球，所以“识局”会以另外一种风格将其呈现在新媒体平台上供读者阅读。

而在某些敏感的选题上，这些财经新媒体的优势也能够体现出来。昆明暴恐事件发生以后，《21世纪经济报道》编委会要求弱化对该事件的报道，尤其是在涉及民族和新疆问题上。“当时我们部门有个记者就是来自新疆，他觉得暴恐事件已经让汉族人对新疆加深了一些负面印象，所以这个记者很想做这方面的选题，”孙小林说，“当他报题给值班编辑时，选题没有通过。后来我就告诉他如果有兴趣就继续做，稿子可以刊发在‘识局’上。当时这类稿子比较少，后来稿子发出来反响很好，点击阅读量也很高。”

（二）突围媒体经营的影响

我们通常将资本、大公司和市场对新闻生产的影响归于外部控制的圈层，但这些资本和广告通常是通过媒体的经营部门、编辑部门进而影响到新闻生产。譬如《21世纪经济报道》和《华夏时报》这两家市场化媒体，前者已有复星集团，后者则有万达集团入股投资，这种关系有异于传统的广告商与媒体的联系。因此，本文将资本和广告商对新闻生产的影响归纳为媒体经营对新闻生产的影响。

芮必峰这样分析资本对新闻生产的影响：在目前的新闻生产领域，资本的力量与传统社会的权力之间，比如行政权力，呈现的是一种错综复杂的博弈关系，而不是决定于被决定的关系，不仅如此，资本在新闻生产领域自身就包含着矛盾，它在打破旧

① 刘海龙.大众传播理论：范式与流派[M].北京：中国人民大学出版社，2008.

的限制的同时又不断地生产出一些新的限制，而这些新的限制也就来自这些资本所属的利益团体。①

广告商往往会通过媒体的经营部门对新闻生产施加影响，比如用广告版面撤换稿件、用广告合同弱化负面信息等。这些财经新媒体却能够有效地规避相关影响，财经新媒体仍然处于起步阶段，而且尚未找到合适的盈利模式，如何在创办初期扩大足够的影响力，才是他们关注的重点。

“万达是华夏时报的持股方，与《华夏时报》的关系非常密切，而万达是做房地产的，我在报纸方面负责的是《地产周刊》，”贾海峰说，“报社编委会对我的要求很明确，万达的负面稿子肯定是不能做的。万达投资《华夏时报》就是为了找到发声渠道。所以《华夏时报》与万达在新闻报道上的交集，基本上是软文和大篇幅的广告。”

贾海峰创办的《中国房评报道》目前依靠的是一笔朋友筹集的天使投资，资金量比较小，不过，因为《中国房评报道》包括网站、微信在内的运营成本也比较少，目前团队只有九个人，多数是有正当职业，平时的内容主要是利用各自的资源写作稿件、点评房地产行业以及在网站、微信上运营，其成本较低，所以“目前对资金的要求并不是那么迫切”，也就没有房企通过广告和投资来干扰新媒体经营的压力。

贾海峰在《华夏时报》上对万达的新闻报道，都是规定以内的新闻操作，涉及万达的稿件基本上是广告软文，平时记者在报题时也基本都自觉地跳过万达。“而万达作为国内一家龙头房企，牵涉到的新闻线索并不少，中国房评报道则给了我操作万达新闻选题的报道自由。”目前，《中国房评报道》涉及万达的新闻报道包括《房企为什么要高周转》《七大行警示慎贷房地产》等稿件，均有提到万达的公司新闻，毫无避讳。

财经新媒体能够突围新闻生产的把关与控制，原因不言自明。这些新媒体带有独立媒体的属性，它们并不依附和挂靠任何政府、媒体和商业性质的组织机构，它们只在这些记者编辑手中操作运营，从而进行新闻生产。它们的利益关联方相对较少，所受到的管控更是微乎其微，这也就实现了对传统新闻生产诸多限制的突围。

四、结语

这些新创办的财经新媒体仍然在很大程度上是依赖于其创办者在传统财经领域、媒体行业罗织的社会资源，并未完全铺开进行规模化的新闻生产。甚至可以说，如果脱离传统的新闻生产，其根本无法进行新闻生产。因此，这些财经新媒体虽然在数量上形成巨大规模，如果聚焦到具体的、单个的财经新媒体，它们仍会显得十分弱势。

但财经新媒体自身所具备的、无法替代的特质使其新闻生产有着充分的自由度和灵活性。因此，下一代新闻业需要认识到，为确保传统基本原则永存，新闻工作者

---

① 芮必峰．试论资本在新闻生产关系变革中的作用[J]．国际新闻界，2009(7)．

必须调整自己，以适应新的技术所导致的新闻的分配方式和内容组织方式的不可逆的改变。新闻生产在社会化的过程中，可能需要重新组织化，才能使之保持新闻业的专业化，维持新闻工作者的核心竞争力。

另外，如今的新闻生产早已不再完全由专业记者来完成，机构和公民都在试图参与新闻生产。在未来呈现的新闻生产格局中，新媒体必将占据更大的比重。这些财经新媒体的从业者在新媒体进行的新闻生产，某种程度上是其他群体进行新闻生产的借鉴。唯一的区别是，这些财经新媒体从业者的专业性更强，他们更加熟悉新闻生产的流程与理念。

总之，本文所试图呈现的观点是，这些不断涌入的财经新媒体，虽然从传统的财经媒体导出，但也反作用于媒体行业的新闻生产。财经新媒体的这些尝试对传统的新闻生产来说，是一种突围性的补偿，而对未来的新闻生产来说，则是一种预演式的过渡。

［基金项目］本文系中央高校基本科研业务费专项资金项目《政务微博的发展前景与运行策略》（编号：CUGW120215）的阶段性成果。

党媒机关报视野下艾滋病报道的框架研究

——以《湖北日报》和《长江日报》为例

邱　立　李宁琪[1]

摘要：2006—2015 年的十年间，我国罹患艾滋病人口数量增多，中部地区是我国艾滋病患者较为集中的区域。《湖北日报》和《长江日报》作为湖北省委机关报和武汉市委机关报，在我国中部地区拥有重要影响力。本文运用内容分析法，考察 2006—2015 年间两家报纸对艾滋病的报道趋势和内容特点。研究发现，伴随艾滋病人口数量的增长，两家报纸有关艾滋病的报道数量也在不断攀升，2009 年《长江日报》的报道数量达到巅峰，《湖北日报》在 2011 年达到巅峰，之后两大报纸相关报道呈回落的趋势。研究还发现，有关医学进展和政府话语体系类的报道较多。作者对研究的发现进行了政策意义上的讨论。

关键词：艾滋病；新闻框架；党委机关报

据统计，截至 2015 年底，我国艾滋病感染者统计人数为 57.5 万例。湖北省作为中部重要省份，在大学生青年群体中，2015 年底报告显示艾滋病感染者达 11634 例，其中，青年学生艾滋病疫情增长较快。湖北省拥有丰富的媒介资源，那么作为信息传播的载体，媒体在艾滋病相关报道上是否有一定的新闻框架结构可循？面对艾滋病可能带来的社会恐慌，党媒机关报在有关艾滋病的报道上是否有其自身的新闻框架结构？十年来，艾滋病由以往的健康预防问题开始向社会问题转变，公众对艾滋病主要关注点也在逐渐变化。以湖北省艾滋病报道为例，通过比较近十年内党报媒体在报道艾滋病新闻方面呈现的变化，探究党报媒体作为舆论的重要阵地，在传播艾滋病相关信息中应该发挥怎样的教育功能。

---

① 邱立：湖北大学新闻传播学院硕士研究生；李宁琪：湖北大学新闻传播学院硕士研究生。

一、理论依据和问题提出

（一）新闻框架与大众传播

框架理论最初运用于文化社会学，后来引入大众传播学研究，社会学家戈夫曼认为，人们在社会生活中使用特定的诠释框架来了解日常生活。通过对社会角色、社会情境的诠释，人们能够了解特定行动场景中自己应有的交往行为和表现，从而协调与他人的行为，使日常生活井然有序。在大众传播领域，新闻框架采取一种集中的组织思路，运用选择、强调、排除、增加和精心处理等方式，通过标题、导语、引文和重要段落的体现，对新闻内容做出报道，即新闻框架是对某一事件的认识和表达方式。从新闻框架内涵来看，新闻框架可分别依组织、个人认知与文本三部分来看（臧国仁，1998）。新闻组织框架即新闻常规路线、写作形式、规范等。新闻个人认知框架是指新闻记者在报道社会事件时存在的固定形态或者新闻偏向，有些是属于无意或隐藏的偏向，有些是属于不同意识形态的报道差异。新闻文本框架指新闻记者在写作时用字遣词经过选择与重组的过程。从传播效果层面来看，新闻框架影响了受众如何想、如何处理和储存信息，将受众的注意力引到事实的某些方面，从而使其忽略另一方面。长期狭隘的程式化报道难免会给人产生刻板印象，限制受众主观认知世界的活动，忽略框架外的世界，然而受众的主观能动性使其按照自身的认知结构去认识和建构现实社会。因此在对社会现实建构方面，依旧存在受众个体框架和新闻框架不一致的情况。自艾滋病肆虐现实生活开始，媒介作为大众传播重要载体承担着传播艾滋病信息的重要职责。媒介报道方式与媒介属性具有一定的关联性，尤其是党媒机关报，其视野下的新闻报道不仅具有一定社会意义，还具有一定的政策指导意义。党媒机关报基于一定的媒介属性塑造出的艾滋病患者形象的报道，影响着大众对艾滋病群体的认知，通过艾滋病报道探究媒介在形象建构和媒介属性方面的关联性，探究媒介属性方面对媒介报道产生的影响。

（二）健康传播与艾滋病

凡是与健康有关的人类传播类型，都可以算作是健康传播。健康传播的宣传指经由大众媒介和其他媒介，告知大众与危险有关的生活形态，使他们降低风险，训练他们获得健康生活的方式和技巧，以获得更健康的生活。Strasser 和 Gallagher 认为，健康传播是双向的过程，它可能发生在任何人或媒介之间，传播有关疾病和预防保健信息时，要尽可能寻求接受者的反馈，确定信息是否真正被接受和理解。然而，目前针对健康传播的定义并没有统一的认识，但根据既有的定义我们可以发现，健康传播的宗旨在于提供民众预防疾病和改进健康的讯息。而且，除了人际传播获取相关信息外，传播媒体，特别是新闻报道也是民众对疾病或健康进行认知与建立价值观的重要渠道。

艾滋病作为一种传播性疾病，对人们的健康造成巨大的威胁，同时，随着艾滋病群体的增加，社会价值观的开放，艾滋病逐渐由单纯的健康传播问题扩展到社会文化问题。大众媒介在对艾滋病群体进行报道时，其报道方式、传播内容和表达方式不再局限于满足公众对艾滋病知识的获取上，还涉及公众对艾滋病群体的价值评判。大众媒介不仅传递着健康知识，同时也传递着价值观念。

因此，在有关艾滋病群体的报道里，媒介的报道方式是怎样的？是多以传者本位的态度还是多立足于受众生存状态？这是值得研究的问题。

（三）媒介形象塑造和形象建构

从1985年中国发现首例艾滋病开始，关于艾滋病的报道就越来越多。在我国，大众媒介对艾滋病信息的发布，对艾滋病的预防发挥着重要的作用，在社会其他领域对艾滋病讳莫如深的大环境中，相较于其他疾病，公众从其他渠道得到的相关艾滋病的信息非常有限。因此，公众获得有关艾滋病的知识或态度主要依靠大众媒介，大众媒介几乎成为大众了解这一疾病的唯一渠道。中国的大众媒介，特别是中央、省、市等主导媒介的特有的公信力，使他们所公布的艾滋病疫情或知识更容易得到公众的信任。也就是说，大部分公众所了解的艾滋病以及艾滋病患者这个群体，完全源自媒介建构的形象。公众对于媒介的形象认知不是凭空产生的，而是基于媒介的表现，媒介对艾滋病群体的刻画直接影响到大众对艾滋病的社会认知。

二、研究设计 ▸▸▸

针对在艾滋病传播策略上的研究，只有根据既有的档案和材料，并对这些材料从时间的维度上进行整理，才能更好地总结出媒介是如何发挥自身作用的。媒介关于艾滋病的传播报道已经经历数年，用内容分析法针对其在不同的时间节点所反映的特性进行总结，是有一定的合理依据和研究意义的。

（一）研究问题

基于一定的研究现状和研究方法，结合近十年来我国艾滋病数量增长的情况、湖北省罹患艾滋病人口数量的增加，针对我省党媒机关报的定位，提出以下几个问题。依据这些问题，以《湖北日报》和《长江日报》为例，对党报媒体的艾滋病报道框架进行分析。

RQ1：关于艾滋病的报道大多是以什么样的体裁呈现的，10年来报道体裁是否有变化？党报媒体的艾滋病报道主题是什么，10年中有何变化？

RQ2：艾滋病日前后是否是报道时间的中心，党媒机关报在有关艾滋病报道上是如何体现其政治色彩的？

RQ3：在党报媒体有关艾滋病的报道中，艾滋病报道的主要框架是什么，10年来有什么变化?

RQ4:两类党报媒体在有关艾滋病报道上有无地域关注的差别,媒体是否正在越来越多地参与到唤起本地区大众对艾滋病的关注和认识?

RQ5:党报媒体是如何呈现艾滋病人群形象的?

RQ6:受艾滋病侵袭的人群的情况是否越来越受到关注?

(二)研究样本和分析单位

本文研究对象为湖北两大重要机关报,即《湖北日报》和《长江日报》,研究时间是从2006年至2015年。具体报道是从中国重要报刊数据库里以“艾滋病”为关键词检索出来的,总共获得报道195篇,本文将以这195篇报道为主要分析对象。选择《湖北日报》和《长江日报》为研究对象主要有以下两个原因:第一,这两大报纸是湖北省两大重要机关报,作为湖北省重要的党媒代表,其基本代表党政机关的态度,它所报道的信息和内容直接关系到艾滋病相关政策的传播;第二,目前尚无对党媒报纸有关艾滋病报道框架的研究,这一分析研究可以更好地发现作为党政机关的报纸媒体,在关注社会发展过程中对边缘群体生存状态所采取的角度和框架。分析和探究作为大众媒介重要的组成部分,党媒机关报应该扮演什么样的角色,针对社会大众应该发挥怎样的教育功能。本文通过将研究样本按照相关类目记录于Excel中,直接运用绘图制表分析得出研究结论。

(三)类目建构

本研究是在参考过去相关研究基础上,对195篇稿件初步研究后进行相关的类目建构,最终确定以下类目。

(1)报道情况类目:通过考察2006年至2015年两大报纸的报道数量,结合近年来我省艾滋病人口数量作比较分析。

(2)报道方式类目:消息、通讯、社论、评论、专栏或专稿,深度报道、专访专题报道,读者来稿或者解答信箱,其他。

(3)报道地区类目:武汉地区,除武汉外的省内地区,省外地区,国际地区,其他。

(4)报道主题:治疗与预防、政治、社会、经济、医学,以及与其他疾病的关系。

(四)报道主题框架的设定

框架研究的对象即为湖北省党媒报纸,研究内容是艾滋病问题,通过对每一篇报道的分析,找出关键词,并对统计出的关键词根据报道主题分类,形成关键词表。确立的六个主题如下。

(1)“治疗与预防”:涉及艾滋病的预防和治疗的信息,包括艾滋病的教育。

(2)“政治”:政府的作为和政府的规划。

(3)“社会”:艾滋病群体在社会结构中集中的位置情况,同样涉及对艾滋病人群的偏见。

（4）“经济”：艾滋病问题对经济的影响，包括收入、药物成本、治疗成本等。

（5）“医学”：涉及艾滋病流行病学特征、定义和命名，同样包括艾滋病研究和研究现状等。

（6）“与其他疾病的关系”：与艾滋病有关的疾病种类。

按照统计关键词的顺序，统计出自2006年至2015年艾滋病报道的主题状况，与艾滋病有关问题报道框架的关键词如表1所示。

表1　与艾滋病相关问题报道框架的关键词

框　　架	关　键　词
治疗与预防	防治、感染途径、感染者、传染、疫情、监测、生存状况、疾病预防与控制中心、临床试验、艾滋病预防控制中心、医务人员、窗口期、阴性、接吻、防控、免疫效果、输血感染、血液传播、性接触、吸毒传播、艾滋病检测、红丝带、扩散、高危人群、疾控中心、阻断传染、母婴阻断、母婴传播、恐艾、艾滋病治疗证、避孕套、输血、医护人员、筛查、美沙酮、蜂毒肽、潜伏期、限制、病死率
政治	世界艾滋病大会、国际社会、发达国家、莱索托、公安局、美国、奥巴马、禁令、总理、李克强、胡锦涛、总书记、国家主席、联合国、云南、广西、河南、四川、新疆、广东、上海市、温家宝、党、政府、香港特区政府、国务院
社会	艾滋孤儿、爱心家庭、艾滋病人、性、恐慌、隔离、收养、非洲、艾滋遗孤、失学、义工、打工、妇女、艾滋女、性丑闻、娱乐、男性、输入性、农民、农民工、男女关系、大学生、志愿者、心理压力、嫖客、妓女、反歧视、就业歧视、同性恋者、吸毒者、性工作者、嫖客、家庭主妇、儿童、青壮年、男男同性、公务员、人文关怀、毒品、老年男性、高危性行为、性病、艾滋老人、艾滋学生、婚检
经济	家庭困难、资助、贫困、助学金、经济困难、捐、费用、低保、补助、筹款
医学	研究人员、黑猩猩、大猩猩、猴子、研究成果、抗艾滋病药物研究、验血、疫苗、高烧、艾滋病毒携带者、艾滋病病毒感染者、免疫细胞学检查、抗体、人体免疫系统、获得性免疫缺陷综合征、HIV、阳性、功能性治愈、新艾滋病
与其他疾病的关系	肾功能衰竭、子宫腺肌瘤、结核病、乙肝、梅毒、出血性大肠杆菌、疟疾、白血病、锥虫病、登革热

三、研究结果

（一）《湖北日报》和《长江日报》历年报道状况

《湖北日报》和《长江日报》是湖北省内具有较大影响力的党媒机关报。二者关于艾滋病的报道数量和艾滋病感染者人数如表2所示。2006年至2015年10年间的有关艾滋病新闻报道，总共有195份样本。《湖北日报》在2011年里报道数量最多，为14篇；《长江日报》在2009年报道数量最多，为27篇。二者此后在报道数量上都有所回落，但在2014年又达到峰值，这与2014年艾滋病感染者数量激增有关。2006年至2015年10年间《湖北日报》和《长江日报》艾滋病报道数量趋势如图1所示。

表2　报道数量和艾滋病感染人数

年份	2006	2007	2008	2009	2010	2011	2012	2013	2014	2015
HIV/AIDS(例)	3463	3799	4160	4443	6430	12000	9111	10180	9576	11634
《湖北日报》(篇)	8	6	1	6	9	14	9	4	7	2
《长江日报》(篇)	0	4	8	27	21	19	13	13	18	5

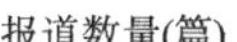

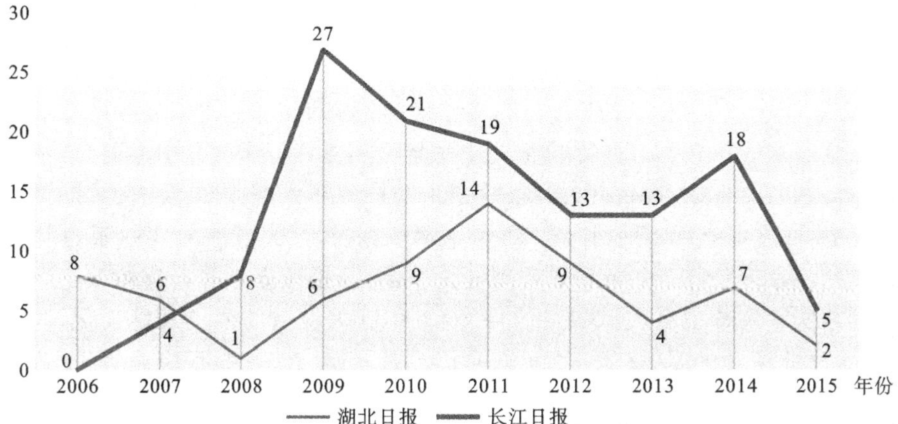

图1　2006—2015年《湖北日报》和《长江日报》艾滋病报道数量趋势

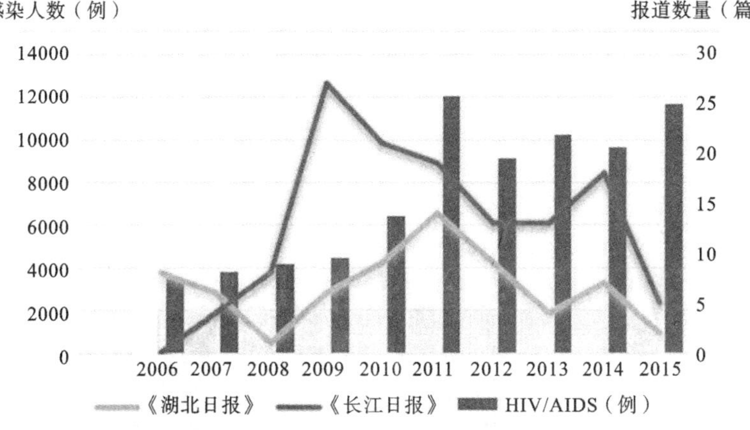

图2　报道数量和艾滋病感染人数

10年间，《湖北日报》和《长江日报》两大报纸有关艾滋病报道总数为195篇，图2反映了10年间两报的报道数量，同时也反映了湖北省罹患艾滋病人口数量。从数量上看，我省罹患艾滋病人口数量自2006年逐渐上升，2011年攀至顶峰，2012年后有所回落，但罹患艾滋病的人数依旧居高难下。从两个阶段看，2006年至2010年的五年中，《长江日报》有关艾滋病的报道基本处于增长的趋势，《湖北日报》却处于先下滑后增长的状态，尤其在2008年，两大报纸的报道数量基本保持较低水平，如图2所示，这与2008年我国北京奥运会的举办与汶川地震有着密切关系，其他重要新闻信息在一定程度上瓜分了两大报纸的报道数量，同时，两大报纸的报道倾向也呈现出稳的倾向和特色；在2011年，我省罹患艾滋病人数达到高峰，两大报纸的报道数量也处于较高的状态。可见，两大报纸的报道数量和艾滋病人口的数量有着一定的关系，这也体现出两大报纸在有关艾滋病的问题上给予了越来越多的关注。

（二）《湖北日报》和《长江日报》报道方式

2006年至2015年10年里，在所有有关艾滋病的报道里，消息类体裁在所有的报道体裁里占据着很大的比例。两大报纸的消息比重占82%，其次分别为通讯、评论、特稿，从表3和表4可以看出，有关艾滋病报道的体裁形式是非常单一的。除消息这一报道体裁外，2009年《湖北日报》刊登了第一条除消息之外的其他报道体裁——特稿；《长江日报》于2008年刊登一则评论。自此，报道方式和报道体裁逐渐发生变化。随着艾滋病感染者人口数量的增多，媒体有关报道的数量发生变化，同时，报道方式也逐渐多元化，即由以往单一的报道方式开始向多元报道方式迈进，这体现了党媒机关报在艾滋病报道方面的重视和报道力量的加强。

表3　《湖北日报》艾滋病报道所在栏目　（单位：篇）

年份	消息	通讯	评论	特稿	广告
2006	8	0	0	0	0
2007	6	0	0	0	0
2008	1	0	0	0	0
2009	5	0	0	1	0
2010	8	1	0	0	0
2011	13	1	0	0	0
2012	7	1	0	1	0
2013	3	1	0	0	0
2014	6	0	1	0	0
2015	1	1	0	0	0
总计	58	5	1	2	0

表 4 《长江日报》艾滋病报道所在栏目 （单位：篇）

年份	消息	通讯	评论	特稿	广告
2006	0	0	0	0	0
2007	4	0	0	0	0
2008	7	0	1	0	0
2009	24	2	1	0	0
2010	17	3	0	1	0
2011	18	1	0	0	0
2012	11	1	0	1	0
2013	12	1	0	0	0
2014	6	9	2	1	0
2015	3	1	1	0	0
总计	102	18	5	3	0

（三）报道地区框架

报道地区框架分为武汉地区、除武汉外的省内地区、省外地区、国际地区。根据对报道数据的统计，两报在报道地区上呈现较大的差异。《湖北日报》作为湖北省委机关报，其报道地区多集中于湖北省内地区，有关其他地区的报道数量却非常少。《长江日报》在这一方面却呈现很大的不同，《长江日报》有关艾滋病地区的报道数量较《湖北日报》更为均衡，除对湖北省内的报道，更多涉及省外地区和国际地区。同时，在省内的报道上，《长江日报》更侧重于对武汉市地区的报道，这充分体现了《长江日报》作为武汉市委机关报在其报道地区选择上所具有的倾向性。媒体针对公众关注度高的事件在报道上依旧存在着很强的政治偏向性，这一趋向在表 5 中可以看出。

表 5 《长江日报》艾滋病报道中的地区框架

年份	国际报道（篇）	国际报道占比	国内报道（篇）	国内报道占比	湖北地区报道（篇）	湖北地区报道占国内报道比例
2006	0	0	0	0	0	0
2007	0	0	4	100%	2	50%
2008	3	38%	5	62%	3	60%
2009	7	26%	20	74%	12	60%
2010	1	5%	20	95%	13	65%
2011	2	11%	17	89%	5	29%

续表

年份	国际报道（篇）	国际报道占比	国内报道（篇）	国内报道占比	湖北地区报道（篇）	湖北地区报道占国内报道比例
2012	3	23%	10	77%	9	90%
2013	5	38%	8	62%	6	75%
2014	7	39%	11	61%	6	55%
2015	0	0	5	100%	3	60%
总计	28	22%	100	78%	59	59%

表 6 《湖北日报》艾滋病报道的地区框架

年份	国际报道（篇）	国际报道占比	国内报道（篇）	国内报道占比	湖北地区报道（篇）	湖北地区报道占国内报道比例
2006	0	0	8	100%	8	100%
2007	0	0	6	100%	6	100%
2008	0	0	1	100%	1	100%
2009	0	0	6	100%	6	100%
2010	4	44%	5	56%	4	80%
2011	0	0	14	100%	12	86%
2012	0	0	9	100%	9	100%
2013	0	0	4	100%	4	100%
2014	0	0	7	100%	5	71%
2015	0	0	2	100%	2	100%
总计	4	6%	62	94%	57	92%

从表 5 和表 6 可看出，虽然二者都为我省党媒机关报的重要典型，但二者在关于艾滋病问题的报道上存在较大区别。其中两者在针对艾滋病报道地区的倾向上存在较大不同，这体现了两大报纸在地区报道框架上的倾向，在地区报道框架上的特色体现着报纸的定位和其自身所具有的政治特色。通过对两家报纸进行比较可以得出，两类党报媒体在有关艾滋病报道上存在本地框架的区别，这种区别在一定程度上对媒介发挥的教育功能是不够的。

（四）报道时间

从图 3 和图 4 我们可以看出，两大报纸有关艾滋病的报道数量上在 11 月、12 月这两个月里最多，而在一年中的其他时间，两大报纸针对艾滋病的报道甚少。这与艾滋病日有一定的关系，在世界艾滋病日前后，有关艾滋病的报道开始增多，这说明了媒介在报道内容的选择上与艾滋病日之间的相关关系。但其他时间里有关艾滋病信息报道的缺失，却有可能导致预防艾滋病宣传效果的减弱，这在一定程度上不利于艾滋病的预防。

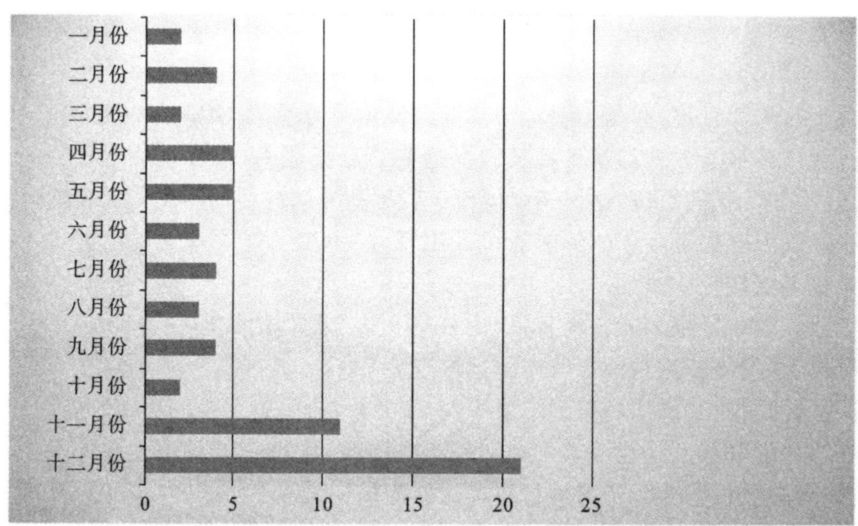

图 3 《湖北日报》报道时间与报道数量分析

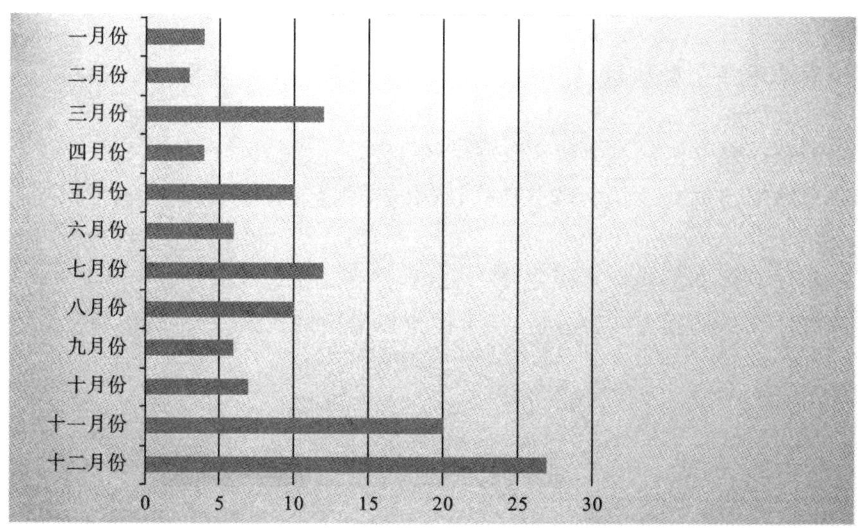

图 4 《长江日报》报道时间和报道数量分析

四、研究结论

近十年来，我省艾滋病感染人数在不断上升，湖北省两家党报关于艾滋病知识的报道数量有限。甚至在近几年，我们可以发现“两报”对于艾滋病的报道数量比较少，这体现出这两家媒体对于艾滋病问题关注得比较少，媒体对于艾滋病的报道还不够重视。

在报道方式上，《长江日报》和《湖北日报》都以消息体裁为主，其次则是少量的通讯题材，而评论、特稿等报道方式都很少涉及。在这些消息报道中，很多是关于我省艾滋病感染情况、治疗情况的报道，这说明媒体对于我省艾滋病病情的感染情况和治疗情况比较重视。以深度报道为主的新闻通讯的出现，显示出了媒体对艾滋病进行专门报道和深入报道的转变。

在报道地区上，《湖北日报》和《长江日报》比较关注省内发生的艾滋病新闻，给予省内艾滋病情况以大量报道，这与两报所在的地域有关。

在报道时间上，两报对艾滋病的报道都集中在12月份前后，这与12月1日是世界艾滋病日存在密切的联系。这也反映出，对于艾滋病的新闻报道，应该改变集中式报道的传统做法，有必要根据实际情况进行有针对性的报道。

参考文献

[1] 梁帆. 都市类报纸艾滋病报道框架研究——以《南国早报》为例[D]. 南宁：广西大学，2008.

[2] 蔡月亮. 报纸媒体艾滋病报道研究——以框架建构理论的观点[D]. 兰州：兰州大学，2007.

[3] 彭兰.《广州日报》艾滋病报道研究[D]. 广州：暨南大学，2011.

[4] 张明新. 后SARS时代中国大陆艾滋病议题的媒体呈现：框架理论的观[J]. 开放时代，2009(2).

[5] 武启峰. 中国媒体艾滋病报道研究[D]. 郑州：郑州大学，2005.

[6] 张自力. 媒体艾滋病报道内容分析：一个健康传播学的视角[J]. 新闻与传播研究，2004(3).

融媒时代的新闻业

——传媒领袖专访

未来属于自媒体

——南方报业传媒集团南都报系副总裁苟骅谈媒体融合的现在与未来

闫　琰　江子君　整理[①]

苟骅先生，南方报业传媒集团资深媒体人，南都报系副总裁，《南都周刊》总经理，《中国财富》杂志总编辑。曾在南方报业传媒集团旗下《南方都市报》先后担任记者、深圳新闻部主任、编委、总编辑助理等职务。自2007年开始涉足互联网行业，先后兼任奥一网董事、执行总编辑、总编辑、总经理、CEO（首席执行官），南都全媒体网络科技有限公司董事、总经理、CEO（首席执行官），《南都METRO》（地铁杂志）总编辑，南都全媒体运管委委员、南都全媒体数字平台负责人，全面负责南都网公司日常管理和运营工作以及南都全媒体数字平台统筹执行。现为广东省互联网协会常务理事、深圳市网络媒体协会副会长、全国驻深记者协会理事，并入围"2012年广东互联网风云人物"。

作为知名记者，苟骅曾策划和采写过《深圳"竞选风云"》《深港关系四百年》《长城真相调查》《旧闻中国·震撼世界的历史碎片》等大型专题报道，以及《深圳，你被谁抛弃？》《有话问市长》《岭南十拍——捎给汪洋书记的话》等报网互动经典案例，是推动《南方都市报》由1元提价至2元（成为中国最贵都市报）的主要参与者。他全方位参与了《南方都市报》向南都全媒体集群转型的战略规划、制度设计、信息集成平台建设、产品和商业模式再造探索，对报网互动、媒介融合、全媒体运营等方面有较深入的研究和丰富的实战经验。

2015年11月初，苟骅回母校华中科技大学参加一系列学术活动，并在活动间隙接受专访，讲述亲身经历的媒体融合之痛及其心路历程。根据录音整理以及我们的思考，形成此文，以飨读者。

---

① 此文由苟骅先生于2015年12月审阅定稿。在接受此访谈时，苟骅先生为南方报业传媒集团南都报系副总裁，现为南友圈自媒社创始人兼CEO。闫琰为复旦大学新闻学院研究生，江子君为华中科技大学新闻与信息传播学院研究生。

随着互联网的快速崛起与发展，传统报业受到了巨大的冲击。新闻学界和业界都在思考传统媒体该如何应对互联网带来的挑战。为此，我们专门访谈了时任南方报业传媒集团南都报系副总裁的苟骅——从传统媒体人的视角看媒介融合。苟骅先生参与传统媒体转型工作有七八年时间，见证了《南方都市报》从有全国影响力的区域性纸媒发展为具有多种媒介传播形态的全媒体集群。一份优秀报纸的转型之路注定不会平坦，其宝贵的经验与心得也值得我们深思。

闫、江：苟骅老师，您好！感谢您接受我们的访谈！大家都知道，《南方都市报》创刊于1997年，是一份服务珠三角地区主流人群的综合类日报。据了解，《南方都市报》是中国传统媒体中较早进行全媒体转型的报纸之一，您能简单回顾一下《南方都市报》进行全媒体转型的历程吗？

苟：《南方都市报》在2005年之前就开始布局跨区域转型，当时的扩张战略以纸媒为主。首先在整个珠三角地区各大城市做区域版本的报纸；后来开始跨出广东省，在北京与《光明日报》共同创办《新京报》，在云南省收购了《云南信息报》，在安徽省合办了《江淮晨报》。随着几大门户网站崛起，我们感觉到互联网一定是未来最重要的传播介质。于是，《南方都市报》在2005年收购了中国电信旗下一家叫作“深圳热线”的门户网站，改名为“奥一网”。这是我们在数字化转型阶段的一个非常早期而且具有前瞻性的布局。

当时提出了“三跨战略”，即跨区域办报、跨媒体合作、跨行业拓展。我们希望通过这一全媒体战略的部署，使《南方都市报》不仅作为一个传统媒体而存在，还向综合性的媒体集团转型，可以说，这为南都全媒体集群打下了比较好的媒体品牌及框架基础。

第一，跨区域办报，实现城市群全覆盖，是南都全媒体的基础战略。一方面，《南方都市报》在集团内部创办子刊，形成《南方都市报》报系；另一方面，《南方都市报》与其他地区的传媒机构合作，积极尝试跨区域办报。与当地媒体合作办报，更能发挥本地化办报优势，且能较快取得成效。《南方都市报》以1997年广州本土的一份日报作为起点，从2000年到2010年10年间布局了“2＋6”珠三角城市日报群，创办香港、澳门读本实现“2＋8”大珠三角城市日报群，并逐渐实现从区域城市日报群到全国城市日报群的覆盖。

第二，跨媒体集成是南都全媒体的核心战略。全媒体的一个显著特征就是各种媒介形态的融合，以及媒介信息的共享。《南方都市报》首先积极寻求和广电的合作，早在2009年就与广东电台的新闻台合作，迈出了试水广电领域的第一步。同时，延伸数字业务，通过自建、合作、兼并等方式构建城市广电媒体和新媒体集群。新媒体的多元张力极大地改变了媒体旧有的生产方式，《南方都市报》从2005年开始介入互联网，收购门户网站并打造了自己的门户网站——南都网，在互联网领域抢占了先机。并以移动互联网为基础，发展移动终端等新兴媒体领域建设，真正实现全时段、全地域、全介质传播。

第三，跨行业拓展，被定义为南都全媒体的升级战略。通过向媒体以外行业的拓展，打造品牌增值业务，实现传媒行业之外的新行业的产业增值。将《南方都市报》业务延伸至传播研究、汽车、旅游、经营公司等领域，开展各类增值业务，挖掘新闻内容生产、传播链上下游资源的运营价值，从过去的单一版面销售模式升级为多样化媒介销售模式，改变了传统报业的收入来源主要依赖广告收入的模式，解决了目前国内报业盈利方式过于单一的问题。跨行业拓展，有利于整个全媒体集群突破本行业束缚，更加适应市场大环境的发展。

闫、江：您能具体讲讲《南方都市报》关于跨媒体战略的实施情况吗？

苟：关于跨媒体战略，我们比较看重信息化平台的构建，平台模式已成为一种具有高度颠覆性的竞争方式。当时《南方都市报》决策层提出了从内容入手，建设"基础平台＋应用平台"的战略思路。第一步，做强自身的多媒体信息产品，组建一个包括《南方都市报》《南都周刊》《风尚周报》、南都网、奥一网、凯迪网、手机报、移动终端阅读器、广播电视节目、户外 LED、联播网、各区域城市日报等信息源的内骨骼化的价值网络，做出品质，做出品牌，做出市场。

第二步，依托强大的内容平台、内容数据库，通过合作掌控更多来自社会机构、终端、互联网的信息源等网络资源，完善中央数据库和应用平台网络。在内容平台层面，通过提供一种支撑环境，一种市场运作、合作、利益分配机制，构筑一个多接口的数字化的开放型平台，组建一个面向全社会的价值网络，把社会上的内容生产组织、机构、企业主动吸附到这个平台上来，形成紧密型的内容利益联盟。

《南方都市报》十分重视移动终端业务，南都手机报以"南都新闻随时掌握"为产品定位，融汇传统印刷版的精品内容，打造"尚速度，够深度，轻悦读"的新媒体概念。同时积极开展与通讯运营商、终端制造商的合作，开拓渠道。2010 年 5 月，南都手机报成为全国首批推出 iPad 应用系统的媒体之一，发布了 iPad 版"南都 Daily"，取得了骄人成绩。更值得一提的是，我们当时推出的南都 PAI 走的是差异化竞争路线，强调的是卖内容而非卖硬件，以"南都"作为强大的品牌优势吸引客户，聚合《南都新闻报》、南方都市报《视觉周刊》、南方都市报《阅读周刊》等南方全媒体内容，满足用户的泛阅读式的信息需求。

在品牌运营上，《南方都市报》也很重视资本运作，多渠道投资融资，保证资金供给充足。在市场运营方面我们非常重视活动营销，即通过举办活动扩大传播内容的影响力和吸引更多的注意力，从而达到售卖更多广告的效果。由《南方都市报》发起并主办的华语网络传媒盛典，就是活动营销的一个典型案例，其作为南都全媒体的品牌活动代表，在海峡两岸产生了非常高的关注度。除此之外，南都全媒体集群还举办过许多跨行业性质的活动，如南方汽车展、南都全媒体论坛、广州情缘节等公益类及假日经济类的活动，充分挖掘品牌的市场价值。

闫、江：在转型中遇到过什么困难吗？

苟：我觉得最大的困难还是在思想观念的转变以及体制机制束缚上。虽然我们借力互联网平台，做了"两微一端"（微博账号、微信公众号、新闻客户端），但仍然无法适应互联网发展潮流。2009年,《南方都市报》正式提出了向全媒体转型战略。我们意识到未来的媒体形态、传播介质一定会越来越丰富,希望建成一个信息集成中心,类似于"中央大厨房",将所有的信息都汇集到一个生产平台上,根据不同终端的传播特点进行编辑加工,最后进行分发和传播。过去是线性传播模式,仅仅是将报纸的文章搬到网上,我们想做一个"环状"传播模式。就像突发新闻,报纸不能第一时间发出去,那么我们就可以通过微博、微信、APP"两微一端"进行传播,这种"环状"传播模式可以使信息传播得到最大程度的优化。

关于这个设想,我们也推进了一段时间。但现在回头来看,这还只是传统媒体的思维模式。虽然我们在生产方式上、流程上做了一些优化,但并没有实现根本性的颠覆和改变。我们面对一个日新月异的互联网传播形态,却只能在原来的传统模式基础之上做一些修修补补,并没有创造出新的价值,或者说,直到现在我们传统媒体的新闻生产还体现着一种大工业化的生产模式,它的特征是投入人工比较多、分工比较细、传播的链条比较长、成本非常高,跟互联网去中心化生产模式格格不入。

这不仅仅是《南方都市报》所面临的问题,也是整个传统媒体面临的挑战,未来传统机构媒体是否有存在的价值可能都要打一个问号。

闫、江:您觉得互联网的传播模式跟传统媒体有什么不同呢?

苟:我觉得互联网传播模式对传统媒体的颠覆有三大特征,即去职业化、去专业化和去中心化。

首先,去职业化是指新闻传播可能不再是一份职业,而变成一种爱好。就像近些年兴起的互联网专车,那些开专车的并不是专业的出租车司机,很多有车族为了打发时间、找人聊天或者赚点外快也会开车去拉人,未来出租车司机这项职业可能会消失,但是作为一种爱好,它仍然会存在。在互联网时代,用户能够生产越来越多的内容。一个喜欢八卦的家庭主妇,她可以去做一个公众账号,将八卦信息分享给其他人,这种传播行为变成了一种爱好。所以说在未来,传播去职业化发生的概率是相当高的。

其次,去专业化是去职业化发生之后面临的新问题。传媒素养在将来会是一种大众普遍具备的素养,而不是少数人掌握的专业技能。每个人都应该有能力利用媒体来发声,从事信息传播活动。

最后,去中心化指互联网把整个传媒行业都碎片化了,或者说是解构了,信息传播去中心化带来的最重要的现象就是自媒体会成为新常态。目前,微信拥有超过一千万粉丝的公众号都是自媒体,而且已实现自我盈利的自媒体据说有6万多了。这是一个什么概念呢?全国创办的报刊、广播、电视加起来都不可能达到这样的量级。当新的自媒体建构起了自己的盈利模式后,其对传统媒体的冲击将会更大。

闫、江:您前面跟我们分享了传统媒体思维与互联网思维有这么大分野,《南方都市报》有没有真正用互联网思维去做过产品?有比较成功的例子吗?

苟:目前,有两个正在尝试的互联网产品,一个是"众筹新闻";一个是"南都公开课"。

众筹新闻是采用众筹模式去报道新闻。过去，对于重大的选题，我们都是先策划，然后去采访，最终发表在报纸上。但是现在，我们可以将选题放到互联网上去众筹，标明这个选题是什么，采访报道所需要的成本是多少，测试这个选题有多少个人感兴趣，有没有人愿意来支持这个选题。如果有的话，我们就去做这个选题，没有的话我们就不做。运用这种众筹模式，我们不仅将传播前置，让更多人提前了解到我们的选题，参与选题生产，还可能创新一种新的盈利模式。目前，《中国财富》杂志的每一期封面专题都是由众筹完成，一个专题从人力成本上，大概要两万块钱，现在很多专题都能筹集到五万块。我们正在不断地做这种尝试，像《南方都市报》上一些策划性的专题新闻现在都在网上进行众筹。过去，常常是传统媒体登什么，读者就看什么，引入了众筹新闻之后，可以让更多读者参与到新闻生产行列中来，我们也更加了解目标读者的阅读兴趣。

而南都传媒公开课是我们用社交传播的规律来做的一款互联网产品，用户不仅仅有一线记者，还有新闻学界的学者。我们采用社交网络传播的向上法则，当作者发表文章之后，必须点名下一位作者来发表文章，这样依次逐步传播，而每个作者一般都会点名比自己水平更高的作者。南都传媒公开课现在已经有几千用户贡献出了非常有价值的研究成果。

闫、江：你觉得未来媒体会是什么样的？在媒体转型过程中还有什么值得我们注意的地方吗？

苟：未来媒体在哪里呢？现在越来越清晰了，就是一个个自媒体。传统媒体的传播模式对媒体人是一种禁锢，也是一种大工业化生产的模式。投入人力较多、分工较细、传播链条长，这是中心化的生产模式。在传统媒体形态中，媒体人只是一颗螺丝钉，一个脑力劳动者，没法把自己的创意发挥出来。在互联网时代，去职业化、去专业化、去中心化的趋势越来越明显，自媒体做得也越来越成熟、越来越有公信力。纵观那些自媒体做得很好的媒体人，很多都是传统媒体从业者。以前我们谈媒体转型，更多是讲机构的转型，却忽略了媒体人自身的转型，毕竟人的转型才是最主要的。在人的转型方面，今年就是一个转折点。去年还有两千多人的媒体机构，今年主动、被动离职至少五六百人，预计明年还有一半要离开去寻找新的出路。

媒体人的转型首先是思维观念上的转型。在理论上，讲起来很轻松，但是具体到个人，其实是很难的。我们要不断地更新自己的知识结构，迎接各种各样的挑战。其次是做产品的能力的转型。内容不是说不重要，但现在光做内容，已经很难往前走了。我们要把内容产品化，对用户进行深入研究，以用户为中心来打造产品。还有就是产品的运营能力、变现能力。现在无法单纯依靠广告这种“二次售卖”的盈利模式，还要挖掘出更多的变现模式，比如订阅模式、打赏模式等，找到产品在互联网存在的价值。

因此，不论是媒体人还是媒体机构，首先要从观念上进行自我革新，了解互联网的传播机制，顺应去中心化传播大势，这样才能在瞬息万变的互联网时代保有自己的一份“自留地”。

旧媒体是怎么死的，新媒体是怎么活的？

——腾讯总编辑王永治论媒体变革

江　蓉　刘明旭　整理[①]

无论何时，新旧媒体的生存之争总是能吸引很多的关注。2015 年 11 月 5 日下午，腾讯总编辑王永治来到华中科技大学进行了一场主题为“旧媒体是怎么死的？新媒体是怎么活的？”的演讲，与台下观众分享了自己对于当今新旧媒体融合的认识。他认为新旧媒体之间不是“溶合”，也不是“融合”的关系，更将目前所谓的“媒体融合”现状比作当下同志和拉拉之间的“形婚”，其锐利的观点引发了同学们的热烈讨论。

作为曾经在新华社、《21 世纪环球报道》等媒体工作过的记者，尝试过在体制内做新闻的酸甜苦辣，现如今成功转型为腾讯这样一个平台类巨擘的网络媒体的运营者，同时还正在玩自媒体，王永治总编辑对三类媒体类型都有着直接的经验和感受。也正是因为他的这些跨界的经历，他的讲述非常鲜活和有趣。

一、内容生产是纸媒唯一的优势 ▸▸▸

今年初，清华大学新闻与传播学院发表了一篇报告——《纸媒断崖式下跌》，基本内容是，在去年（2014 年）底的时候，纸媒的平均盈收发行量下跌了 30%，目前的判断大概也还是 30%，连续两年都是这样，不出意外的话，明年应该会加速下跌。按照这个趋势，预判到 2017 年、2018 年，报纸要倒闭，就是倒闭，没别的出路。

毫无疑问，是新媒体击败了旧媒体，用户放弃了纸媒而转移到新媒体。这个过程是怎么发生的？至今报业还流行一种看法，即网络媒体依靠“复制粘贴＋盗版”干翻了报纸。总之，网络媒体用最廉价的方式榨干了报纸最有价值、成本最高的内容。那么，真相如何？

---

① 此文是根据王永治先生在华中科技大学新闻与信息传播学院发表的同名演讲整理而得，经其授权发表，但本文未经其审阅。江蓉与刘明旭皆为华中科技大学新闻与信息传播学院硕士研究生。

目前，娱乐新闻、社会民生新闻占互联网流量的一半以上，周末的时候甚至占到六七成，而在移动互联网，这个占比可能更高，可能在七八成。

纸媒内容生产成本高，但就内容生产本身而言，地方党政新闻，各家都市报社配备人力最多、占据版面最多的一定是要闻版。各家报社最重要的部门是要闻部，由几个副总编辑分管，其提升最快，人员基本上也是最多的。体育新闻成本可能最多的就是机器成本，文化新闻基本没什么成本，经济新闻基本上是变相有偿新闻，社会民生新闻比较多，但是成本很低。因为媒体就在本城市，靠热线、靠实习生来干，工资给得极低，基本不给稿费，是压榨式的使用实习生。

网络新闻流量占比最大的是民生新闻、体育新闻，而都市报的生产成本大多集中在地方党政新闻，版面也是地方党政新闻占得多。如果说互联网是廉价地使用了传统媒体内容的话，那么恰恰是廉价使用了他们自己认为最不值钱的内容。互联网媒体都不想要地方党政新闻，但为什么还要要呢？因为一年中总有那么一两条是有价值的。价值来自什么地方呢？来自错位的、莫名其妙的报道。比如说陕西的“表哥”，地震的时候那个微笑的书记，绵阳的市委书记。往往是这种新闻在网络上会引起比较大的反差，会带来大流量。但这种新闻是靠几率来碰的，是靠传统媒体出错出现的。但是如果不订它的版面，将来如果有这种新闻，那也不能用。所以说，互联网买它的版权，其实买的是一种信息安全。但就产出投入比来说，这是一种浪费。

都市报的崛起完全是靠都市民生新闻在版面占比上的提升，也依赖发行方的变革，而这两个方面是最先被网络媒体替换掉的。尽管社会民生新闻在版面占比提升，但成本很低，靠压榨实习生得来。

早期网络媒体固然如此，从 1997 年新浪诞生到 2007 年，这是都市报发展的黄金 10 年，与网络媒体廉价获取内容相比，几大门户同步向都市报投入了天价广告费。

我在 2005 年进入腾讯，那时我们跟每家报社签的版权费差不多就是两三万块钱，多的五六万，现在到什么量级？远远不是早期廉价剥削传统媒体的内容了。但现在是两极分化，高价值的媒体平均签约费大概每年在三百万到五百万。新华社、央视、人民网的签约费都是几千万规模。这部分钱跟它们的制作成本比较起来还是很小的一部分，但是作为互联网来说，内容成本已经大大提升了，所以这不完全是一种廉价的榨取。另外，即使说早期是一种廉价的榨取的话，你会发现，这个时间点重合的特别有趣。从 1997 年新浪网诞生到 2008 年奥运之前，都是都市报发展的黄金周期。互联网确实是廉价获取了纸媒的内容，但是这 10 年，据我所知，以新浪、搜狐、网易以及后期的腾讯网这四大门户加一块，给传统媒体投的广告每年差不多是上亿的规模。累积下来，这四大门户 10 年投入给传统媒体的广告也接近 30 亿的广告额。当然，这不是均衡的投入，但对于一些核心的普通都市报纸来说，它所得到的广告费远远超越了从各大网站得到的版权费。互联网反哺给各家媒体的广告费都怎么使用了，是否又返回到内容再生产上去了？这不得而知，但我们可以想到这些广告费很多都被浪费了。

后来微博、微信兴起，自媒体遍天飞的时候，你会发现，报纸现在有些方寸大乱了，根本无所适从。独立的媒体人还都行，有的做得很好。当然也不是说全部不行，少数媒体能做得很好。一些自媒体，如微信号，有些小的地方媒体，由于管制比较宽松，反而还小有所成。

在美国，没有网站廉价使用纸媒内容这回事，为何报纸会垂死？这需要从媒体的内容生产来解释。内容是纸媒人的知识、思维、技能天花板，纸媒几乎是唯一一种只要懂得内容生产就能存活的媒体，也几乎是所有媒体中管理者技能最单一的媒体。现在放眼去看这些报社的总编辑、社长，他最容易跟你谈的就是这篇稿子怎么采访、怎么写作、怎么改、怎么上版面，其他的很少涉及。分管经营、发行的总经理有一部分是从编辑、记者转岗过来的，但早期相当一部分搞发行、广告的人员是从广告公司进来的，这些人尽管给报社创造了巨大盈收，这些收益甚至占总收益的80%以上，但是这些人在报社是没有话语权的。最近几年好一些，但总体来说，总经理在报社是二把手甚至三把手。最近几年，架构有所调整，早期总经理职位应该是排在副总编辑的最后。也就是说为什么报社的老总这么好干。只要有能力写出好稿子，就能当编辑部主任，然后就能当副总编辑、总编辑，其他技能可以忽略不计。就像运动员退役后转行去当教练，这还行，但去做官，就不靠谱了。运动员和官员，这是两种不同的职业。同样，编辑和记者多数不是一个好的报纸人。

不过，现在纸媒已经完全放弃了原创能力。报纸的大部分版面、人力、投入都用于地方党政新闻和行业新闻，这些都属于官样新闻和有偿新闻，且对网络媒体来说没有用户价值。纸媒的内容可以用一句顺口溜总结——“风霜雨雪，过年过节，春种秋收，考察总结”，而这类新闻虽有一定的价值，但是每年的格式变化不大。

对于受众最感兴趣的娱乐新闻和体育新闻等，其主要的来源是网络媒体。在这里，纸媒上的内容很多都是抄袭互联网上的。之前关于社会民生类新闻，互联网媒体对传统媒体的依赖度还比较大，而最近几年却越来越多依靠微博、微信等自媒体了。

更糟糕的是，传统媒体在突发事件面前的集体沉默，比如长江沉船、天津爆炸等事件，第一时间赶到现场的是四大门户、财新、财经、新京报、澎湃、南都等不到十家媒体。因为这类事件互联网媒体没有采访权，每次只能焦急地坐等传统媒体的报道资料。而现在，自媒体的发展和传统媒体的失语使我们互联网媒体也对其的依赖性大大降低了。

二、技术力量驱动新媒体发展

麦克卢汉有个很知名的观点，即“媒介即内容”。网络媒体作为最新的媒介，颠覆和替代了过去的一切媒介。纸媒的生存仅仅依赖于内容，而网络媒体的生存远远超越内容。“媒介即内容”在中英文语境下的差异可以作为一个课题来研究。媒介即内容更属于西方哲学语境下的语言，但把它当作一个大白话来理解也可以。多数纸媒人也没理解这句话的本质含义，对自己的压迫感、紧迫感没理解到位。

网络媒体的构成要素很多，包括终端、内容生产、运营、商业化、产品、技术支撑、用户触达和反馈。

简单解释一下产品和技术支撑，它不完全是一回事。我刚来腾讯的时候也疑惑，只有实体产业才说产品，互联网行业也有产品？都叫报道、策划，什么叫产品？随着在互联网行业工作时间的增长，加深了对产品这个词的理解。从早期理解成一个内容聚合类的东西，到现在理解为一个互联网的一个特殊产出的东西，这是一个很直观的概念，怎么去具体定义不太好说。互联网有大产品、小产品，还有平台产品，比如微信都是平台级的。大的内容产品，如各大互联网、各大门户网站、各大手机终端都是产品。那么具体产品，如微博、朋友圈里分享的内容，这种也是产品。不同层级的系列产品矩阵构成了互联网的内容。

大家对这么几项驱动力的排序是用户、产品、内容、终端、运营。这个调查可以基本了解到大家对互联网还是有隔膜的。跟其他的媒体不同，互联网对外界人来说有点像个黑匣子，你能看到里面的运作，但是怎么个运作原理是搞不清楚的，所以总是有种雾里观花的感觉。再看看最大成本，排序是运营、技术、用户。在最大成本上，我可能漏了一项，就是一些具体的投入，即人力和设备带宽方面的投入。

互联网最大的成本就是人力和设备带宽成本，其他的基本没什么成本。报纸的最大成本目前来说还是纸张成本，再就是人力成本。

可以说，技术是网络媒体的第一生产力。任何功能的实现、版本的迭代，都依赖于技术的驱动。这是我来网站后的第一个切身感受。你会发现，网络媒体等任何超前的东西的诞生，全部依赖于技术的先导性。而到目前为止，这种技术还是靠一些尖端的IT人才、数学人才去发现、挖掘、研发出来的。在这方面，硅谷绝对领先于国内互联网。现在太平洋两岸是移动互联网发展最快的地方，但是差别就在于，美国硅谷以技术为先导，尖端技术最早出现在那，而中国互联网有一块是超越美国硅谷的，那就是微信。

互联网产品往往依托于一个天才人物的天才性设想。在互联网时代，群众的智慧是没用的。大家去看阿里巴巴、京东、华为的最近的一系列的关于人才使用、架构调整的观点，都能发现，在互联网时代，一个天才决定一个公司的生与死，一个天才比一万个员工值钱。美国有一套机制哺育、催发天才的诞生，而在中国的体制下，天才出现是偶然事件，像张小龙这样的，在中国可以说是凤毛麟角，而在美国，有乔布斯、比尔·盖茨，现在还有亚马逊的CEO杰夫·贝佐斯。但以微信为代表的中国互联网应用，走在美国的前面。中国是全世界商业模式最复杂的国家，因为我们监管比较复杂，法律系统漏洞百出，尤其是跟知识产权相关的可执行的法律很少。

在这个基础上，你会发现几乎所有的纸媒的网站、客户端都没有高水平的技术总监，也没有充足的技术投入。到目前为止，某些报社老总还没有意识到一个产品总监、技术总监的重要性。很多老总跟我说："你这边有没有什么你们不用的总监或者技术骨干推荐给我，价格不要那么贵。”我说：“我们不要的人你们就更不能要，我们不要的人你们也要不起。”好的产品总监，在BTA里面，年薪差不多百万，而这远远超过了报社总监的收入。即使报社付得起工资，可这也违背了薪资结构，这就是体制的悖论。除了认知上的短板，体制的悖论也是一个原因。

管理互联网媒体的部门涉及国务院信息管理办公室、广电总局、工信部、公安部、工商局等多个部门，每个部门都有精细的管理法律法规等，错综复杂。相对传统媒体的管理难度，互联网媒体的管理是不可同日而语的。商业网站没有时政类新闻原创权，这类权利是新闻媒体的特权，而且被政府管理得死死的。

互联网人总是有较大的自我危机感，怕被行业淘汰，怕被用户抛弃，也怕被同行业内产品所赶超。比如，有传闻facebook要进入中国，如果是真的话，那么，我觉得除了微信还可以抗衡之外，其他社交媒体都面临灭亡的风险。

三、新媒体的活法：赢在终端、精准传播与广告变现

任何一种新终端、新介质，都会带来内容呈现形式的颠覆。众所周知，内容为王的时代已经过去。“终端即形式，形式即是内容”，我来解读一下麦克卢汉的这句话的字面含义：同一篇报道，在PC终端和手机终端上呈现的形式无疑是不同的，简单的内容照搬是不可行的。好多同学不太了解这个，比如，我在《南方都市报》的纸媒上写一篇报道，同学们可能会认为把该报道搬到PC上或微信上也可以，而事实上绝不是这样的。

纸媒总是强调内容为王，可是内容为王的时代已经过去了。可以写文章的人有很多，能写好文章的人也很多，只是过去只能出书或者登报纸，周期慢，准入门槛高。而在自媒体时代，自从有了微信和微博，人们只要想写就可以写，只要想发表随时可以发表，写作发布的门槛已经消失了。

目前，在手机平台上，我们特别强调“前三屏有效定律”，即最有效的流量来自前三屏，一篇文档最有效的阅读也是在前三屏。如果不能在前三屏里面吸引到用户阅读，那么不管内容多么精彩独特，超过30%的用户不会继续看下去。所以说，在移动互联网时代，“标题党”甚至是一种值得提倡的形式，需要反对的只是过分歪曲和文不对题的“标题党”。标题起码带上数据，能用“最”字形容的一定要用，多用动词名词，少用形容词，尽量用定性或者定量的描述而少用笼统的描述。

今天的新闻传播要实现精准化、个性化和定制化。媒体通过精准推荐和无限刷新，满足用户从社会化职业阅读到生理化休闲阅读。后面这个词是我自己的体会。大家以往看新闻，都是从《人民日报》《澎湃新闻》等大量的媒体上获取，因为大家都是从事这方面或者学这方面的，所以会关注这些东西。我就在手机上装了好多个。但是这些不是标准的普通阅读的行为，因为这样的一个受众群体面是非常狭窄的。大家可以回去问问爷爷奶奶辈，看看他们在看什么。我的老家是大连的一个县城，我每

次回家都发现，全村人都不看《新闻联播》，最多看一下当地的一些新闻节目，然后就是看电视剧。一部电视剧从早播到晚，收视率超高，简直可以屏蔽其他一切节目。他们是不会看我们所关注的那些严肃的新闻节目的。

大家不要轻易根据自己作为一个媒体从业者的心理需求，去推断大众的心理以及需求。媒体应该针对的受众是普通群众，他们的需求主要是消遣娱乐功能。比如，《今日头条》就关注到了这一点，"段子频道""搞笑频道""美女频道"的点击率是非常高的，每条下面都跟帖几千甚至几万个，这些永远是媒体的流量法宝。即便是号称高端的网站，比如凤凰网、财新网等，也要考虑到受众需求，即使打开首页没有这些内容的话，在后面的页面上也会有。

此外，《今日头条》的颠覆性在于其内容成本极低。大家觉得《今日头条》有版权问题吗？如果觉得有的话，那就表明大家对于互联网的政策和行业行规不够了解。现在官方明文规定，以搜索引擎方式发起的内容抓取不侵权，只要这些内容保持信息原样，尤其是传统媒体重视的自带广告的信息。去年《今日头条》的纠纷其实是，它在抓取内容的时候把其中传统媒体的自带广告给取消了。目前，这样的纠纷已经有了判定，类似百度和《今日头条》这样以搜索引擎方式抓取信息内容的行为是合法的、合乎情理的，而且符合世界互联网通例的一种网络运行方式。所以，这已经在法律意义上得到了认可，即使有问题，传统媒体还要依靠这样的方式来带流量、广告，到了它更难生存的时候，它会对此更加依赖。

信息流广告能帮助媒体实现资讯的高变现率。对于传统媒体来说，变现率很难实现，广告收入的天花板在100亿～150亿人民币之间。但是，网络新媒体将突破这一规律，即信息和广告可以无限刷。另外，"两微一端"瓦解了机构生产力，释放了个人生产力，重建媒体生态，可以反哺传统媒体人。微博与微信和各种客户端为个人生产力的发展提供了更大的空间。有创作能力的个人可以通过开设个人的微信号等来进行信息生产，得到收入分成。

四、媒体系统的更迭与媒体人的未来

传播媒介的终端更替是不可逆转的。目前，媒体介质正在按照报纸、广播、电视、PC网络媒体、移动网络媒体、物联网的脉络进行更替。其中，前三种是叠加的关系，可以共生，而网络媒体跟前三者是溶合而非融合的关系。笔者可以做个具象的比喻，纸媒人是赶马车的，移动媒体人是开飞机的，赶马车的可以学会开汽车、开火车，但无法学会开飞机，过去式不可能超越现在式，更不可能赶上未来式。

当前我们提出"媒体融合"，其实媒体之间是不可能融合的。看得最清楚的是《浙江日报》的管理者。当前的传媒业务是一座金字塔，金字塔的最底层是大众服务性的内容完全交给互联网新媒体；中间层是各种专栏和自媒体，鼓励来自各媒体的人才发挥自己的能力；最顶层的党政类内容保证现在的情势不变，被传统媒体牢牢掌握。报纸是不能变的。我觉得这样的媒体“融合”就像当今流行的“形婚”,新旧媒体只在表面上是一家,实际还是有各自的生活。

可以预料,传统媒体的25万从业者,多数将在2017—2018年大规模下岗,这体现了一个产业和技能的过剩和过时。传统媒体将逐步被淘汰,相继倒闭,将会有一大批从业者会面临失业。虽然有很多新闻传播专业的毕业生将注意力转移到危机公关行业,但是并没有那么多企业需要媒体公关,而且,当媒体数量大幅度减少,也就没有这么多媒体需要公关了。

然而,传统媒体行业的萎缩和转型并不意味着社会对媒体人的需求减少了。恰恰相反,在信息传播发达的环境下,“泛媒体人”是永生的。只要能为社会生产内容提供事实方面的信息,这些人就是媒体人。当今“两微一端”瓦解了媒体机构的生产力,却释放了个人生产力的媒介生态,虽然机构难以存活,但是独立媒体人相对存活的空间还是很大的。所以说媒体人在这样的环境下,只要能够提供新闻事实就有生存空间。同时,人类永远需要真相,政治永远需要监督,而面对真相的挖掘和逼问,专业媒体人天然具有优势。在当今的媒介环境里面,声音很嘈杂,社会缺少一锤定音式的媒体人。所以如果大家要想做一个专业的媒体人,就不要空喊新闻理想,要注重实现理想实践,提高自己的专业水平。

我认为当今互联网时代需要的新闻人才类型主要包括以下几种:第一,一半懂技术、一半懂内容的人才,这样的人才能够研发新的媒体类型。第二,对移动终端有一定了解,能够提升用户体验的人才。第三,精通视频采编的人才。我预测未来两年,移动终端是视频终端,只有现场视频对用户才有冲击感,才有新闻的震撼力,所以这方面的人才将会很有前景。第四,可以实现资讯变现模式和工具研发的人才。传统媒体(纸媒和电视台)主要依赖广告变现模式,而在移动互联网时代,虽然其核心的经营模式还是广告变现,但是工具、平台全变了,实现的路径变化特别大。比如《今日头条》作为全球第一款实现了资讯高价值变现的媒体,并解决了资讯不赚钱的问题。它的天花板预计在2018年能达到100亿。这对新媒体新闻业采编人员是一个巨大的机遇。第五,熟练掌握中国政治运作体制、新闻宣传管理体制和法规的管理类人才。如今,相当一部分新闻从业者对这方面不甚了解,尤其是新一代的媒体人对此很模糊,这将会影响到他们的新闻传播实践。

变革时代的新闻业与新闻理想

——石扉客访谈录

廖静文　张浩哲　整理①

石扉客，资深媒体人，先后在高校法学院、南方报业传媒集团、CCTV新闻评论部、博雅传播机构等任讲师、记者、编委、主编，现任新浪网副总编，兼任中国人民大学新闻学院业界导师、华东政法大学法制新闻研究中心研究员、中山大学全媒体研究院中国新闻业评议会特约观察员。

2015年11月4—5日下午，石扉客先生做客华中科技大学，参加一系列学术活动。在活动举行的间隙，石先生接受了我们的专访，就社会与技术变革环境下的新闻业与新闻理想等重要话题，发表了一系列精彩的观点。根据石先生讲述的录音以及我们的思考和感想，整理出了如下文字，以飨读者。

依据国家互联网信息办公室颁布的《互联网新闻信息服务管理规定》，商业类门户网站属二类资讯网站，即"非新闻单位设立的转载新闻信息、提供时政类电子公告、向公众发送时政类通信信息的互联网新闻单位"。

社会环境是在不断变化的。门户网站不能简单地随波逐流，应该主动去寻找适应环境的方法。新闻内容的同质和冗杂信息的泛滥已经成为制约其发展的一大因素。但是，巨大的新闻信息量又是其相较于其他媒介形式的巨大优势，如果能在时下流行的聚合类新闻中寻求机会，企业内部进行新闻整合，将冗杂的信息进行内部聚合式编辑打包并传给用户，未尝不是一种好的尝试。诸如Google机器新闻之类的全球知名搜索引擎的RSS聚合新闻频道，对于现有商业新闻网站的人工拷贝粘贴模式就是一个很大挑战。

廖、张：在当下互联网生态环境下，门户网站在内容上如何创新？

① 此文由石扉客先生于2015年12月审阅定稿。廖静文与张浩哲皆系华中科技大学新闻与信息传播学院硕士研究生。

石扉客：就新闻而言，商业网站是一种高度敏感和高度亢奋的介质。传统媒体产权属于国有，具有一定的抗压能力，只需要遵循正常的采、编、审流程，内容本身不触及底线就没有问题。但商业网站只是一个单纯的商业公司，只能服从管理部门的相应调控措施，要求一家商业网站通过打破禁令来创新不太现实。

随着 PC 端向“两微一端”的转移，网民都是生产性消费者，在消费信息的同时也在生产信息。另外，宏观调控的力度和广度也在加大，平台在体现个性化的价值观方面的空间不大。这不仅是对于平台而言，整个行业都是如此。随着网络接入门槛降低到近乎零，每个人都能在网上发出声音，适当的监控也很难避免。在商业利益、专业品质与产品安全三者之间徘徊，是任何介质的媒体平台的基本任务，门户网站自然不会例外。

在中国，关于政府对新闻媒体的监管问题一直众说纷纭，不少学界专家和业界精英大呼新闻自由。在 19 世纪的西方国家，新闻媒体在社会中的地位极高，被称为“第四权力”。当时英美等主要资本主义国家处于政党报刊向商业报纸转型时期，市场化经营使报纸实现了经济独立，从而在一定程度上摆脱了政治集团的束缚。人们享受着这股新闻自由的清新之风，随之而来的是在资本驱动下日益激烈的竞争，进而导致新闻媒体高度垄断，甚至政治也被商业化。新闻专业主义日益摧毁，舒德森在《新闻社会学》中批判“一个曾经由专业主义和负责的新闻价值观所指导的系统，正被一个娱乐复合体所腐蚀”。但即使这样，欧美国家的新闻媒体总能起到社会价值观符号和载体的作用。它不是只代表主流价值观、只发出一种声音，而是有自己鲜明的立场，例如《纽约时报》《明镜周刊》。相比之下，我国媒体在这方面可发挥的空间要小得多。

廖、张：在中国当前的环境下，您认为存在或者将来会出现《纽约时报》这样的新闻媒体吗？

石扉客：需要说明的是，中国有着两千多年士大夫文化的传统，精英阶层的公共参与始终对社会的各个方面起着非常重要的主导作用，以往的公共参与主要是通过媒体这个管道来实现的。

当下党报、党刊依然保持着较高的权威性，但受众面相对较窄。中央电视台和各地卫视受众绝对数量很大，但相对层级较低。

十几年前，市场化媒体，如《南方都市报》《南方周末》《财经》杂志等报刊，都提供了公信度高、权威性强、可读性强的新闻输出管道，慢慢往西方新闻专业主义的方向走。但这个方向碰到了一些问题，目前似乎没有再形成趋势性的基本面。

原因主要有两点：一方面，互联网摧毁了平台的特性。以前进入媒体需要很高的门槛，而如今人人都能成为自媒体。无论是企事业单位、个人、商家都能成立一个独立的自媒体平台。例如，北京市公安局不用再依赖中央电视台法治在线、北京电视台法制进行时和《法制晚报》等传统的警媒合作类媒体，自己通过“@平安北京”就足可完成信息及时发布任务。另一个方面，也是之前提到过的，体现个性的价值观空间不乐观。在这双重因素的作用下，这些曾经辉煌一时的市场化媒体的商业价值急剧衰减，议程设置能力也在衰减。

在传统党报、党刊、党台（包括他们的“两微一端”等新媒体产品在内）以及市场化媒体之外，现在出现了一个新的现象，即资本寡头的传媒布局，以阿里系和腾讯系两大巨头最为典型。目前来看，这种资本寡头对话语权与安全感的寻求远大于对公共事务的兴趣。其对传媒的影响，自然有所谓“执政拱卫力量”的色彩，具体将如何影响媒体业和中国社会，还有待观察。

所以我的总体判断是，在可预见的未来，中国出现类似《纽约时报》这种性质的媒体机构，可能性不大。

我国当下似乎也在走美国新闻发展的老路，市场化导致媒介内容庸俗化、低俗化。在移动互联网时代，这种现象在“两微一端”尤其突出。“两微一端”是 Web2.0 最具代表的产物，标志着自媒体的兴起。微信公众号开始深入到各个长尾市场，逐渐涵盖人们日常生活的各个领域。“两微一端”的这种新形式滋生了碎片化阅读、浅阅读。《中国青年报》社会调查中心进行了一项调查，该调查显示，44.3%的受访者经常通过网络平台接受碎片化知识，65.3%的受访者认为碎片化阅读快捷方便，49.6%的受访者认为碎片化阅读无法形成完整有逻辑的知识体系，52.0%的受访者认为碎片化阅读需要深度阅读作为辅助。在信息高度密集的“弹片文化”时代，很难厘清究竟是市场化媒体的逐利行为导致了“愚民”，还是浅阅读倒逼媒体用碎片信息迎合受众。

廖、张：如何看待以公众号为代表的自媒体在内容深度上的缺陷？

石扉客：这里有必要把代表公权力的公众号和其他公众号区别开来。

所有代表公权力的媒体都应该诚恳、透明。曾国藩说过：“以天下之至诚胜天下之至伪”，我觉得咱们大学那么多教舆情的老师经常去给政府部门上舆情课，不要再去教一些如何应付、搪塞记者的旁门左道了，首先就应该跟他们讲讲曾国藩这句话。诚恳是最重要的元素，也是最珍贵的财富。信息源的权威不能替代态度的诚恳，平台的高端也不应消解掉内容的言之有物。部委的官方微博和公众号也要经得起公众的质疑，切实为公众服务。

事实上，目前不少官方微博、官方微信发的多是哗众取宠的内容，如鸡汤文、交通监管视频等，卖萌、吸粉成为主要内容与风格取向。市场化媒体可以用这些小技巧来聚集人气，但作为公共机构的官方微博、官方微信，应该好好反思一下。

公权力机构以外的自媒体要想维持长期稳定的受众，还得有深度和调性，要有品质的内容，这个现在已经没有疑义了。媒体单位已经很难去支撑这些市场化媒体完成深度报道。如过去我们对重庆事件的关注，资金与环境允许我们使用一到两年的时间去进行大尺度的调查、策划、设计、布局，而当今大部分媒体的经营状况已经不允许这种采写方式出现了。

就自媒体而言，我想即便你拿不出有品质的内容，也要尽量避免成群结队的自我表扬与互相勾结表扬这种摆地摊式的低端方式了。现在自媒体最大的问题不是比创新、比内容、比品质，而是比吆喝、比造假、比嗓门大、比脸皮厚、比如何吹牛，不少自媒体人或者根本就没有受到过最基本的新闻 ABC 理论与实务训练，或者貌似名气很大，实际上没有过任何能让大家记住的作品、能经得起考证的业绩，就开始以进入各种人造榜单，收获各种浮华奖项为荣。

我还是想强调一下，运营不等于吹牛，做产品不等于搞勾兑。对自媒体这种貌似繁荣实则畸形的严重泡沫化现象，我想市场不会一直甘于交学费，资本市场更不可能总是被误导，其最终只会对传媒业里的新生物种——自媒体自己带来不利影响。

廖、张：市场化媒体或自媒体做深度报道的出路在哪？

石扉客：台湾的市场化媒体的经验可供我们借鉴。他们选择了另一种发展方式，其中有一种很重要的筹资模式是基金和众筹。台湾过去有苦劳网，现在有《风传媒》《报道者》等有意思的深度媒体，它们都设计了非常精细的筹资方式。比如刚刚面世的《报道者》的自我定位，就是财团法人报道者文化基金会主办的非营利网络媒体，致力于公共领域的深度报道与调查报道。基金会接受各界捐助以作为运营经费，所有捐助者必须接受三不原则：不拥有、不干预、不回收。

因为政治与法律制度的不同，台湾商业化媒体探索的这条道路目前在大陆并不适用。虽然大陆很多企业愿意提供资金，承担自己应有的社会责任和享受自己公众参与的权利，但风险规避是必须要考虑的事情。在柴静雾霾调查片《穹顶之下》播出之后，很多资金源都希望去做类似的公益类新闻项目。如此庞大的资金，并不是一般的商业化媒体能够承担的。并且在资金之外，商业化媒体首先要考虑受众的需求，媒介可能更愿意去推出一种接受程度更为普遍的娱乐性节目。社会现实是，娱乐化节目是大家都可以接受的，深度性报道又是我们必须去做的。虽然现在的情况还不允许媒介以这种基金和众筹的方式来制作深度新闻，但是未来时机成熟的时候，也许公益性基金和众筹的方式将会成为商业化媒体做公共领域深度报道的一条重要出路。

众筹新闻是指个人或机构向公众募集资金，实现特定的新闻报道计划。2013 年 11 月，众筹网就开通了国内第一个新闻众筹平台，但反响平平。虽然随后出现的许多新闻众筹平台都夭折了，但也有成功的例子。目前，已经筹款成功并产生一定影响力的新闻报道有《21 世纪经济报道》、记者侯继勇发起的《成都创业者生存环境调查》、《21 世纪商业评论》、记者罗东发起的《杭州：动漫之都的升级与转型调查》以及科技博主信海光发起的《中国手游圈调查访谈》等项目。

廖、张：如何看待众筹新闻的发展前景？

石扉客：如前所述，目前来说还是很难，原因有以下两点：第一是社会环境因素。如柴静的雾霾报道是一个比较单纯的公益话题，但这些问题往往会牵涉社会管理与权力行使方式的讨论。第二就是如何规避风险。如果这些问题得不到解决，众筹新闻的前景还是很难预料。

关于微博与微信的发展前景，也是当下讨论火热的话题。

对于微博而言，多样的信息发布方式和分享制度导致其信息时间单位的数量是巨大的，这对于微博网站的信息审核人员来说几乎是不可能完成的任务。这就导致了“把关人”环节的严重缺失。现在依然有大量“舆论领袖”在引导舆论,大多数“舆论领袖”都有着较好的自我控制能力,其言论不会超出法律和道德的界限,但是相较于微博庞大的用户数量而言,这显然是不够的。

微博140字的撰写数量将用户的知识门槛拉到了最低水平,给予了“沉默的大多数”发言的欲望。李永刚在《我们的防火墙:网络时代的表达与监督》一书中提出,互联网的基本特征充分显现为“开放性、反控制性、低成本、匿名性与互动性”。正是由于这些特性的存在,微博逐渐演变为一个快速娱乐化工具和宣泄平台。同时,合理有效的监管措施的缺乏,导致“反控制性”越发强烈。

廖、张:您怎么看待微博发展的前景?

石扉客:新的媒介形式不断更新,传播手段和技术也在不断发展,就像今天王永治谈到的微信的出现颠覆了传播方式。就像2009年出现的微博一样,同样颠覆了此前BBS和博客的传播方式。在微信出现之后,微博受到一些挑战,但是微博仍是重要的公众参与平台。最近的统计数据表明,相较于微信熟人之间的社交传播方式,微博的媒体性质传播效果更具有爆炸性和影响力,在商业化方面也呈现出与此前有改观的格局。

微博以及微信朋友圈的一个普遍现象是,越来越多的人不愿意公开输出自己观点。这也是一个泛传媒界中的普遍现象。

石扉客属于国内最早创办个人微信公号的媒体人之一,现在的微信公众号——石扉客栈也在不定期地更新文章。从最初南方报业传媒集团《21世纪环球报道》记者到中央电视台《社会记录》编委、《南都周刊》编委、《博客天下》主编,再到如今新浪网副总编,石扉客一直在新闻路上。如今,不少学者对新闻业的前景持悲观态度。互联网颠覆了传统的新闻采写方式,甚至不少媒体开始雇佣“机器人员工”写新闻。据《纽约时报》证实,美国十大体育电视网在2009年到2010年赛季期间,使用电脑软件写作简要报道占据足球赛事报道的40%,每篇500字左右的新闻报道仅耗资10美元。

廖、张:当初为什么会选择去新浪做新闻?

石扉客:做传媒这一行,还是需要保持一点好奇心的。我在法学院教过五年书,转投媒体后,先后做过报纸、电视、杂志等不同介质的媒体形态,互联网广播也比较熟悉,但是还没有做过门户网站,就都去尝试一下,算是好奇心吧。就像最早的BBS、博客、Twitter和Facebook,我都是第一时间去尝试和开通的。至今我的Twitter账户已经积累了近14万用户,这是一个很可观的数字,在量级上大致类似于新浪微博的1000万粉丝。

在十五年的媒体经历里,我几乎没有空过任何一个职位,先后做过记者、编导、策划、部门主管、记者站长、编委、主编、副总编等职位,从事过时政、社会、法治、文化、评论等多个领域,留下了近百个电视专题片和数百篇各种各样的稿子,基本算是有一些经历。

对我来说，人生体验是很重要的事情。这是一个急剧变化的时代，你需要修炼刀法，也需要调整心态。我想每个行业都需要熟练的刀法与平和的心态。你也不需要太悲观，反正悲观也没什么用。

邵飘萍说："铁肩担道义，妙笔著文章。"这是一个过度理想化的说法。社会终归是现实的，每一个人都有要适应社会发展的潮流。"器大者声必闳，志高者意必远。"理想不是用来承担的，而是用来为我们指路的灯塔。

廖、张：在新技术的冲击下，您会继续坚持自己的新闻理想，在这一行走到底吗？

石扉客：2011 年前后，我在西安外国语大学新闻学院和南京大学的几次演讲中，都曾公开说过希望调查性报道的同行们能在这个领域再坚持十年。《21 世纪经济报道》创立十周年的时候，《21 世纪经济报道》系前发行人沈颢说过一句话："过去我们用了三十年的时间打造了一个市场，未来我们想再用三十年打造一个社会。"近三年来，传媒业内外的情势已经发生了巨大变化，沈颢已经系狱，我觉得作为过去十几年中非常重要的传媒领袖，他的不少判断并没有过时，这个说法从理论上看、从时间长河里来看，也不能说错了。

我要说的是我自己，到现在为止，我真不知道自己还能坚持到什么时候，至少我现在不敢再说再干十年这种话了。对于这一行，我还有不少想法，也许不切实际，也许过于悲观，也许真的一代人才只能做一代人的事。

我有很多老同事、老朋友还在做这一行，而且做了很多难度很大、风险不小的新闻。十几年如一日，默默无闻，贴地行走，不欺世，不盗名，不吹牛，不混圈子，拿着和他们的付出不相匹配的薪资，我想支撑他们的不应该单单是所谓新闻理想这么一个简单的说法吧！我很敬佩他们，佩服他们的定力与毅力，真正自愧不如。

世界总归是这样的，在大时代下，每个人都可以选择自己的道路，每个人也都被时代洪流所挟裹与冲刷。环境不断在变，我们也在变。志士仁人习惯中流击楫，大部分人苟且偷生，心有不甘的普通人也只能随波逐流。这一行，我能平安地做到现在，我很知足，也一直心怀感恩，能碰到那么多好人，即便碰到的坏人也还不算太坏，老天待我虽不厚却也不算薄。社会分工不同，人生际遇也不同，在这个大时代里，还能说什么呢？

记者经常被冠以"无冕之王"，不是因为这个名称，而是因为其本身所承担的社会责任。在当今社会和技术转型环境下，新闻从业者也需要立足当下，开拓创新。新闻从业者应该适应当下的社会和技术环境，推动传播形式、新闻内容形式以及传播手段的创新。当然，推动社会进步更是新闻业的终极目标和使命所在。

新媒体环境下视频网站的发展之道

——专访土豆网总编室总监张平

李　昂　整理[①]

张平:土豆网总编室总监。互联网运营8年老兵,先后在新浪网博客频道、总编室部门任职。2011年在土豆网组建总编室部门,国内首创视频网站科学运营流程,在提高编辑效率技能、网站报道策略和内容类产品运营上有较为丰富的经验。

2015年10月16日,阿里巴巴对外宣布,将全面收购优酷土豆。按照每股26.6美元的价格现金收购其尚未持有的优酷土豆全部已发行普通股,预计花费的总金额将超过45亿美元。收购完成后,优酷土豆将从纽约证券交易所退市私有化。这场声势浩大的收购引起了社会各界的广泛关注,至此,中国视频三巨头——优酷土豆、爱奇艺和腾讯视频均成为BAT(阿里巴巴、百度、腾讯)的囊中之物。

面对当前瞬息万变的视频行业,我们特别采访到了土豆网总编室张平总监,请他来谈谈当前视频行业的发展现状和困难挑战,并从优酷土豆出发,对未来的发展提出构想和规划,以期寻得视频网站的发展之道。

一、强强联合或推动视频行业竞争升级 ▸▸▸

李昂:阿里巴巴收购优酷土豆后,对于双方来说,会带来什么好处?

张平:阿里巴巴布局优酷土豆其实早有打算,早在去年阿里巴巴就已投资了12.2亿美元,成为优酷土豆最大的股东。对于阿里巴巴来说,收购优酷土豆首先能获得优酷土豆大量的内容资源优势。阿里巴巴拥有自身渠道,如天猫魔盒等,但由于缺乏优质内容,渠道优势并不能得到充分发挥。收购优酷土豆之后,阿里巴巴可以利用自身终端将优酷土豆的优质内容进行输出,实现其内容资源渠道的合法化,完成内容和渠道之间的相互打通。

---

① 此文由张平先生于2015年12月审阅定稿。李昂系华中科技大学新闻与信息传播学院硕士研究生。

其次，优酷土豆所拥有的大量用户流量入口可以为阿里巴巴赢得更多的机会。随着网络的普及和发展，视频用户开始呈现日新月异的增长，这种增长不仅出现在一线城市，更是普及到二、三线城市。视频媒介门槛的降低、资费的降低和带宽条件的提升，使得大量的流量入口变为可能。当前优酷土豆月独立用户访问量已接近6亿，它当属国内最大的视频网站，阿里巴巴在获得大量的流量入口之后便可将其电商渠道包括线下的OTO渠道进行打通，从而获得更多的用户。

对优酷土豆来说，从2005年成立至今，虽然已经积累了数亿的用户，但始终还没有摸索到一个盈利的途径。其融入阿里巴巴后，阿里巴巴良好的平台支撑能力和渠道能力，更利于优酷土豆实现其流量变现。同时，阿里巴巴巨大的财力支撑也让优酷土豆免去资金上的忧虑，为其在内容购买、节目制作方面提供了强有力的保障。

李昂：并入阿里巴巴后，优酷土豆在业务管理、内容经营上会做出相应的调整吗？

张平：未来优酷土豆依然会独立运营，公司管理团队架构不变，既有项目推进不变，对外合作保持不变，古永锵依旧是集团董事长兼CEO。收购一个品牌，不是将其吞并掉，而是根据其特点规划发展之路，实现平台间的互联互通，形成双赢效益。阿里巴巴收购优酷土豆之后，优酷和土豆依然是以一个独立的品牌存在，不会更改成阿里视频，一来成本太高，再者也会浪费此前所做的品牌传播，影响长期树立在用户心中的品牌价值，这样做得不偿失。

在此前阿里巴巴和优酷土豆牵手的一年多时间里，双方其实在生态上就已经做了不少的融合工作。例如，优酷土豆和阿里巴巴前端的账号打通，后端进行大数据的融合和匹配，支付宝全面接入优酷土豆等。而如今，随着阿里巴巴对优酷土豆的全资收购，阿里巴巴将获得丰富的网络视频渠道资源，从而进一步完善自己的生态体系。双方的生态空间将实现巨大的融合。例如，优酷土豆可以与天猫魔盒、华数传媒、阿里影业形成阿里数字娱乐多屏开发体系，可以与阿里影业、阿里数字娱乐、阿里体育一起开发收购优质IP；借助网络视频渠道，阿里巴巴将成为覆盖全网形态的互联网广告平台；双方通过打通数据实现精准营销和创新营销，比如边看边买、视频购物等。①

阿里巴巴和优酷土豆的强强联合无疑会对其他视频网站造成压力。依托阿里巴巴强大的财力保障，优酷土豆很可能会加大视频购买和内容制作上的资金投入，从而迫使百度、腾讯、乐视等加大对其旗下视频平台的投资力度，如此烧钱大战势必会推动整个视频行业的竞争升级。

二、自制节目成为新的突破口

众所周知，视频网站领域制胜的两个关键分别是带宽和版权。但对于视频网站

---

① 孙冰. 阿里巴巴45亿美金“迎娶”优酷土豆[J]. 中国经济周刊，2015(41).

而言，这两点均需要非常高的成本，在竞争日趋激烈的今天，各大视频网站纷纷将目光转向了网络自制剧，希望通过各类自制网剧为企业自身带来流量。优酷土豆作为视频网站的领导者，结合了优酷和土豆两大网站的优势，在自制网剧的内容营销方面取得了非常突出的成绩。

李昂：视频网站以内容为王，好内容是高收视率的关键，也是竞争的有力筹码，但最好的内容一定是投入最大的。您如何看待投入和产出之间的关系？又是如何着手解决这一矛盾的？

张平：当前中国的视频行业仍然处于一个被版权绑架的时代，市场上个别买家会通过资本的刺激来提出疯狂的报价，从而导致中国整个版权市场水涨船高，这是很不正常的现象。事实上，中国的视频生产用户远没达到高价版权所对应的水平程度，还不具备产生更多优质视频内容的能力。但是视频网站已经在开始着手改变这个乱象，比如一些视频网站开始投资拍摄的 IP 剧，不仅获得了大量的用户和营收，也给大家提供了一个借鉴思路。视频网站要想实现改变，最重要的还是拥有属于自己的独特内容。虽然在制作方面，传统的电视电影公司仍然占据着一定优势，但人才都是通过利益相互流通的，当视频网站拥有更多资本时，它就能够吸引人才资源做出更多、更优的内容，从而由版权的购买者变成内容的生产者。

李昂：优酷土豆有很多自制网剧，诸如《万万没想到》《泡芙小姐》等，当前互联网的自制节目也正呈现一个井喷之势，您如何看待这个现象？未来会有怎样的发展空间？

张平：视频网站开始自制节目，一是因为电视台怀有戒心，不再将独家版权进行售卖，二是因为节目价格太高，与其去买，倒不如做自己的视频节目。在操作流程上，一般是由专门的视频制作公司或者个人制作出质量过关的节目，待审核通过后直接在网站平台进行播放。例如万合天宜公司，推出网络短剧《万万没想到》，在优酷上进行播出，就很好地实现了双方的互利共赢。实际上，只要视频制作团队有实力、有才华，就可以为视频网站制作节目，他们从中获得的收入也远比其在电视台里受制于盈利分成制度而获得的更多。

当然，网络自制剧的发展离不开中国视频网站用户的成长，这个用户不是指看的用户，而是视频上传的用户、视频制作的用户。目前来说，中国的这种用户还处于向上成长的阶段，数量仍然有限。之所以现在中国视频的生产业并不是很发达，是因为视频制作对于中国大多数的视频用户来说还存在门槛，包括编辑的门槛、包装的门槛等。事实上，随着视频编辑制作软件和硬件能力的提升，这个门槛开始变得并不是特别的高，只是我们的用户还没有意识去进行这方面的尝试。随着未来门槛的逐步降低，视频软件易操作性的进一步增强，我们会有更多有想法的用户来制作更多、更有趣的节目。随着自媒体时代的到来，视频用户一定也会实现爆发式的增长，他们会作为一个独立的媒体，作为一个独立的视频制作者，去生产创作一些东西。相应的，今后网络节目只会越来越多，当然，不能把这种增长单独地看成某个特殊现象，而应作为视频用户成长的一个显著性标志。

优酷土豆作为当前视频行业的领军企业，在网络自制剧的制作设计和推广运营上有着自己独到的风格和见解，其自制剧也产生了较好的经济效益和社会影响，在内容营销上效果显著。这些自制节目内容、题材丰富，形式多样化，熟练地运用新媒体的优势进行跨平台的多屏营销，从而打通视频网站发展的各环节价值链，为网站的发展带来了新的盈利增长点。对于整个视频行业而言，自制剧仍然会成为以后各大视频网站重点关注的发力点，包括优酷土豆在内的各大视频网站也会继续对自制剧的内容制作和产品营销进行更有深度的探索。我们相信，在中国当前的互联网环境下，自制剧会实现更为成熟和成功的改良与发展。

三、依托大数据的精准视频营销

"大数据"的概念自诞生以来就异常火热。中国社会科学信息化研究中心秘书长、《互联网周刊》主编姜奇平认为："大数据正在构成我们明天的新大陆。从2012年开始，我们将从大陆时代移民进入大数据时代。"[①]基于大数据，视频网站能更好地了解用户，从而更好地实现个性化定制。同时，广告的投放也会更加精准，从而实现更优的传播效果。

在大数据时代，视频网站是典型的新媒体，处于上游的视频内容与下游的终端成为企业发展的重心。尤其是在各大视频网站竞争激烈的今天，视频网站优质的内容资源为品牌广告营销提供更大的可能性和更多的传播机会，而品牌元素与视频内容的精准结合则催生出更具价值的营销体验。对于优酷土豆而言，未来发展的重点是基于大数据的内容营销的。

李昂：在大数据时代，优酷土豆作为视频公司，是如何对数据进行分析挖掘的？

张平：在视频网站中，优酷土豆的大数据处理能力一直处于领先地位。自大数据兴起之时，我们就成立了专门的实验室对其进行研究。通过后台我们可以看到某个视频的播放总数，从各个渠道、各终端分别来的具体流量值，也可以了解到我们的用户的地点、性别、从事的职业等。从视频观看行为里，可以轻易分辨出用户的视频爱好。例如，他进到某页面的程度有多深；在这个视频里他最喜欢第几秒；是否存在拖拽行为；打开页面之后，选择先看哪个部分；在看完这个视频之后接着会去哪个页面。对于这些用户使用上的细节，我们都可以通过大数据进行细致而准确的挖掘，从而以用户使用习惯和个性特点为导向，在产品设计上实现精确定位。

比如，优酷土豆页面流量非常高的一个版块是"猜你喜欢"，这正是基于大数据实现的对内容的精准投放，用户的观看数据被反馈给后台后，经过分析可以知道用户之前看过哪些类型的视频，然后通过这些类型标签的重合，推荐给用户更为精细化、符

---

① 姜奇平.大数据时代到来[J].互联网周刊，2012(2).

合其口味的内容。

李昂：大数据技术的充分应用会对视频网站的运营产生怎样的影响？

张平：通常评价一个网站编辑水平高低的维度叫作转化率，转化率是栏目的点击量与收看栏目观众人数的比值。优酷土豆的"猜你喜欢"版块的转化率能达到200%甚至300%，相当于一个人在该页面一次的浏览会产生两到三次的点击。因此在未来的时代，编辑行业的生存空间会逐渐缩小。2008年我在新浪工作的时候，一个频道有二三十个编辑，他们分管不同的接口、编辑不同的内容，我们当时考虑的首要问题是用什么内容将页面填满。但2011年我来到优酷土豆之后，发现一个频道只有四五个编辑，到现在甚至一个编辑管理两三个频道。这样的好处在于视频网站的人员结构会趋于健康、合理，编辑不用再疲于只是将页面填满，而是去思考该怎样挖掘更有潜力的用户，怎样去实现更有价值的合作。大数据的运用，不仅使得内容的投放更加精准、更为高效，而且节省了大量人力，使得视频网站的发展开始走向瞄准目标、精耕细作的阶段。

优酷土豆一直以来都将大数据放在很重要的位置，在融入阿里巴巴之后，它也将更加重视大数据的作用，联合阿里巴巴一起对数据背后的意义进行更为深度的挖掘。两大集团将最新的策略、产品、模式及标准的视频营销体系进行融合，不仅实现了视频领域的电商通道的打通，使消费者实现实时购买成为了可能，还让消费者获得了无限便利，也使得视频网站获得了更为切实的效益。

四、复杂环境下的坚守与创新

在经历了近十年的激烈竞争及数轮的洗牌重组后，中国视频网站的行业版图已初具规模。这期间，通过不断地改善和发展，国内视频网站已由最初单一的用户上传视频内容的模式转变为从传统媒体搬运节目资源的模式。但随着我国版权意识的不断强化，视频网站不得不通过合法渠道来购买相关内容版权，高额的版权费用形成的巨大经济压力让视频网站的盈利开始陷入困境。与此同时，各大传统电视媒体纷纷进军视频行业，例如湖南卫视推出芒果TV，浙江卫视推出中国蓝TV，并且他们都不约而同地选择了扛起"网络独播大旗"，力图在网络视频的利益中分得一杯羹。面对如此复杂多变的行业环境，优酷土豆未来发展之路的选择显得尤为重要。

李昂：面对瞬息万变、具有挑战的网络环境，您觉得优酷土豆需要坚持什么、改变什么？

张平：当前互联网发展瞬息万变，产品技术一日千里，差不多两三年就会发生一次颠覆性的变革。优酷土豆现在正在着手做的是培养一种生态，当然，这个生态不是自己创造封闭闭环的"硬生态"，而是关乎用户成长、提升用户水准的生态，我们要引领中国整个互联网的用户，实现观看水平以及制作水平的提升。

今年7月我们召开了发布会，提出的战略部署是要投入更多的资金在用户上。

优酷土豆的 UGC（用户原创内容）基因是它与生俱来的，用户本身就是其优势所在，这是我们赖以生存的根本，也是需要坚守和培养的宝贵资源。我们永远将视频用户、视频制作者当作我们的合伙人。如果他们成长，我们网站自身也会随之成长，反之，我们的发展就会停滞不前。我们所要做的就是引领他们，为他们提供帮助。前段时间我们推出了梁文道的《一千零一夜》、陈丹青的《局部》、马世芳的《听说》，希望能通过这些类型的节目，让用户的文化程度、审美情趣得到提升，从而真正实现用户欣赏水平的成长，这是我们现在正在努力做的，也会是今后优酷土豆发展的一个大方向和长远目标。

以用户为导向，致力于提高用户水平的优酷土豆网，正在着手建立属于自己的用户生态圈。这样做，不仅能够有效提高用户的黏性，更能为视频行业的可持续发展提供可能。我们希望融入阿里巴巴的优酷土豆可以坚持自己的发展之道，在巨大平台、雄厚资金的支持下实现新的进步和突破，也期待在当前新媒体繁荣的大环境下，整个视频行业能够形成健康有序的发展秩序，为用户提供更为精彩的视频体验。

书评

沉睡的利维坦?
从《参与型政治的崛起》谈起

朱奕安[①]

二十世纪九十年代,信息技术呈爆炸式发展,这是人类社会自启蒙运动以来的又一大变局。2008 年,奥巴马凭借新媒体成功竞选,乃至由互联网引起的“阿拉伯之春”,都显示了互联网对当代政治的深刻影响。但是互联网对政治如何施加影响?政治又如何对互联网的影响进行反应?无论是国家与政府的治理,还是普通民众的政治参与,互联网在其中所起的作用是决定性的,还是仅仅在一个历史阶段具有催化剂般的推动作用?这无疑已成为当代政治学界所要探索和讨论的现实问题。

《参与型政治的崛起》一书的作者在书中详尽介绍了互联网对中国网民政治参与的影响。他基本是秉持着一个乐观的态度,认为互联网对网民的政治参与是有促进作用的。他对此做了大量的实证分析,得出了第一阶段的结论,即公民接触互联网的广度和深度,与其政治参与的积极性及效能感是正相关的。对稳定的西方民主体制国家来说,这一结论是成立的。但对中国来讲,互联网对公民政治参与的影响要更加复杂一些。对此,笔者结合书中论述谈一谈自己的看法。

其一,中国互联网政治参与所存在的严重信息不对称问题。由于网民无法及时地掌握信息,得到反馈,所以会产生“双重话语空间”[②],这不仅对于当局的政治社会化是一种强力的消解,而且对于网民乃至公民的政治参与也是不利的。另外,网民亦有沉默者与活跃者之分,根据书中的数据统计,活跃者占比约为 17%。在网络政治表达的实际运行中,往往是活跃者主导话题,相关讨论也往往是活跃者之间的争论。事实上,即使在网络政治表达中,“寡头统治铁律”也是存在的,或者可以更确切地称之为“寡头表达铁律”。因此,网民之间亦有信息不对称的问题。这种信息不对称,使

---

① 朱奕安:武汉大学政治与公共管理学院。

② 张明新.参与型政治的崛起——中国网民政治心理与行为的实证考察[M].武汉:华中科技大学出版社,2015:28.

得网民的政治表达很容易被少数意见领袖带动，这对网民进行理性自主的政治表达是不利的，对于网民个体的政治参与也是不利的。既然个体的政治表达是弱化的，那么整体的政治表达也就是不全面的、偏狭的。

其二，中国网民政治参与以问题导向为主，而非利益导向。书中的表述如下："互联网成为公众传递信息、表达意见、评论时政、释放情绪的一个主要渠道，网络舆论对公共议程设置的影响越来越显著。"①从中我们可看出互联网在政治参与过程中的作用主要体现在传递信息、表达意见、评论时政、释放情绪这四个要素上。而在这四个要素中，最显著的是释放情绪。因此，中国网民的政治表达，天然是问题导向的，因为具体的问题比抽象的公共利益更加能激发情绪。网民可以因为一个社会事件或者热点话题表达看法，甚至发起群体性事件，这样做更多的是因为感性和宣泄情感的需要（网络民族主义尤其如此），而非理性的和表达利益诉求的需要。当然，这还因为互联网所起到的作用，互联网仍没有完全脱离传统媒体的框架，对新闻事件会加强关注和传播，而对持久性的利益表达式的行动却不加以特别报道。有时候，这种行动可能会被禁止甚至压制。因此，中国互联网上的政治表达，既有传播面广、传播速度快的优势，也有对事件关注时间短、发掘深度浅的不足。但是，真正能够长期驱动政治参与的还是政治利益的表达欲望。中国网民的政治信任水平并不高，不信任会激励政治犬儒主义，导致消极政治的日益加剧，妨碍政府处理关键问题的能力，还将削弱公众参与对公共事务更具协商性讨论的努力。② 综上所述，目前大部分中国网民缺乏持久政治表达的驱动力，所以要看到互联网对政治参与的实质性推动，还需要相当长的一段时间。

其三，网民团体涣散与网络意见鸿沟的产生。虽然，互联网发展到 Web2.0 阶段之后，其具有明显的嵌套性和交互性特征的多种新兴技术的应用，如博客、QQ 群、人人网、微博、微信等，使得组织大规模集体行动的可能性大大增加。③ 但就目前来说，网络社区和网络团体由于网络的匿名性特征，无法做到良好组织；又由于官方的限制和监管，组织倾向被遏制，所以网民团体在常态中是非常涣散的，只有在遇到重大社会问题时才会短暂地聚合在一起（厦门 PX 事件期间，网民的意见出现了短暂的一致。需要说明的是，在此事件中，基本上只有厦门地区的网民的意见是较为一致的，在全国范围内看，网民的意见分歧还是严重的）。组织的涣散使得我国网民无法在常态时期做到强有力的政治表达。在我国各大新闻网站和贴吧（尤其是网易新闻和历史吧）上，网民的意见分歧严重，甚至产生不可调和的鸿沟，其体现在对法律及政治制

---

① 张明新．参与型政治的崛起——中国网民政治心理与行为的实证考察［M］．武汉：华中科技大学出版社，2015：27．

② 张明新．参与型政治的崛起——中国网民政治心理与行为的实证考察［M］．武汉：华中科技大学出版社，2015：126．

③ 张明新．参与型政治的崛起——中国网民政治心理与行为的实证考察［M］．武汉：华中科技大学出版社，2015：17．

度的态度上，也体现在对诸多历史问题的看法上。

为什么会出现如此严重的分歧呢？原因主要有三个：第一，认知层面，这一点在该书的第四章有详细呈现，具体来说有两个调查图表①，图表分别表现出网民新闻接触时的关注度普遍较传统媒体高，并且大多数网民是站在自己的立场上去关注问题。由于网络信息获取的主要方式是定点搜索，网民关注的往往是更加符合自身利益和自己更感兴趣的问题。但是正因如此，网民对信息的整体把握反而不如传统媒体全面。这可以从逻辑上得到解释，正因为通识不足，所以网民往往是站在自己的立场上去看待、评论问题，并且网民显得更加坚定且缺乏理智，由此就非常容易产生意见鸿沟。

第二，由于严重分歧的存在，加之团体本身的涣散，从整体上看网民数量是巨大的，但是其力量在常态时期却又是薄弱的。因此，书中所认为的“互联网已经在事实上开始扮演起为民众赋权的有效工具，为他们开启了更多的社会政治机会，并成为大量集体行动的动员结构”②未免过于乐观。因为如笔者上文所述，网民作为群体，无法做到持久强力的政治表达，所以对公共决策，乃至实施阶段的影响力较弱（实施阶段往往是网民政治参与最活跃的时期，但是其影响力却是薄弱的。厦门 PX 事件也许是反例，但在更广大地区，很多政府决策根本没有因为网民的反应而改变）。简单来说，网民的政治效能感低，不仅是因为政府的回应程度低，而且是因为网民作为群体的政治效能低。

第三，由于网民政治的低效能，加之网民群体整体上文化素质及对生活满意度较低，大部分网民对政府表现出不信任，甚至是抵触的态度，这亦会降低他们的政治参与积极性。甚至有的网民在网络上存在反精英与反智的倾向，这一趋势正在逐渐加强（这一点又和我国目前阶层逐渐固化的现状有关，相关论述十分复杂，故不加详述）。

综合以上三点来说，笔者认为作者的第一个结论，即公民接触互联网的广度和深度与其政治参与的积极性及效能感是正相关的，还有进一步探讨的空间。互联网相关的课题，不仅可以反映我们的公民心理，而且对我们的社会现状和背后的政治制度都有颇为生动甚至深刻的反映。

当然，作者并没有止步于第一阶段的讨论。从上面笔者所引用的诸多论述中可以看出作者已经认识到了我所述之问题。他在第七章第二节分析了网上政治表达的阻力。当下最大的阻力是当局对互联网进行的严格的监控以及对反对当局意见的发布者的严厉处罚，例如“河南灵宝王帅案”。在这种环境下，网民会形成一种心理上的

---

① 张明新. 参与型政治的崛起——中国网民政治心理与行为的实证考察[M]. 武汉：华中科技大学出版社，2015：90-91.

② 张明新. 参与型政治的崛起——中国网民政治心理与行为的实证考察[M]. 武汉：华中科技大学出版社，2015：17.

自我知觉,即对发表不当政治言论和实施不当政治行为可能产生的后果存在畏惧感。① 这种畏惧感产生两种结果,第一个结果是不表达,第二个结果是通过隐喻、嬉笑怒骂等“不正经”的方式进行表达,这反而加剧了网民对当局嘲弄、淡漠的心理。由于政府对现实政治参与渠道的限制,越来越多的公民选择在虚拟空间释放情绪,又由于当局对互联网日益加强了监管,公民在虚拟空间的政治表达变得越来越隐晦,公民在虚拟空间对政治的态度也就越来越淡漠。因此,当下中国的互联网一方面是高度政治化的,另一方面又是高度去政治化的。这其中很大的一个原因就是作者在第七章第二节中所做的关于网上政治表达的动力与阻力的精彩分析。

由于当下中国政治在参与互联网空间方面体现得格外突出,又格外畸化,使得互联网与参与型政治的关系随着时间的推移,不仅没有变得更加明朗,反而变得更加的不确定。所以在最后,作者得出了全书最终的结论:互联网时代的参与型政治反映了当下中国特有的政治生态,其本身存在诸多结构性的缺陷——过度凸显和强化了互联网的政治属性,放大了信息传播新技术在既有政治格局中的功能,因而产生了政治参与的网络依赖症问题。因此,参与型政治的崛起虽然有着无可辩驳的积极意义,互联网也的确承载着丰富的政治价值,但从长远来看,互联网只是特定历史条件下公民文化发展和进化的一种推动力,而不应该成为参与型政治景观中的决定性要素。②

同时,作者的结论也是笔者想要讲的一个问题:为什么互联网不应该成为参与型政治景观中的决定性要素?笔者在上文的四点中已有所涉及,但是并没有继续深入下去。下面笔者想继续谈一谈,为什么笔者称呼网络为“沉睡的利维坦”。

当代互联网技术的爆炸式发展被称为“信息革命”,产生的影响力对人类社会而言不异于启蒙运动。以互联网为介质的新的通讯方式出现之后,全球经济的运行形态必然会发生对人类来说最陌生的颠覆式改变。③ 互联网对人类社会的组织模式、管理模式的改变(去科层化、扁平化管理、团体自由组合、功能导向)起到极大的促进作用,而作为管理众人之事的政治,不可能不受到互联网的影响。按照现代化的理论模型,经济的发展以及经济发展模式的改变,势必对政治产生影响。从互联网出发,探讨新世纪的民主价值和民主制度,是当代学界面临的又一重大问题。当这些探讨得出成果的时候,信息革命就真的是名副其实的第二次启蒙运动了。

但网络在中国,对政治制度的变革更可能产生什么样的影响,扮演什么样的角色?这是一个颇需要讨论的问题。总体上看,它无疑是一把双刃剑。在政治上,它既是治理和参与的新平台,又可能威胁当局的统治。在经济上,它既可能开辟新领域又可能增大对经济领域的管理成本。在文化上,它是文化表达的新途径,但也会减弱当

---

① 张明新.参与型政治的崛起——中国网民政治心理与行为的实证考察[M].武汉:华中科技大学出版社,2015:171.

② 张明新.参与型政治的崛起——中国网民政治心理与行为的实证考察[M].武汉:华中科技大学出版社,2015:244.

③ 罗清启.海尔模式正在引发第三次全球管理转向[N].经济参考报,2015-09-22.

局对文化的控制，消解当局的政治社会化努力。在信息上，它既是意识形态，政治思想传播的新媒介，也可能消解国家的合法性，侵蚀国家的主权。

所以，笔者想模仿一下霍布斯对国家的比喻——网络，即由一个又一个人通过网络契约所缔造的利维坦。因为契约的松散，个人政治性的微弱，这个利维坦是沉睡着的；它没有被唤醒，只是因为还没有一个足够严重的社会问题的爆发，能够将它敲醒。① 但是作为研究者，我们不仅要有乐观的考虑，也要有危机感。笔者在上文所说的网络的四个问题，不仅是网络所具有的问题，更是中国社会问题的映射。即公民对政府的信任度刚刚及格，对政治知识的掌握落后（大部分公民，他们的政治素养来源于中学、大学时期的思想政治教育，但这些教育在政治参与中是远远不够的。正是因为知之甚少，所以他们会盲目向往或是盲目抵触，对政治事件的反应也会缺乏理性，缺乏妥协的精神。这种态度是社会危机转变为政治危机的催化剂），社会的贫富差距拉大，近来经济发展遇到困难。公民的态度在网络上的表现趋向两个极端：或者忙于生计，选择沉默不发表言论，或者对生活和现状极度不满，在网络上发表偏激的言论。往往是后一种言论十分具有煽动性。由于上文所分析的网络政治参与的问题导向性，网民会因为一个足够严重的社会问题的爆发而聚合，凭借感性和冲动表达政治意见，制造群体事件，又因为信息不对称，网民极易被煽动，并将对政府的怀疑发展成对政府的厌恶甚至憎恨，从而把社会危机转变为政治危机，这种危机从线上转移到线下，对现实将产生破坏性的影响。

这个时候，利维坦醒了。它的苏醒是具有破坏性的，但如果能够认识到这一点，及时对我们的制度进行创新，加大制度供给，拓宽参与渠道，使得网络承担的政治负重减轻一些，使得公民的政治效能感更强一些，利维坦也许可以作为新世纪人类社会的守护，而不是像在“阿拉伯之春”中那样的秩序毁灭者。由于网络是一把双刃剑，网络是沉睡的利维坦，新时代我国的国家治理难度将更大，治理要求也会更加高。这可能是危局，也可能是变局。甚至可以这样说，中国要走出自己的特色民主之路，也许可以从互联网出发，但是不应该矫枉过正，从警惕互联网到依赖互联网，这也许是作者真正想表达的内涵。

总之，本书作者所作出的这项研究能够引发人们的思考，他对这一问题的探讨也是颇有见地的。对政治学的研究者来说，这本书的初步探索更是一个交叉研究可贵的尝试。当然，该书提出的很多问题尚有继续讨论的空间。同时，由于作者长期专攻的是新闻传播学，在运用政治理论及其相关术语分析互联网问题上尚属尝试，该书在理论分析和搭建上仍有进一步打磨的余地。实际上，由于互联网同时是一种新媒体，作者也可以选择从其擅长的专业资源出发作对照分析，而不一定非要全面套用政治学术语。过多的套用和引用，可能扭曲了作者本身的逻辑路径和表达体系。

---

① 托马斯·霍布斯．利维坦[M]．黎思复，黎廷弼，译．北京：商务印书馆，1985．